Sangharákshita

EL IDEAL DEL BODHISATVA

BODHI

EL LIBRO MUERE CUANDO LO FOTOCOPIAN

Amigo lector:

La obra que usted tiene en sus manos es muy valiosa, pues el autor vertió en ella conocimientos, experiencia y años de trabajo. El editor ha procurado dar una presentación digna de su contenido y pone su empeño y recursos para difundirla ampliamente, por medio de su red de comercialización.

Cuando usted fotocopia este libro, o adquiere una copia "pirata", el autor y el editor dejan de percibir lo que les permite recuperar la inversión que han realizado, y ello fomenta el desaliento de la creación de nuevas obras.

La reproducción no autorizada de obras protegidas por el derecho de autor, además de ser un delito, daña la creatividad y limita la difusión de la cultura.

Si usted necesita un ejemplar del libro y no le es posible conseguirlo, le rogamos hacérnoslo saber. No dude en comunicarse con nosotros.

EDITORIAL PAX MÉXICO

Título de la obra en inglés: The Boddhisattva Ideal
Publicada por: Windhorse Publications, Birmingham, Reino Unido.
La presente traducción de The Boddhisattva Ideal es publicada por acuerdo con Windhorse Publications.

COORDINACIÓN EDITORIAL: Matilde Schoenfeld
TRADUCCIÓN: Óscar Franco
PORTADA: Víctor M. Santos Gally

© 1999 Sangharákshita
© 2007 Editorial Pax México, Librería Carlos Cesarman, S.A.
        Av. Cuauhtémoc 1430
        Col. Santa Cruz Atoyac
        México DF 03310
        Teléfono: 5605 7677
        Fax: 5605 7600
        editorialpax@editorialpax.com
        www.editorialpax.com

Primera edición
ISBN 978-968-860-872-2
Reservados todos los derechos
Impreso en México / *Printed in Mexico*

Índice

Prefacio
A la edición original

Una vez, Dios se asomó a la nada e hizo que surgiera algo... [El] Buda... vio que el mundo había existido siempre y, en su sabiduría, encontró un modo de hacer que algo del mundo se detuviera. Su regalo para nosotros, su acto de la mayor compasión, fue enseñarnos ese método. ¿Quién puede decir que, al final de cuentas, esto demuestra menos amor que el de los cristianos que buscan imitar la sublime generosidad de Dios en un interminable ciclo de acción y creatividad?[1]

El temor, o la convicción, de que el budismo sea egoísta parece ser uno de los mayores obstáculos para que en Occidente se reciban las enseñanzas del Buda. Esto puede tener su origen en la vaga y errónea percepción de que los aspectos más evidentes de la actividad budista, como son la meditación, los rituales y el estudio de textos antiguos, no cumplen ningún propósito en el "mundo real", ni son de beneficio para este atribulado planeta. Los budistas, con justa razón, sostienen la importancia de reflexionar antes de actuar, como los refranes que aconsejan "no sólo hagas las cosas, piénsalas primero", aunque ciertamente, las virtudes de la temeridad y la pronta acción no son menos relevantes en la tradición budista. Pero, si bien, la acusación de egoísmo resulta irónica, dado que muchas de las alternativas que nos ofrece nuestra sociedad ostentan mayor egoísmo, por lo que se refiere al temor cabe cierta razón.

---

[1] Sallie B. King y Paul O. Ingram (editores), *The Sound of Liberating Truth: Buddhist-Christian Dialogues in Honor of Frederick J. Streng*, Curzon, Richmond 1999. El extracto es de la respuesta de David Eckel a lo expuesto por Bonnie Thurnston en "*In the Beginning... God": A Christian's View of Ultimate Reality*.

Que la sabiduría y la compasión son aspectos inseparables de la iluminación es fácil de decir, pero lograr que concuerde esa verdad es lo que ha moldeado a la historia y la práctica budista. Si el deseo de sabiduría nos lleva, de alguna manera, fuera de este mundo, la fuerza de la compasión que surge con el desarrollo de la verdadera sabiduría nos regresa pronto a él. En la práctica, necesitamos trabajar para que el desarrollo de ambas sea parejo. Sin los estímulos más elementales de la compasión, una vida que se consagre al budismo puede, en verdad, caer en un egoísmo semejante a los peores excesos de la vida y del mundo, los cuales se supone que pretende transformar.

Lo que se ha reconocido como "budismo comprometido" es, para muchos budistas occidentales, el único modo de ir adelante. Para concentrarse en esta aspiración parece adecuado citar una aseveración inequívoca de la heroica y considerada naturaleza compasiva del budista ideal: "no en otros planos sino en este mundo". Sabemos de gente que ejemplifica estas cualidades. El Dalai Lama es el más famoso pero hay muchos más. En términos de la tradición budista, la inspiración que necesitamos ya existe en la forma del bodhisatva: el apreciado budista ideal de la tradición mahayana, sabio, compasivo, incansablemente lleno de energía, infinitamente paciente, perfectamente generoso y completamente habilidoso. Lo que también se necesita es una comprensión clara y pragmática para empezarnos a acercar a tan elevado ideal.

A lo largo de la historia del budismo ha habido ocasiones en que se ha detectado la necesidad de replantear el ideal budista. Uno de esos periodos de revalorización condujo al surgimiento de lo que Sangharákshita denominó "uno de los ideales espirituales más sublimes que haya visto jamás la humanidad": el ideal del bodhisatva. Los orígenes un tanto oscuros de este ideal, así como los de la escuela budista que se llamó a sí misma Mahayana, el *gran vehículo*, han sido el centro de interés de muchos investigadores en los últimos años. En especial, era importante descifrar si el ideal del arahat, de la tradición budista temprana, equivale al ideal del bodhisatva, que surgió como respuesta a aquél y en qué sentido corresponde. La escuela mahayana llegó a referirse a aquellos que rechazaron sus nuevas escrituras como seguidores del "hinayana", el vehículo pequeño, una designación peyorativa que ha debido ser reevaluada.

A la vez que esta obra contempla la relación del ideal del bodhisatva con los ideales budistas más tempranos considera, de manera especial, el origen de dicho ideal en términos amplios, casi míticos; términos no sólo de la tensión entre la tendencia humana hacia el interés particular y los sentimientos innatos acerca de nuestra afinidad con otros seres vivos, sino también de la necesidad de tomar en serio nuestro propio desarrollo espiritual, en concordancia con nuestro impulso de responder a las necesidades de los demás.

La relación de Sangharákshita con el ideal del bodhisatva comenzó, como muchas otras cosas en su vida, con un libro. A los 16 años ya había leído dos textos budistas renombrados por la sublime sabiduría que encerraban, el *Sutra del Diamante* y el *Sutra de Hui Neng*. Se dio cuenta entonces de que él era budista. La siguiente obra budista que llegó a sus manos (y va ya que en la Inglaterra de 1940 a 1950 no había tantas) fue un extracto de un texto igualmente afamado por la sublimidad de su compasión, el *Sutra Avatamsaka*. Sobre este hallazgo declaró: "lo leí varias veces y su imagen del bodhisatva infinitamente sabio e ilimitadamente compasivo... me causaron una profunda impresión".

Pocos años más tarde, mientras vivía en Kalimpong, pueblo fronterizo de los Himalayas, fue por medio de otro libro (*Siksa-Samucchaya*, de Shantideva) que se sintió "más fuertemente atraído al ideal del bodhisatva que nunca, pero tanto que la palabra atracción se queda corta para expresar lo que sentí. La verdad es que me estremecí, me sentí muy estimulado, entusiasmado e inspirado por el ideal del bodhisatva..."

Fue una doble atracción. Estaba conmovido por la "diáfana e incomparable sublimidad" del ideal de dedicarse uno mismo, durante innumerables vidas, a alcanzar la suprema iluminación en beneficio de todos los seres vivientes. Además, ese ideal le significó un fuerte apoyo espiritual en su labor budista en una época en la que estaba recibiendo poca ayuda de quienes le rodeaban. El ideal del bodhisatva le confirió "un ejemplo, en la escala más grandiosa posible, de lo que yo mismo estaba intentando hacer dentro de mi propia esfera infinitamente más pequeña y a un nivel infinitamente inferior". Su contacto con este ideal no se produjo tan sólo en el papel. En Kalimpong conoció a Dhardo Rimpoche, un maestro y amigo al cual "llegué a honrar como a un bodhisatva en persona".[2]

El ferviente aprecio que Sangharákshita sintió por el ideal del bodhisatva nunca decayó. Incluso, ha sido el tema de muchas de sus conferencias, seminarios y poemas. Cuando lo visité el año pasado e intercambiamos notas acerca de lo que estábamos leyendo en ese momento me dijo que, entre una gran variedad de otras lecturas, estaba leyendo el *Sutra Avatamsaka*, justamente el mismo texto que cayera en sus manos más de 50 años antes, en Londres, pero ahora en una traducción completa: "siempre me gusta leer los sutras", señaló.

Lo que sí ha cambiado es la manera en que ve cómo encaja el ideal del bodhisatva dentro de la tradición budista en su totalidad. Dedicó el último capítulo de *A Survey of Buddhism*

---

[2] Las palabras de Sangharákshita citadas en estos tres párrafos fueron tomadas de *The History of My Going for Refuge*, Windhorse, Glasgow 1988, pp. 70-72.

a ese ideal, donde lo describe como "el fruto perfectamente maduro del vasto árbol del budismo". Para ese entonces, en 1957, insatisfecho con algunos aspectos de la tradición theravada, en la cual recibió su ordenación, se inclinó por ver al budismo mahayana y su idea primordial, el ideal del bodhisatva, como una enseñanza más avanzada, una perspectiva que diversos sutras del mahayana promulgan con asiduidad.

Mas una reflexión posterior convenció a Sangharákshita de que el mahayana y, posteriormente, el vajrayana, no eran precisamente más desarrollados, sino tan sólo un replanteamiento del espíritu original de las enseñanzas del Buda; una reevaluación debida a la pérdida gradual de tal espíritu en las escuelas budistas que prevalecían. En el centro del compromiso de la vida budista estaba aún "ir a refugio a las tres joyas": la fe en el ideal de la iluminación, representada por el Buda; la fe en el Dharma, sus enseñanzas; y la fe en las generaciones de sus seguidores iluminados, la sangha. El ideal del bodhisatva era sencillamente la dimensión altruista de aquel compromiso. Esta consideración la expresó en una conferencia sobre "ir a refugio" en 1980, en la India. Hace poco, durante una charla que dio en agosto de 1999, Sangharákshita ahondó en el tema para demostrar que, a fin de cuentas, el ideal del bodhisatva va incluso más allá del altruismo, abarcando el concepto de que, en realidad, no puede hacerse distinción alguna entre lo que es uno mismo y los demás.

El presente libro se basa en conferencias que se dieron en Londres, durante la primavera de 1969 y algunos puntos que Sangharákshita trató en seminarios sobre el ideal del bodhisatva en 1984 y 1986. La combinación de estas exposiciones ofrece una evaluación tanto reflexiva como pragmática del ideal del bodhisatva. Se dice que el ideal complementa las enseñanzas del Canon Pali del budismo temprano, donde los sutras del mahayana aportan la inspiración para la práctica y los textos en pali nos guían paso a paso con los detalles necesarios. Además, como es característico de Sangharákshita, sus ideas sobre la práctica del ideal del bodhisatva en sí tienen mucho que ver con el modo de vivir la propia existencia en un sentido cotidiano.

Dhardo Rimpoche dijo alguna vez: "si tienes dudas sobre qué hacer a continuación en cuanto a tu vida espiritual, haz algo por los demás". La vía de la actividad altruista a veces parece más sencilla, por ser más obvia, que la delicada tarea de hallar el camino de uno mismo a través de lo que se ha dado en llamar el sendero de la vida interior. Pero no siempre resulta fácil saber en qué manera puede uno ayudar a otros. Para discernirlo es necesario un grado de claridad mental.

Entonces, ¿debe uno desarrollar esa claridad mental antes de ocuparse en labores altruistas o arrojarse a la acción e intentar ayudar en lo posible, confiando en la propia capacidad para desarrollar esa sabiduría durante el proceso? La consideración de tal dilema es una de las claves que tratará este libro. De acuerdo con el ideal del bodhisatva, no puede haber desarrollo espiritual si no se es considerado con los demás y no hay verdadero altruismo si no se basa en el propio desarrollo espiritual. La afirmación de Sangharákshita en cuanto a que el ideal del bodhisatva representa la resolución de cualquier conflicto y la síntesis de todos los opuestos es, al mismo tiempo, irresistible y desafiante.

De modo que aquí tenemos aquí otro libro sobre budismo. La publicación de temas budistas cuenta con una antigua y venerable historia. Cierto es que el Buda mismo no escribió ni un apunte, pero en cuanto hubo personas que registraron el Dharma en el papel o, bien, en hojas de palma, la palabra escrita se volvió crucial para el viaje de las enseñanzas del Buda a través de distintos países y siglos. Fue en Sri Lanka donde primero se escribió el Canon Pali, en el primer siglo antes de la era común. En el siglo séptimo de nuestra era, el peregrino y erudito chino Hsuan-tsang viajó de China a la India y, tras un recorrido que duró 16 años, volvió con varias mulas cargadas de textos budistas, cuyo contenido se encargó de traducir durante el resto de su vida. Kukai, el célebre fundador del budismo shingon en Japón, realizó el peligroso viaje por mar desde su país hasta China y volvió del mismo modo con un cargamento de preciosas enseñanzas.

Es posible que nosotros debamos emprender un viaje semejante o, al menos, uno equivalente por nuestro interior, para adquirir los libros budistas que nos enriquezcan. "El budismo está en la vida y en el corazón", dice Sangharákshita en su poema "Los eruditos". Los libros pueden resguardar la vida del Dharma pero también pueden ser su sepultura, a no ser que llevemos nuestro interés por el budismo más allá de simplemente coleccionar información sobre el tema. Sangharákshita comenzó la primera conferencia de esta serie diciendo que el propósito de la enseñanza era conseguir que los presentes experimentaran un grado más alto del ser y de estar conscientes que lo que normalmente manifestaban. "Nosotros mismos estamos viviendo el budismo en el momento en que participamos".

Publicamos este libro con la esperanza de que contribuya a aportar ese tipo de participación y ese modo de vida. Expresamos nuestra gratitud a quienes lo han hecho posible: a Silabhadra por proveer las transcripciones de las conferencias y los seminarios; a Jinananda por el apoyo editorial; a Shantavira y a Dhivati por la corrección de estilo, la revisión y su contribución con las notas finales; a Dhammarati por el diseño de la portada; a Varaprabha, por las ilustraciones; a Graham Patterson por el índice; y al equipo de producción y distribución en *Windhorse Publications* (Padmavajri, Sara Hagel, Chandramani, Dave Thompson y Dharmashura) por acoplarlo y enviarlo al mundo. Por supuesto y, sobre todo, gracias a Sangharákshita, por leer el manuscrito y por transmitirnos esta enseñanza, compartiendo así este ideal que tanto ha significado para él todos estos años.

VIDYADEVI,
Spoken Word
Project
Birmingham

CAPÍTULO 1

ORIGEN Y DESARROLLO
DEL IDEAL DEL BODHISATVA

En una ocasión, como era su costumbre, el Buda paseaba con algunos de sus discípulos en lo profundo de la jungla india, a resguardo del caluroso sol del medio día. Mientras iban caminando, el Buda se agachó y recogió un puñado de hojas de *sinsapa*. No siempre daba discursos muy elaborados. A menudo enseñaba de un modo sencillo y directo y, aquella vez, simplemente pidió a sus discípulos: "díganme, ¿qué piensan? ¿Estas hojas en mi mano, en comparación con todas las que hay en la selva, son pocas o muchas?" Por supuesto, los discípulos respondieron: "en comparación con todas las que hay en la selva, las que tienes en la mano son casi nada. Apenas un puñado". Entonces dijo el Buda: "Así sucede con todas las verdades que he comprendido, en comparación con las que les he revelado".[3]

El punto no es que hubiera verdades que el Buda se sintiera incapaz de comunicar, sino que había ciertas cosas que no consideraba adecuado enseñar. Más adelante, el texto explica por qué. Esas verdades no habrían ayudado a sus discípulos a trascender el sufrimiento y alcanzar la iluminación.

Es cierto que desde que el Buda vivió hasta hoy han surgido bosques enteros de escrituras budistas pero, por voluminosas que sean, prevalece la misma verdad. Apenas representan una fracción de la infinita comprensión y conocimiento que alcanzó el Buda. Podría decirse lo mismo del tema de este li-

---

[3] Samyutta-Nikaya ii. 94.

bro. El ideal del bodhisatva es un tópico muy amplio. Es el énfasis más característico de la fase de desarrollo budista que se conoce como mahayana, el cual floreció durante un periodo de unos quinientos años (del 0 al 500 de nuestra era) pero que aún se practica de muchas diferentes maneras, desde el budismo tibetano hasta el zen. Considerar este tema es colocar nuestra mano sobre el mero corazón del budismo y sentirlo palpitar.

En una obra de este tamaño sólo es posible tocar un poco los puntos más notables. Por ello, aquí nuestra intención es presentar ciertos aspectos del ideal del bodhisatva, seleccionados para enfocarnos de forma directa en la vida espiritual y la experiencia, añadiendo sólo un mínimo de detalles históricos y doctrinales.

Incluso, dentro del puñado de enseñanzas del Buda que componen el ideal del bodhisatva, hay tantas hojas que es difícil decidir por cuál empezar. Probablemente, lo mejor sea partir del preciso comienzo, con la palabra bodhisatva. En sánscrito, *bodhi* significa "conocimiento", en el sentido de saber supremo, conocimiento espiritual, conocimiento de la realidad. También quiere decir "despertar", en el sentido de despertar a la realidad última de las cosas, penetrando en el corazón de la existencia. Con frecuencia, *bodhi* se traduce como "iluminación", lo cual, de manera provisional, es bastante bueno, siempre que no se entienda esta palabra con una intención racionalista[4] sino en su sentido totalmente espiritual e, incluso, trascendental. Bodhi es conocimiento espiritual supre-

---

4 En inglés, se utiliza el término *enlightenment* tanto para referirse a la iluminación budista como para el período conocido, en español, como "La Ilustración", en el siglo XVIII. Este fue un movimiento filosófico que hacía énfasis en el uso de la razón para el escrutinio de doctrinas y tradiciones aceptadas previamente, lo cual trajo como consecuencia muchas reformas humanitarias. Los autores de ese período sentían que estaban emergiendo de siglos de oscuridad e ignorancia a una nueva era iluminada por la razón, la ciencia y por el respeto a la humanidad. Tuvo su centro de acción en Francia, alrededor de figuras como Diderot, Rousseau y Voltaire.

mo, el gran despertar que constituye la meta de la vida budista. *Satva* significa un ser. No necesariamente un ser humano, puede referirse a cualquier ser viviente, incluyendo animales e insectos. De modo que el bodhisatva es un ser de iluminación, un "ser de despertar", un ser cuya vida y cuyas energías están dedicadas por completo a alcanzar la iluminación.

Algunas autoridades[5] sostienen que el término pali *bodhisatta* debió pasar al sánscrito como *bodhisakta*, es decir, el que está haciendo un esfuerzo hacia la budeidad. *Sakta* significa esforzarse. Sin embargo, el término acuñado fue *bodhisatva*, donde "satva" significa, como antes señalé, "ser" en el sentido más ordinario. Por poner un caso, cuando hablamos de *sarvasatva*, "todos los seres", no queremos decir que todos los seres tengan las cualidades heroicas que se relacionan con *sakta*. No obstante, es posible que originalmente tuviera esa connotación. Pero en fin, no hay duda de que se trata de un ideal heroico. El bodhisatva es un ser *por excelencia*, un ser con mayúsculas.

Decir que el bodhisatva es un ser cuya vida está totalmente dedicada a alcanzar la iluminación no es otra cosa que decir que el bodhisatva es el budista ideal. Se supone que un budista se dedica a seguir la enseñanza del Buda y realizar la experiencia de la iluminación tal como lo hizo el Buda. De la misma manera, el ideal del bodhisatva es el ideal de la transformación de uno mismo, desde la humanidad no iluminada hasta la iluminada. Pero la definición de "bodhisatva" va aún más allá. Se le describe como alguien que se dedica a alcanzar la iluminación, mas no sólo para su propio beneficio, sino para poder guiar a todos los seres vivientes a lograr ese mismo estado.

Parece extraño que en los textos budistas que preceden a la enseñanza del ideal del bodhisatva, aparentemente haya tan

---

5 Har Dayal, *The Bodhisattva Doctrine in Buddhist Sanskrit Literature*, Motilal Banarsidass, Delhi 1978, p. 7.

pocas alusiones evidentes que se refieran al hecho de que el objetivo de la vida espiritual es conseguir la iluminación para beneficio de todos los seres sensibles. Sin embargo, sí se pueden encontrar algunas referencias en el Canon Pali. En el *Anguttara-Nikaya*, por ejemplo, el Buda habla de cuatro tipos de personas: los que no se ayudan a sí mismos ni a los demás; quienes ayudan a otros pero no a sí mismos; quienes se ayudan a sí mismos pero no a los demás; y quienes ayudan tanto a sí mismos como a los demás.[6] Esto entra claramente en el terreno del ideal del bodhisatva. Asimismo, en el *Mahavagga* del Vinaya Pitaka, el Buda se dirige a los primeros sesenta arahats (literalmente, un arahat es "un digno", al ser alguien que alcanzó la iluminación a través de las enseñanzas del Buda) y les dice: "vayan adelante, oh monjes, por el bien de mucha gente, por el bienestar de mucha gente, por compasión".[7] Una vez más, queda muy claro el énfasis que se hace en cuanto a considerar a los otros.

Aunque en primera instancia el altruismo no sobresale en el Canon Pali, definitivamente se encuentra presente y si uno pasa por alto todos esos sutras que se derivan de escaso material o que parecen ser recopilaciones tardías, vemos que los elementos altruistas forman una parte considerable del canon en su conjunto. También es posible que algunas cosas se hubieran dejado fuera del Tipitaka Pali y que, subsecuentemente, se incorporaran en textos posteriores (por ejemplo, algunos sutras del mahayana) en los que destaca la compasión, ese énfasis que se hace en considerar a los demás. Pero aun si contemplamos el Canon Pali como es, hay suficientes indicadores que sugie-

---

6 Anguttara-Nikaya ii. 94 en *The Book of the Gradual Sayings*, vol. 2, Pali Text Society, London and Boston 1982, p.105. Traducción de F.L. Woodward.
7 Vinaya Pitaka i. 20-1.

ren que el ideal budista original no era tan sólo el de la propia liberación.

Podemos imaginar que en tiempos del Buda la gente no sentía la necesidad de ser tan explícita al respecto. No es probable que alguien que tuviera enfrente el ejemplo del Buda dudara sobre el factor altruista en la vida espiritual. Pero más adelante, como veremos, el aspecto individual cobró demasiada atención, por lo que fue necesario un énfasis compensatorio. Para entender cómo sucedió esto y por qué fue importante promover el ideal de la iluminación "en beneficio de todos los seres sensibles", debemos regresar a los orígenes del budismo y considerar también ciertos fundamentos de la naturaleza humana.

Con frecuencia podemos marcar una diferencia rotunda entre lo que una persona es y hace y lo que dice o escribe. Pongamos el caso de un psicoanalista que escribe todo un libro sobre el amor. Habla de lo que es el amor, cómo se desarrolla, cómo mantenerlo, qué hacer cuando algo va mal y otros detalles. Sin embargo, aunque se exprese con fluidez acerca del tema, es posible que en su propia vida él no sea en absoluto una personificación del amor. En cambio, hay personas que son la evidente encarnación del amor y van irradiando amabilidad, afecto y buena voluntad, aunque quizá no podrían analizar este sentimiento ni expresarlo con palabras, ni siquiera para sus seres más queridos y cercanos. Entre ser y hacer, por una parte, y la expresión verbal, por la otra, es común hallar ese enorme abismo.

Las palabras siempre expresan, hasta cierto punto, lo que somos pero no necesariamente expresan lo que creemos que expresan o lo que nos gustaría que otros creyeran que expresan. A veces nuestro ser simplemente no se ajusta a lo que decimos. Por ejemplo, si alguien te preguntara "¿cuál es la meta del budismo?" y tú respondieras "la iluminación, sí, la iluminación suprema, es decir, la unificación de la sabiduría y la compasión en el nivel más elevado", de una manera formal, las palabras son correctas pero tu ser de ningún modo se adecua a lo que acabas de decir.

Podríamos pensar que hay dos círculos, uno muy grande que son nuestras palabras y uno pequeño que es nuestro ser. El objetivo es hacer que ambos círculos sean igualmente grandes. Si nuestras palabras desarmonizan con lo que somos, la gente lo notará. Emerson dijo: "No *digas* tanto. Lo que tú eres habla tan fuerte que no puedo oír tus palabras que van en otro sentido".[8] Hablar del amor cuando uno se encuentra dentro de un esquema mental completamente irritable no es comunicar amor, sino irritabilidad.

La diferencia entre las palabras y el ser cabe en el nivel más alto. Podemos afirmar que el Buda fue o, incluso, es un ser totalmente iluminado pero nos es difícil imaginar lo que eso significa. Leemos que un Buda conoce la realidad, que es compasivo, sabio y demás, pero no dejan de ser palabras. Se requiere un gran esfuerzo de imaginación para darnos cuenta de lo que realmente quieren decir las palabras acerca de lo que en verdad es un ser totalmente iluminado. Lo cierto es que si nos encontráramos con un ser iluminado es poco probable que estuviéramos aptos para reconocer que se trata de alguien iluminado.

La experiencia interna de un Buda se expresa, primero, en lo que él es y hace y, en segundo lugar, en lo que dice. Aun cuando tenemos registros abundantes de lo que dijo el Buda, incluso sobre la misma iluminación, un registro de sus palabras, no importa qué tan preciso sea, nunca podría expresar bien lo que él fue. Esto resulta evidente a partir de algunos incidentes descritos en las escrituras del Pali. El Buda se encuen-

---

8 Ralph Waldo Emerson, en su ensayo "Social Aims", publicado en *Letters and Social Aims* (1876).

tra con alguien en el camino, quizá durante el recorrido de las limosnas y, ya sea como respuesta a una pregunta o tan sólo de manera espontánea, pronuncia unas palabras para instruir. Por lo general, eran palabras muy sencillas. Mas, para nuestro asombro, leemos que, al escucharlas, la otra persona alcanza la iluminación, así de fácil.[9]

¿Cómo puede ser eso? No podemos evitar preguntárnoslo. Después de todo, también nosotros podemos leer cien veces esas palabras sin que suceda lo mismo. Debe haber un destello de entendimiento, suponemos entonces, "sí, claro, obviamente. No hay problema", pero no subimos girando a la iluminación. ¿A qué se debió que a aquéllos les produjo tan dramático efecto cuando escucharon originalmente sus palabras? Algunas veces, el que lo escuchaba podría haber estado preparado para ser receptivo a través de muchos años de entrenamiento espiritual, pero el principal factor que debemos considerar es el Buda mismo. No fueron palabras que de pronto aparecían en el aire. Eran pronunciadas por el Buda y en eso radica toda la diferencia. De algún modo, no importa lo que él hubiera dicho. Lo que causaba esa impresión era lo que él era.

Lo que otras personas son siempre nos impacta de esa manera directa, de "ser a ser". Es normal que tengamos una impresión definitiva de alguien antes que hayamos hablado con esa persona o que, incluso, la hayamos visto. Del mismo modo, lo que el Buda es puede afectar al ser de una persona común, si ésta es receptiva. El Buda no nos puede imponer su ser, tiene que haber un elemento de cooperación. La gente puede afectarnos al grado de hacer que cambie nuestro estado mental, pero una transformación permanente sólo viene con la percepción trascendental de la verdadera naturaleza de las co-

---

9 El ejemplo célebre es el de "Bahiya, el que se cubría con cortezas", narrado en el *Udana* i. 10, pero hay muchos más. Vea, por ejemplo, la historia de Suppabuda el leproso, Udana v. 3.

sas. Ni siquiera un Buda puede producir esa percepción en una persona. Lo más que puede hacer es darle una oportunidad de que ella misma la desarrolle.

¿Podría él hacer que fuéramos más fácilmente receptivos? Hay un debate paralelo en la teología cristiana: necesitas la gracia de Dios para salvarte, pero no eres totalmente pasivo, debes ser capaz de recibir esa gracia. ¿Significa eso que hay otra gracia que te ha preparado para recibir la gracia? El acertijo budista es muy similar, ¿necesitas la ayuda del Buda para poder abrirte a la posibilidad de que él te ayude? En cierto nivel así debe ser, sin embargo, se vuelve un tren de pensamiento regresivo y quizá sea mejor ni siquiera dar el primer paso atrás. Lo importante es que se necesita estar abierto a cualquier cosa que el Buda pueda darnos.

Podría pensarse que el recibir la influencia directa del Buda implica estar ante él. Veremos que el mahayana tomó muy seriamente la idea de que uno podría elegir renacer en un tiempo y un lugar donde pudiera encontrarse con un Buda. No obstante, no es una hipótesis estrictamente necesaria, ya que es probable que las limitaciones de tiempo y espacio no funcionen en el caso de los estados mentales. Con suficiente esfuerzo y receptividad, uno podría sencillamente sentir que está frente al Buda. Las prácticas meditativas de la tradición tibetana budista que incluyen la visualización de un buda o bodhisatva trabajan de esa manera. Se construye una imagen mental de un buda o bodhisatva, a la cual se le llama *samayasatva*, el ser convencional. No es algo que aparezca y ya, uno tiene que hacer que sea. No es nada fácil pero, al final, gracias a la visualización del samayasatva, se manifiesta el *jñanasatva* o "ser de conocimiento", que es una experiencia real del buda o bodhisatva.[10]

---

[10] Vea más sobre el samayasatva y el jñanasatva en Sangharákshita, *Know Your Mind*, Windhorse, Birmingham 1998, pp. 112-13.

Este tipo de prácticas es un testamento para la verdadera naturaleza de las enseñanzas del Buda. Ya sea que él diera un gran discurso o no dijera nada, influyó en la gente más por lo que era y hacía que por lo que decía. El hombre en sí, el hombre iluminado, ése era el mensaje. Se podría decir incluso que el budismo es el Buda y Buda es el budismo. Durante su vida, mucha gente alcanzó la iluminación, no sólo por lo que él dijo, palabras que aún se conservan en las escrituras, sino por su tremenda presencia. Nada de lo que dijo podría expresar adecuadamente lo que él fue. A esto se refiere en realidad la anécdota de las hojas de sinsapa, a que lo que el Buda pronunció y lo que él era es inconmensurable.

Tras la muerte del Buda, conocida como su *parinirvana* (ya que no es la muerte como la entendemos, sino una extensión de su experiencia de iluminación), todo fue distinto. Los relatos sobre lo que sucedió son contradictorios pero concuerdan en que, no mucho después del parinirvana, una gran cantidad de sus discípulos se reunió para discutir un asunto crucial: ¿Qué es el budismo?[11] Esta pregunta es, en todo caso, todavía más determinante para nosotros ahora. En lo que a nosotros respecta, el Buda ha muerto, no sólo en un sentido histórico sino también porque estamos muertos, inconscientes, dormidos en lo que se refiere a nuestra propia naturaleza de Buda. Para un budista, preguntarse "¿qué es el budismo?" no es, claro está, una pregunta teórica. Se trata de una cuestión esencialmen-

---

11 Un relato sobre el Primer Concilio, el cual se dice tuvo lugar en Rajagraha, India, durante la primera temporada de lluvias posterior al parinirvana del Buda, aparece en el Culavagga del Vinaya Pitaka. Fue la primera vez que sus discípulos se congregaron para tratar de establecer y sistematizar lo que el Buda había enseñado. Mas la ocasión a la que se hace referencia aquí es el Segundo Concilio. Algunas de las confusiones que surgen entre los diferentes relatos del Segundo Concilio pueden deberse a que posiblemente hubo dos encuentros que se llamaron de esa manera: uno que se realizó alrededor de sesenta años después del parinirvana y otro que se efectuó treinta y siete años más tarde. Para mayor información, vea Andrew Skilton, *A Concise History of Buddhism*, Windhorse, Birmingham 1994, pp. 47-49.

te práctica. Lo que en verdad se busca es saber "¿cuál es el camino que conduce al logro de la iluminación? ¿Cómo establezco contacto con mi propia budeidad extraviada?" (es importante que estas dos preguntas se hagan juntas. Podemos considerar que, en un sentido, esa naturaleza de Buda es innata y está dentro de nosotros. Sin embargo, tenemos que comprometernos en un proceso de cambio, crecimiento y desarrollo, es decir, tendremos que encontrar un sendero y caminarlo, para descubrir nuestro potencial para la iluminación).

Parece que tras el parinirvana del Buda hubo entre sus discípulos dos tendencias, dos maneras de abordar la cuestión. Una parte decía que, en efecto, el budismo eran las enseñanzas del Buda: las cuatro nobles verdades, el noble sendero óctuple, las tres señales de la existencia condicionada, los doce eslabones de la cadena de la coproducción condicionada y otras más.[12] Estas enseñanzas que el Buda dio durante su vida, decían ellos, constituyen el budismo.

Muy razonable, podríamos pensar, pero la otra parte no estuvo de acuerdo. No porque rechazaran las enseñanzas del Buda, al contrario, las tenían en la más alta estima, mas no concordaban en que las enseñanzas verbales del Buda fueran la total personificación del budismo. Según ellos (y al parecer eran la mayoría) había que considerar también un segundo fac-

---

[12] Las cuatro nobles verdades son (1) que la vida es insatisfactoria y que inevitablemente implica sufrimiento, (2) que la causa de esa insatisfacción es el anhelo, (3) que es posible alcanzar un estado libre del sufrimiento: el nirvana o iluminación y (4) que el camino que lleva a dicho estado es el noble sendero óctuple: visión perfecta, emoción perfecta, habla perfecta, acción perfecta, subsistencia perfecta, esfuerzo perfecto, conciencia perfecta y samadhi perfecto. Las tres señales de la existencia condicionada son la impermanencia, la insustancialidad y la insatisfacción. Los doce eslabones de la cadena de la coproducción condicionada son una expresión de la ley de condicionalidad que el Buda identificó y que se ilustra en el círculo externo de la rueda de la vida tibetana. Para una introducción sobre estas y otras formulaciones del sendero budista vea Sangharákshita, *What is the Dharma?*, Windhorse, Birmingham, 1998.

tor: la vida y ejemplo del Buda mismo. Esto, en su opinión, era aún más importante que las enseñanzas doctrinales.

¿Qué los hacía pensar así? Con seguridad nunca lo sabremos pero podemos suponer una respuesta si, con un poco de imaginación, tratamos de ponernos en su situación. Hacer esto nos acercará, a la vez, al origen del ideal del bodhisatva.

Cuando murió el Buda es bien sabido que sus discípulos sintieron una enorme tristeza. O quizá no todos ellos. Aunque en las representaciones tanto los dioses como los humanos no iluminados se notan totalmente desesperanzados, se dice que los arahats, aquellos que ya eran iluminados, permanecían calmados e inconmovibles. Era tan profunda su comprensión de que incluso un Buda puede morir, dado que su cuerpo físico tiene que fallar, que no sintieron en absoluto la pérdida.

Después de todo, ¿qué tenían que perder? En la medida que ya eran iluminados llevaban al Buda consigo. De cierta manera eran el Buda. La iluminación no era para ellos una posesión personal como tampoco era una posesión personal del Buda. No había entonces un cambio esencial. En realidad, no habían perdido al Buda, ya que no habían perdido la budeidad y es la budeidad lo que hace de un Buda un Buda (si había alguna diferencia entre la iluminación del Buda y la de sus discípulos iluminados es un tema que consideraremos más adelante en este capítulo).

Los arahats pueden haber afrontado la muerte del Buda con ecuanimidad pero, para quienes no estaban iluminados, la iluminación se relacionaba inevitablemente con el cuerpo físico del Buda. Que él muriera era como si la iluminación hubiera desaparecido del universo. Alguien exclamó: "¡Desapareció el Ojo del Mundo!"[13] y aun cuando eso no era cierto (que, si

---

13 Mahaparinibbana Sutta, en la traducción de Maurice Walshe, *The Long Discourses of the Buda (Digha-Nikaya)*, Wisdom, Boston 1995, sutta 16, p. 272.

bien, una nube se había cruzado por la faz del sol, éste seguía brillando detrás) se sentía como si así fuera y se encontraban todos devastados. Según la tradición, afectó hasta a los animales.

En el arte budista, en especial el que se produjo en China, hay bellas representaciones de esta solemne escena final plasmada en una arboleda de *salas* (los principales acontecimientos en la vida del Buda: su nacimiento, su iluminación y su parinirvana, según las escrituras, sucedieron bajo los árboles). Los *salas* son árboles muy comunes en el paisaje de la India. Son perfectamente rectos, con un tronco esbelto, amplias hojas verdes y bellas flores blancas. Se nos dice que el Buda murió recostado sobre una cama de piedra al pie de un conjunto de *salas*. Igualmente se representa de manera vívida a los discípulos: monjes, reyes, reinas, príncipes, mercaderes, mendigos errantes, brahmines, comerciantes, vendedores de flores, todos agrupados en torno al Buda, con semblantes apesadumbrados. Un poco más allá, aparecen los animales salvajes del bosque, así como también muchos animales domésticos y, todos, humanos y bestias, lloran como si el mundo entero compartiera una pena común tras la pérdida del Buda.

Mas, aunque los discípulos sintieron como si la luz del mundo se hubiera apagado, poco a poco se recuperaron de su duelo, tal como nos ha de suceder a todos en ocasiones semejantes y comenzaron a hacerse cargo de la situación. Primero parecía increíble que él ya no estaba y ellos tenían que volver a la vida en un mundo sin Buda. En especial, para quienes habían vivido en su presencia durante muchos años, fue un cambio terrible pero, al final, trataron de entender su legado. Algunos, entre ellos quizá los intelectuales, dijeron:

"Tenemos las enseñanzas que el Buda nos dejó, las doctrinas, las reglas de comportamiento y demás. Seguro que debe bastar" (imaginamos que fueron el tipo de personas que prosiguieron su vida de un modo feliz, analizando y clasificando las enseñanzas y, posteriormente, iniciaron la tradición que se convirtió en lo que se denominó Abhidharma)".¹⁴

Pero también hubo muchos discípulos que, aunque nada tenían contra la enseñanza de las reglas, sentían que algo faltaba en sus vidas ahora que no estaba el Buda. Imaginamos que, aun cuando se supone que deberían estar pensando en las enseñanzas y aprendiendo de memoria esas largas listas de términos, no podían dejar de pensar en él y en los acontecimientos que fueron ejemplo de sus cualidades personales.

Sin duda, algunos de ellos recordaban la ocasión en que el Buda andaba de una ermita a otra y encontró, dentro de una cabaña, a un monje viejo que yacía sobre el suelo de una manera terrible. Sufría de disentería y era evidente que llevaba días en esa postura sin recibir atención de ninguna especie. El Buda preguntó al anciano por qué los otros monjes no lo estaban cuidando y el hombre respondió: "Ya no soy útil para ellos, ¿por qué habrían de molestarse en cuidarme?" El Buda envió a su asistente, Ananda, por agua caliente y entre ambos levantaron al monje enfermo para acostarlo en la cama. Lo lavaron y lo pusieron cómodo. Entonces, el Buda llamó a los demás y les dijo: "Monjes, ustedes no tienen ni padre ni madre, ni hermano ni hermana. Han renunciado al mundo. Deben ser un hermano y una hermana, una madre y un padre para

---

¹⁴ El Abhidharma (término que significa sencillamente "acerca del Dharma", si bien sus adherentes llegaron a considerarlo "el Dharma más alto") comenzó como un proyecto para sistematizar las enseñanzas del Buda. Contemplaba incluso, entre otros objetivos, definir el significado de terminología técnica que colacionaba referencias a los mismos tópicos. En el curso de su historia, la cual duró varios cientos de años, desarrolló un exhaustivo análisis de la mente y los sucesos mentales, una especie de "psicología budista". Véase Sangharákshita, *The Eternal Legacy*, Tharpa, Londres 1985, capítulo 7: "The Fundamental Abhidharma"; y Sangharákshita, *Know Your Mind*, *op. cit.*, capítulo 1: "The First Buddhist Analysts".

ustedes mismos entre sí. Quien quiera servirme, que sirva a los enfermos".[15]

Con seguridad, este tipo de incidentes que muestran la compasión práctica del Buda quedó en la mente y el corazón de muchos discípulos. Algunos de ellos, en particular los laicos, posiblemente también recordaban la anécdota de Kisagotami. En aquellos tiempos, como ahora en la India, la tasa de mortalidad infantil era muy alta y cuenta la leyenda que el único hijo de la joven llamada Kisagotami murió a los pocos años de nacido. Ella no podía creer que su pequeño había muerto. Como loca por el dolor tomó el cuerpecito en sus brazos y lo llevó de casa en casa, rogando que le dieran algún medicamento que lo sanara. Por fin alguien tuvo la bondad y sensatez de sugerirle que fuera a pedir ayuda al Buda. Eso hizo, fue y le suplicó que devolviera la vida a su bebé.

Él no se negó. No le dio un sermón, ya que sabía lo inútil que resultaría al estar ella tan afligida. En realidad, no le dio una respuesta directa. Sólo dijo: "Tráeme unos granos de semilla de mostaza, pero obtenlos de un hogar donde nadie haya muerto". Ella partió enseguida y fue de casa en casa. En todas partes encontró a la gente más que dispuesta a dar esas semillas, mas cuando les preguntaba: "¿en esta casa ha fallecido alguien?", le respondían: "no nos recuerde nuestras penas. Muchos son los que se han ido y pocos los que quedan vivos". De cada casa aprendió la misma lección, a todos les llega la muerte. Al final, llevó a su bebé a la jungla y lo recostó para que descansara allí. Volvió con el Buda y se sentó en silencio a

---

[15] Se cuenta esta historia en el Mahavagga viii.26 del Vinaya Pitaka. Vea también Sangharákshita, *The Buddha's Victory*, Windhorse, Glasgow 1991, capítulo 4, "A Case of Disentery".

sus pies. Nada dijo durante un largo rato. Cuando por fin habló, le pidió: "dame refugio" y se convirtió en una monja.[16]

Es claro el contraste con la historia de Jesús levantando a Lázaro de la muerte. Si ambos relatos son verdaderos encontramos entre ellos una diferencia tremenda en cuestión de enseñanzas espirituales. El Buda señala, aunque con gentileza, que la muerte es natural e inevitable, en tanto que Jesús transmite un mensaje muy distinto. Por lo que se representa en los evangelios, Jesús no estaba muy interesado en dar enseñanzas (aunque, por supuesto, si enseñó) con intención de demostrar que era Hijo de Dios. El Evangelio según San Juan (11:4) cuenta que al escuchar sobre la enfermedad de su amigo Lázaro, Jesús dijo: "esa enfermedad no terminará en la muerte. Surgió por la gloria de Dios para dar gloria al Hijo de Dios". Si uno considera a Dios como el creador del mundo y de la humanidad, amo de la vida y la muerte, hacer que un muerto retorne a la vida es manifestar que se tienen poderes trascendentales e, incluso, de que se es Dios. Durante siglos, los cristianos han considerado que los milagros de Cristo son una prueba de que es verdad lo que él sostenía, que era el Hijo de Dios.

Al Buda no le interesaba asegurar nada parecido en cuanto a sí mismo. Ni siquiera le preocupaba establecer el hecho de su iluminación. Su único interés era señalar el camino a la iluminación para quienes así lo buscaban. Cuando Kisagotami fue a visitarlo el asunto no era revivir al bebé para probar nada sobre él. Se concentró en el asunto principal, la demostración compasiva de la verdad acerca de la vida y la muerte.

En el cristianismo se le ha concedido una gran importancia a los milagros de Cristo y, cuando se les pone en duda, hay

---

[16] Vea la traducción de Mrs. C.A.F. Rhys Davids y K.R. Norman a *Poems of Early Buddhist Nuns (Therigatha)*, Pali Text Society, Oxford 1997, pp. 88-91.

cristianos que sienten que los cimientos de su fe se tambalean. Los budistas no sienten eso cuando se trata de los milagros del Buda. Las escrituras del Pali describen un gran número de sucesos sobrenaturales. Sin embargo, uno puede poner en duda esos relatos y dejar intacto el corazón de la enseñanza del Buda. Asimismo, las escrituras describen milagros que se realizaban cotidianamente, a cargo de gente como Devadatta, a quien tradicionalmente se contempla como el villano del Canon Pali y quien estaba muy lejos de ser un iluminado.

Fue excepcional que Kisagotami realizara un compromiso trascendental para la práctica espiritual como resultado de lo que le pasó. Habría que preguntarnos a nosotros mismos cómo sostener la profunda percepción que nos ocasionó una experiencia dolorosa, de modo que no perdiéramos la nueva dirección que eso podría iniciar en nuestra vida. Poseemos la capacidad de olvidar (a veces por fortuna) pero, con frecuencia, es una pena que las percepciones positivas que se derivan de las experiencias dolorosas sean precisamente los aspectos que perdemos de tales experiencias. Para salvaguardar esos vislumbres hay que tener cuidado de no caer de nuevo en las distracciones de nuestro viejo esquema de vida y aprovechar, en cambio, la oportunidad para hacer ajustes que nos ayuden a conservar y reforzar esas percepciones. Parece extraño que podamos tener una experiencia intensa y que ésta pueda luego desaparecer casi por completo y, sin embargo, sucede. No obstante, con esfuerzo, los momentos de claridad pueden preservarse a través de una atención sostenida (y la ayuda de nuestros amigos). El resto de la anécdota de Kisagotami demuestra que ella pudo hacerlo así y, al recordarla, la gente recordaría la habilidosa compasión del Buda.

Por lo que se refiere a las cualidades más vigorosas del Buda, su intrepidez y su ecuanimidad, de ellas podría venir el recuerdo al traer a colación a Devadatta, su primo. Devadatta era un hombre muy ambicioso. Fue un monje por varios años, muy bueno en la meditación y tenía poderes sobrenaturales, pero perdido por la ambición y el orgullo.

Un día, cuando el Buda ya era muy viejo, Devadatta le dijo: "Señor, ¿por qué no te retiras? Disfruta de tu vejez feliz y en silencio. No te entregues a más tribulaciones. Yo puedo dirigir a la sangha". Mas el Buda, que sabía de sobra las intenciones de Devadatta, respondió: "no le entregaría la sangha ni a Shariputra ni a Modgalyayana [sus principales discípulos], mucho menos a ti".

Estas palabras enfurecieron y ofendieron tanto a Devadatta que resolvió acabar con la vida del Buda. Conspiró con Ayatasattu, un rey malvado que era su amigo. Ambos corrompieron al entrenador de elefantes de dicho rey para que soltara a una de sus enormes bestias que, enloquecida, correría por donde anduviera el Buda. Sin embargo, cuando se efectuó el plan y el animal vio al Buda se calmó por completo y fue totalmente dócil. Devadatta se desesperaba cada vez más. Sabía que el Buda acostumbraba pasear por un valle debajo del enorme peñasco denominado Pico del Buitre. Entonces, subió a esa cumbre e hizo caer una roca que se precipitó rebotando hacia el Buda. El plan falló, aunque una astilla hizo sangrar el pie del Buda.[17]

Tras estos incidentes sus discípulos comenzaron a preocuparse por su seguridad. Para protegerlo formaron una especie de cuerpo de guardaespaldas, armados con palos, para circundar la *vihara* (morada) donde él dormía. Durante la noche, el Buda salió de su vihara (nunca dormía toda la noche, sino que se sentaba parte de ella a meditar) y vio a todos esos monjes haciendo guardia. Les llamó: "Monjes, ¿qué sucede? ¿Qué es-

---

[17] Vinaya Culavagga capítulo 7; vea también Bhikkhu Ñanamoli, *The Life of the Buda*, Buddhist Publication Society, Kandy 1984, p. 263.

tán haciendo?" Respondieron: "Señor, te estamos cuidando"; pero él repuso: "el Buda no necesita protección. Vayan a dormir". De manera que se dispersaron en la oscuridad de la noche y dejaron solo al Buda.[18] Así era el espíritu del Buda y, así, su ausencia de temor.

Según la tradición budista temprana, sencillamente, va contra la naturaleza de las cosas que un Buda pueda ser asesinado. No podemos saber con exactitud en qué momento surgió este concepto doctrinal,[19] pero concuerda en gran parte con lo que se podría llamar la actitud aristocrática del budismo temprano. Los primeros budistas tenían un firme sentido de la dignidad de una persona iluminada y, al parecer, no podían imaginar que esa dignidad fuera afrentada. Por lo tanto, la naturaleza del universo velaba para que el Buda no sufriera daño alguno. Los budistas tempranos no podían concebir la idea de que el Buda fuera humillado y asesinado de la manera como los cristianos creen que le sucedió a Jesús. Algo así aparece más adelante en la tradición budista, en el mahayana, que contempla al bodhisatva como uno que experimenta todo tipo de dolores y sufrimientos, mas no se sugiere que el bodhisatva sea martirizado ni humillado.

Sin embargo, si observamos esto fuera de cualquier suposición doctrinal, no hay una razón por la cual incluso un Buda no pudiera morir de otra manera que no fuera una muerte natural. Hay casos de arahats que fueron asesinados, como Modgalyayana.[20] Milarepa, el asceta tibetano iluminado, al parecer,

---

18 Ñanamoli, *The Life of the Buddha*, ibid., p. 264.

19 Esto se originó con el Buda mismo. El Vinaya Pitaka lo cita: "Es imposible, Bhikkhus, no puede suceder que alguien arrebate la vide de un perfecto mediante la violencia". Citado en Ñanamoli, *The Life of The Buda*, op. cit., p. 264; vea también Vinaya Culavagga capítulo 7.

20 Aparecen relatos sobre la muerte de Modgalyayana en Dhammapada Commentary vv. 137-140 (traducción de E.W. Burlingame), *Buddhist Legends*, Pali Text Society 1969; y en Jataka Commentary núm. 523 en *Stories of the Buddha's Former Births*, ed. E.B. Cowell, Motilal, Delhi 1990. Vea también *Great Disciples of the Buddha*, Wisdom, Somerville, Mass. 1997, pp. 102-104.

murió envenenado, al igual que otros maestros budistas.[21] Parecería probable que la doctrina de que no se puede asesinar a un Buda no viene tanto de la naturaleza del budismo sino de las creencias culturales y espirituales de la India en general, especialmente las de las castas más altas en la sociedad de aquellos días.

Por otra parte, quizás, el hecho de que un Buda pueda ser asesinado va contra la naturaleza de las cosas. Es posible que el mismo universo impide que eso ocurra. No hace ningún daño pensar que el universo está vivo. La percepción que hemos heredado de la ciencia de finales del siglo XIX es que el universo es inerte, más parecido a un automóvil que a un cuerpo humano pero, al menos de un modo metafórico, podemos pensar, con fines prácticos, que el universo es como un ser vivo y es justamente así como lo vieron los platónicos, por ejemplo. En verdad, no sólo podríamos creer que el universo está vivo sino que, incluso en un plano ético y espiritual, tiene un equilibrio capaz de corregir inconveniencias tales como el asesinato de un Buda. Hay órganos en el cuerpo que cumplen con toda clase de funciones complicadas y hasta parece que cuentan con una inteligencia que, si bien, no será una conciencia individual, resulta ser algo más que una serie de reacciones mecánicas. ¿Acaso en el mundo o en el universo haya algo análogo a esa inteligencia subconsciente, una especie de inteligencia con capacidad para intervenir y proteger la seguridad y bienestar del organismo (en este caso, el mundo o el cosmos) como un todo?

Y aun si fuera cierto que no puede matarse a un Buda nada se le quita a éste de su valor personal. Podría, quizá, decirse que la intrepidez, que era una de sus cualidades sobresalientes, le ayudaba a mantenerlo a salvo.

---

21 Sobre Milarepa vea *Tibet's Great Yogi Milarepa*, ed. W.Y. Evans-Wentz, Oxford University Press, Oxford 1951, p. 247.

La presencia calmada y radiante del Buda se expresaba también en su amor por el silencio. Esta cualidad se muestra en la historia que relata cómo Yivaka, médico del Buda y también del rey Ayatasattu, llevó al monarca una vez a hacerle una visita de media noche al Buda. Se dice que el rey y su corte se encontraban en la azotea del palacio admirando la luna. Era la luna llena de octubre, cuando se supone que florecen los lotos y estuvieron de acuerdo en que era una bella noche para visitar a un santo. Esto es típico de la India. No era una noche maravillosa para una lunada en la playa sino para visitar a un santo. De modo que partieron y, como Ayatasattu era un rey, tenía que viajar con propiedad. Se dice que ensillaron quinientos elefantes y que montaron en ellos a quinientas doncellas del harem y todos emprendieron el paseo, con el rey y Yivaka a la cabeza, para visitar al Buda en lo profundo de la selva.

Pero conforme se adentraban en la espesura y todo se hacía más oscuro, el espíritu festivo comenzó a decaer, al menos en el monarca. Aparte de sentir el desgaste de ser el continuo centro de atención y las ansiedades que ocasiona el trono, había llegado al poder por medios truculentos, lo cual añadía sentimientos de culpa a su conciencia. Comenzó a temer y a sospechar. Se detuvo y dijo: "Yivaka, ¿no me estarás llevando a una trampa?" Pero éste respondió: "No se preocupe, su majestad. Es un poco más adelante. El Buda acampa en el corazón de este bosque". Continuaron su camino y cada vez estaba más oscuro y silencioso, hasta que ya no se escuchaba nada (como no fuera, seguramente, el sonido de las pisadas de quinientos elefantes, aunque estos animales pueden caminar con gran sigilo). De nuevo, Ayatasattu habló: "¿De verdad no me estás llevando a una trampa?" y Yivaka insistió: "no tema, su majestad, no hay ninguna trampa".

Ayatasattu no le creyó. "Me dijiste que el Buda vive aquí con dos mil quinientos monjes. Deberíamos oírlos a un kilómetro de distancia y no se escucha nada. ¿Te atreves a sostener que no se trata de una trampa?" Yivaka dijo: "no se apure. Mire, allá se pueden ver las luces que alumbran el pabellón del Buda". Con seguridad, en un amplio claro entre los árboles, se encontraba el Buda rodeado por sus 2,500 discípulos, todos sentados en perfecto silencio bajo la luz de la luna llena. Cuando el rey, con todo y sus temores y sospechas, vio tal imagen dijo a Yivaka: "¡Oh! ¡Que pueda mi hijo disfrutar de semejante paz mental!" (en la India, la gente siente mucho cariño por sus hijos, por eso, sus mejores deseos y aspiraciones las expresan en alusión a ellos). Una vez más, encontramos al Buda comunicando una cualidad particular de su presencia: su amor por la paz, la soledad y el silencio. También esto deben haber recordado sus discípulos cuando él murió. Está claro que así fue, ya que esta anécdota ha llegado a nosotros.[22]

Asimismo, volvieron a sus mentes diversos relatos que tenían que ver con lo que nosotros llamaríamos milagros. Ellos habrán visto o escuchado toda clase de historias extrañas que solían acontecer cuando el Buda estaba cerca, sucesos sobrenaturales para los cuales no habría explicación racional. Contarían cómo, cuando el Buda pasaba la noche en alguna parte, se llegaban a ver formas maravillosas (devas o dioses) que flotaban por ahí. Relatarían, incluso, que lo más extraordinario de esas apariciones era que también ellas estaban en ese sitio para aprender del Buda. Él les enseñaba el Dharma por las noches del mismo modo que enseñaba a los humanos en el día.[23]

---

[22] Vea el Samaññaphala Sutta (*The Fruits of the Homeless Life*), sutta 2 de *The Long Discourses of the Buddha (Digha-Nikaya)*, *op. cit.*, pp. 91-93.

[23] Existen muchos relatos en los que el Buda enseña a los devas. Vea por ejemplo "Sakka's Questions", Digha-Nikaya sutta 21; y Mahamangala Sutta, Sutta Nipata, versos 258-269. Vea también Susan Elbaum Jootla, *Teacher of the Devas*, carrete núm. 414/416, Buddhist Publication Society, Kandy 1997.

La aparición de devas en sí no era lo que habrían de considerar un milagro, es decir, una pratiharya. Una pratiharya sería como el incidente descrito en el Mahavastu, donde el Buda camina flotando por el aire, emitiendo fuego y agua de manera simultánea. Pero la existencia de devas habrá sido dada por hecho en esos tiempos. Es verdad que se trata de seres sobrenaturales y el que se le aparecieran al Buda debería considerarse un hecho extraordinario. Está claro que eso ocurría fuera del plano material ordinario. Sin embargo, tampoco era algo que estuviera realizando el mismo Buda, aunque seguramente tenía las facultades paranormales con las cuales crear lo que la gente supondría que serían devas.

No obstante, esos acontecimientos se sumaron al conjunto de historias y anécdotas que se mantenían frescas en el corazón y la mente de sus discípulos. Muchos de ellos habrán sentido que esas historias comunicaban algo de una importancia tremenda y que las enseñanzas formales no transmitían: el efecto que el Buda causaba en quienes entraban en contacto con él, el impacto directo de un ser iluminado, lo cual estaría por encima y más allá de todas las palabras.

No podría haber un mejor juez para tal caso que Ananda, primo del Buda, quien fuera su asistente personal por más de veinte años y lo siguió a todas partes. Si invitaban a comer al Buda, Ananda también asistía. Si aquél acudía a pronunciar un sermón, Ananda lo acompañaba. Si recibía visitas o contestaba preguntas, Ananda estaba presente. Siempre se encontraba ahí, como si fuera su sombra. Del mismo modo, podemos inferir que el Buda le confiaba todo, así que cuando estaba cerca de la muerte, Ananda, con justa razón, lo resentía más que nadie. Según el *Mahaparinibbana Sutta*, mientras el Buda yacía en el campo de salas, Ananda se alejó para ir a un alojamiento cercano. Allí, se recargó en el umbral de la cabaña, tratando de comprender que el Buda estaba a punto de partir en pocos días o, quizás, horas. Llorando amargamente, se decía, "el Maestro pronto me dejará, él que es tan amable".[24] Estas palabras son de una gran importancia. En los más de veinte años que Ananda pasó cerca de él, debió escucharlo pronunciar cientos de discursos, entre los cuales habría muchas enseñanzas abstrusas, filosóficas y profundamente místicas. Lo oyó mil veces responder a preguntas. Seguro es que admiraba su brillantez, su afabilidad, la facilidad con que manejaba los planteamientos difíciles. Sin duda fue testigo de toda clase de sucesos extraordinarios y, no obstante, no era la sabiduría del Buda o su entendimiento en filosofía, su capacidad para debatir o para producir milagros, su valor o su incansable energía lo que para él sobresalía. Para Ananda, la cualidad más notable del Buda era su amabilidad. Después de tantos años, de escuchar tantas cosas, la impresión más marcada que el Buda había dejado en Ananda se resumía en estas palabras: "él, que es tan amable".

La mitad de lo que es el budismo radica en esa frase. Aquí, regresamos al tema y vemos que ello nos da también el origen del ideal del bodhisatva. La sabiduría del Buda se revela en sus enseñanzas doctrinales pero su amor, su compasión, que tan hondamente impactaron a Ananda, se manifiestan en su ejemplo personal. Es a esto a lo que querían llegar aquellos discípulos que no podían identificar el budismo tan sólo con las enseñanzas verbales. Decían que el budismo no era únicamente sabiduría, como lo representan las enseñanzas, sino también amor y compasión, de la forma en que lo ejemplificaba la vida del Buda. Por lo tanto, en cualquier formulación del budismo, ambas debían ser consideradas. Así es, debemos tratar de llegar a la iluminación, despertar, ver la Verdad. Esto es el

---

[24] Vea *The Long Discourses of the Buddha* (Digha-Nikaya), *op. cit.*, sutta 16, p. 265.

aspecto de la sabiduría. Mas debemos lograr la sabiduría para el beneficio de todos los seres sensibles. Éste es el aspecto de la compasión. Los dos juntos conforman el ideal del bodhisatva.

Podría señalarse que Ananda fue el primer ejemplar del ideal del bodhisatva, puesto que cuidaba al Buda en vez de pensar en sus propias necesidades todo el tiempo, aunque él, a su vez, fue también un serio practicante espiritual. Podría resultar significativo que Ananda, tras el parinirvana del Buda, según registran las escrituras, fungió en gran parte igual que lo había hecho el Buda. Iba de aquí para allá predicando el Dharma, con un gran séquito de bhikkhus. De hecho, lo criticaron por eso. Si alguien se aproximó al espíritu del Buda parece que fue Ananda. Los registros no son perfectos. Es difícil estar seguros. Sin embargo, el personaje de Ananda realmente aparece con un atractivo que no tienen arahats como Mahakasyapa ni el mismo Modgalyayana.

En ocasiones, se ha especulado que Ananda retrasó su propio desarrollo para poder atender al Buda y que, por lo tanto, no alcanzó la iluminación sino hasta después que éste murió. En cierto modo, es una consideración superficial. Sería como afirmar que dar un servicio no es parte del desarrollo espiritual cuando está muy claro que sí lo es. Podríamos decir, incluso, que es un camino que con mayor seguridad nos llevará al desarrollo espiritual, puesto que uno debe renunciar a su ego y a sus propios intereses y deseos, tal como debió ocurrirle a Ananda.

Él no optó por un camino más fácil o más mundano cuando aceptó cuidar al Buda. Tampoco hay en las escrituras nada que sugiera que él sacrificara noblemente su propio desarrollo espiritual a cambio de una empresa de tal valor. Es cierto que las escrituras del Pali lo representan alcanzando el estado de arahat después del parinirvana, pero no suponen que la tardanza se debiera a que estaba ocupado atendiendo al Buda. No obstante, es interesante, quizá, que hubiera esa demora. Acaso lo que indica esto es que Ananda no concebía la vida espiritual como tener una meta definida, algo externo, como posiblemente sucedió con los otros arahats. Parece que él estaba menos orientado hacia una meta, de una manera positiva. Sin embargo, habría que ahondar más en este punto, al igual que con muchos aspectos de la tradición. Podemos reflexionar sobre sus significados espirituales, mas sus orígenes históricos son muy difíciles de desentrañar.

De igual modo, tampoco resulta fácil rastrear con exactitud la forma en que surgió el ideal del bodhisatva como un movimiento que terminó por percibir la necesidad de distinguirse de quienes no compartían su visión. Hubo un instante en que los partidarios de este enfoque comenzaron a llamarlo mahayana o "el gran vehículo" y a referirse a los que rechazaban su postura como seguidores del hinayana, "el pequeño vehículo" (de las muchas escuelas del budismo temprano, la única que aún hoy existe, además de ser la única representante del budismo "hinayana", es la theravada).

Con todo, el tema está lejos de poder ser dilucidado. Las doctrinas que durante siglos conservó el theravada registran claramente mucho del espíritu de las enseñanzas del Buda, así como la literalidad. Si los "hinayanistas" no hubieran estado interesados en la vida del Buda, ¿por qué habrían guardado con tanto cuidado esas anécdotas en el Canon Pali? ¿Cabe la posibilidad de que realmente les interesaran más las enseñanzas del Buda que su vida, cuando preservaron todos esos relatos en sus propias escrituras?

Podrá discutirse que si las guardaron, aun cuando no les concedían mayor importancia, fue porque su principal preocupación era conservar lo que pudieran. Podemos alegrarnos de que así haya sido. Sin las distintas versiones que conservaron de las escrituras quizás hoy no tendríamos idea de cómo era el budismo en sus primeros días. Es verdad que no podríamos haberlo descubierto a partir de las escrituras del mahayana, las cuales, en su conjunto, representan un esfuerzo para lograr una reconstrucción completa de las enseñanzas y, en general, no tienen que ver con el Buda histórico sino con lo que podemos llamar la vida arquetípica del Buda.

Sin importar lo selectivo que sean las últimas partes del Canon Pali, al menos contienen algunos elementos de la enseñanza original a partir de los cuales ésta se puede reconstruir. Hay textos del mahayana (por ejemplo, los sutras del *Ratnakuta*) que parecen contener rasgos de las enseñanzas originales del Buda.[25] Otros, en cambio, como el *Sutra del loto blanco*, es casi cierto que no tienen ninguna relación directa con la enseñanza del Buda histórico. De los sutras del mahayana podemos extraer una buena comprensión del espíritu del budismo, pero si lo que buscamos es reconstruir la letra original que dio pie a la expresión de ese espíritu, debemos remitirnos ante todo al Canon Pali. En cualquier caso, como ya vimos, los textos del Pali nos dan un claro sentido de ese espíritu, a través de la viva imagen que nos presentan de la vida y la persona del Buda.

¿En qué estuvo entonces que los autodefinidos mahayanistas llegaron a tener tan difusa perspectiva de sus semejantes budistas? Esto nos conduce de vuelta a una interrogante con la que antes nos topamos, ¿hubo alguna diferencia entre la iluminación del Buda y la de sus seguidores iluminados? ¿Es posible que degenerara el ideal de la iluminación?

En el principio era la budeidad. El ideal que el Buda expuso para hombres y mujeres fue el de alcanzar la iluminación, tal como él mismo lo había hecho. Cuando muchos de sus dis-

---

25 Se puede encontrar una selección de los sutras de Ratnakuta, los cuales figuraban entre los primeros sutras del mahayana, en Garma C.C. Chang (editor y traductor), *A Treasury of Mahayana Sutras*, Pennsylvania State University Press, 1983.

cípulos alcanzaron este logro, no parece que el Buda hiciera distinciones entre el contenido de la iluminación de aquéllos y la suya. Se dice que comentó, "¡Oh, monjes! Me he liberado de las ataduras, tanto humanas como divinas. También ustedes se han liberado de las ataduras, tanto humanas como divinas",[26] lo cual supone que consideraba lo conseguido por ellos igual a lo obtenido por él mismo. La única diferencia fue que el Buda se dio cuenta de la verdad antes y los discípulos la descubrieron posteriormente, siguiendo lo que él enseñaba (por lo que la iluminación de aquéllos se llamó *anubodhi*, "iluminación subsecuente").

Que el Buda descubriera el camino lo hizo muy singular, con ese significado especial que siempre se adjudica a un pionero, por haber sido el primero, porque marca la pauta. Pero si los arahats habían alcanzado exactamente lo mismo que consiguió el Buda, ¿por qué a él lo extrañaron tanto después de su muerte? Las escrituras dan la impresión de que, en definitiva, él tenía algo que no tenían sus discípulos iluminados. Al parecer, tuvo una personalidad dominante y más carácter que los otros, aunque la iluminación los viera a todos iguales. La doctrina mahayana posterior dice que, debido a los *punya* del Buda, sus méritos, él tenía una apariencia extraordinariamente impresionante. Era alto, bien formado, guapo, digno y tenía una bella voz. Nada de esto habría contribuido a hacerlo más sabio pero le proporcionaba a su sabiduría un instrumento muy efectivo, lo cual habría significado una influencia más fuerte.

En las escrituras del Pali, a veces, encontramos a los arahats, como Shariputra, enseñando con gran éxito,[27] mas el Buda pa-

---

26 Tomado del *Vinaya Mahavagga* capítulo 1, citado en Ñanamoli, *The Life of the Buda, op. cit.*, p. 52.
27 Las enseñanzas de Shariputra están registradas, por ejemplo, en el Majjhima-Nikaya, sutras 3, 5, 9, 28, 69 y 143. El *Majjhima-Nikaya* contiene también enseñanzas de Mahamodgalyayana (sutra 15), Ananda (sutras 52 y 53) y Anuruddha (sutra 127).

rece haber contado con mucho mayor habilidad para comunicar. Por lo que podemos saber, algunos de los discípulos iluminados apenas y se comunicaban. Es posible que ellos no tuvieran ese don. Aunque tal afirmación caería en una contradicción a los ojos de la tradición mahayana tardía, para la cual el don de la comunicación era casi como una parte integral de la iluminación, un aspecto de los *upaya* del Buda, sus "medios hábiles".[28] Se supone que si uno está iluminado podrá comunicar su experiencia de manera eficaz y querrá hacerlo. Si uno tiene sabiduría también tendrá compasión.

Podríamos acaso concluir que el Buda era sencillamente *más* iluminado. La iluminación no es un punto final. Tendemos a pensar que se trata de un estado fijo que se alcanza y uno permanece ahí pero, quizá, deberíamos considerarlo más en términos de desarrollo indefinido. No podemos seguirle la pista al Buda más allá de cierto punto. El *Dhammapada* lo llama "el que no deja huellas".[29] Sin embargo, el momento en el que desaparece de nuestra vista no es necesariamente la meta. Puede ser que haya panoramas todavía más lejanos.

Pero al paso de las generaciones, los budistas llegaron a sentir que había una diferencia entre la iluminación del Buda y la experiencia de sus seguidores iluminados (arahats, "dignos"). El Buda había sido el pionero, él había redescubierto el Dharma en una época en que estaba perdido y se desarrolló la idea de que él logró hacerlo así porque antes practicó los paramitas

---

[28] La lista de las seis perfecciones que debía practicar un bodhisatva (véanse Capítulos 4-6) aumentó a diez en la tradición tardía y, de esas diez, la séptima era *upaya*, los medios habilidosos. Sobre este tema abundan muchos textos del mahayana; el *Vimalakirti-nirdesha*, por ejemplo, enfatiza la necesidad del bodhisatva de ser "todas las cosas para todos los hombres". Vea capítulo 3 de Sangharákshita, *The Inconceivable Emancipation: Themes from the Vimalakirti-nirdesa*, Windhorse, Birmingham 1995, acerca de comunicación, además sobre el énfasis que hace el mahayana en cuanto a los "medios habilidosos".

[29] *Dhammapada* verso 179.

(o "perfecciones") durante innumerables vidas. Al no haber tenido que realizar esa tarea particular, los arahats no necesitaban atravesar por ese periodo de entrenamiento intensivo, de modo que su logro era menor al del Buda. Así se argumentó.

Al mismo tiempo, dentro de los primeros cien años que siguieron al parinirvana del Buda, parece que se dio una especie de osificación del ideal de la iluminación o, mejor dicho, del modo en que se entendía ese ideal. Parece que, con el paso del tiempo, el ideal del arahat degeneró hasta que llegó a significar un concepto estrecho e individualista de la iluminación. Probablemente, el modo budista original de ver las cosas era más abierto y fluido. Las escuelas budistas tempranas acaso llegaron a caricaturizar sus propios conceptos del arahat, poniéndolos como figuras secas, sin emociones y, luego, los mahayanistas tendieron a heredar esa actitud. Sin embargo, éstos no estaban satisfechos en cuanto a que ese concepto representara con precisión el ideal más elevado del espíritu original de las enseñanzas del Buda. Esto los llevó a una fase totalmente nueva en la historia del budismo y fue el origen de lo que después habría de conocerse como el ideal del bodhisatva.

Al final de cuentas, no se puede concebir la iluminación como algo que "sólo es para uno", o que "no es para uno", o que "es para otros", o que "no es para otros". Es imposible separar, en el desarrollo espiritual, el aspecto de la consideración de uno mismo del aspecto altruista. Pero los mahayanistas vieron la necesidad de distinguir entre ambos y de criticar a las demás escuelas por promulgar un "hinayana", un sendero inferior que reducía el ideal de la iluminación a su aspecto de la consideración de uno mismo. Algunos de los sutras del mahayana no sólo promovieron el ideal del bodhisatva, sino que llegaron incluso a presentar al ideal del arahat como inferior *per se*. Por ejemplo, en el *Vimalakirti-nirdesha*, se representa a Shariputra como una especie de víctima de las bromas de los demás, y cu-

yo literalismo siempre es expuesto por el mahayanista Vimalakirti,[30] aun cuando la sangha original del Buda de ninguna
manera se identifica con lo que después se conoció como hinayana ni es sinónimo de ella.

¿Por qué los escribanos del mahayana recurrieron a esas tác-
ticas? La razón podría deberse a algo muy simple y, a la vez
quizá, difícil de comprender para nosotros. En la antigua India, la gente no tenía el concepto de desarrollo histórico. Para
nosotros, es natural pensar en términos de progresión histórica (tan natural que resulta difícil imaginar lo contrario) pero
no era lo natural para los budistas de la antigua India. Al encontrarse con el ideal del arahat como se presentaba entonces,
inaceptable para ellos, de ninguna manera podían admitirlo
como algo que hubiera enseñado el Buda. No estaba al alcance de ellos pensar que él, en realidad, había enseñado algo distinto y que con el curso de los años había degenerado, produciendo este ideal más bien negativo. Ellos habrán tenido que
considerar cualquier proceso que hubiera ocurrido como algo
que sucedió durante la vida del Buda y todas las diferentes enseñanzas e ideales como algo que el Buda mismo enseñó.

Para encontrarle sentido a esas discrepancias, recurrieron a
pensar que el Buda, al confrontarse con personas de diferentes
capacidades espirituales, les enseñó ideales distintos. Para ellos,
el Buda *enseñó* el ideal del arahat de manera que esa gente lo
entendiera, pero sólo era una enseñanza provisional para los
que, en comparación, estaban menos desarrollados. A quienes
estaban preparados para una enseñanza más avanzada les enseñó el ideal del bodhisatva. Este modo de pensar es uno de los

---

[30] Vea, en la traducción de Robert A.F. Thurman, *The Holy Teaching of Vimalakirti*,
Motilal Banarsidass, Delhi 1991, pp. 50-51 y p. 78; también vea Sangharákshita,
The Inconceivable Emancipation, op. cit., pp. 101-104.

principales temas en muchos de los textos más conocidos del mahayana.[31]

Con el surgimiento de la escuela T'ien-t'ai, en el siglo VI, en China, comenzó a despertar una perspectiva más histórica. Todas las enseñanzas del Buda se clasificaron en cinco grandes períodos y los distintos sutras encontraron lugar entre ellos,[32] pero es sólo hasta tiempos comparativamente recientes que, debido a la influencia de los esquemas de pensamiento evolucionistas occidentales, se ha podido pensar en términos de un desarrollo del budismo o, en su caso, de un desarrollo del cristianismo o de cualquier otra religión.

La perspectiva histórica con que contamos cambia por completo la situación. Significa, por ejemplo, que no debemos pensar en términos de un ideal limitado del arahat. Podemos pensar que el Buda originalmente presentó el ideal de

---

[31] Vea, por ejemplo, la parábola de la casa en llamas, en el *White Lotus Sutra*, en la traducción de Bunno Kato *et al.*, *The Threefold Lotus Sutra*, Kosei, Tokio 1995, pp. 85-99; comentario en Sangharákshita, *The Drama of Cosmic Enlightenment*, Windhorse, Glasgow 1993, pp. 43 en adelante.

[32] Chih-I fundó la escuela T'ien-t'ai en China, en el siglo VI. Esta escuela se basó, principalmente, en el *Sutra del loto blanco* pero, deseosa de unificar todas las formas del budismo, se avocó al proyecto de sintetizar, incluyendo la clasificación de las enseñanzas budistas, en "cinco períodos y ocho enseñanzas". Los cinco períodos fueron: el período del *Budavatamsaka*, el cual, según la T'ien-t'ai, fue lo que el Buda enseñó inmediatamente después de su iluminación; el período de los agamas, escritos del Canon Sánscrito que coinciden ampliamente con el Canon Pali; el período de los sutras *Vaipulya* (extensos), es decir, sutras del mahayana temprano, que comprenden el *Avatamsaka* y el *Ratnakuta*; el período de los sutras del *Prajñaparamita* (perfección de la sabiduría); y el período del *Sutra del loto blanco* y el *Sutra del mahaparinirvana*. Fue una división cronológica de las enseñanzas, pero la T'ien-t'ai mantuvo también la percepción de que el Buda transmitió las enseñanzas de los cinco períodos simultáneamente, por lo cual, esta escuela las sistematizó asimismo en ocho doctrinas, cuatro de ellas tenían que ver con el método y cuatro con el contenido: los métodos repentinos, graduales, secretos e indeterminados; y las enseñanzas del hinayana; las enseñanzas generales, comunes al hinayana y mahayana; enseñanzas especiales para bodhisatvas; y las enseñanzas completamente "redondas", en las que sólo el *Sutra del loto blanco* se considera totalmente completo o "redondo".

la iluminación de un modo tan completo como le fue posible. Podemos imaginar entonces que la gente de su tiempo y las generaciones posteriores tuvieron una idea completa de lo que él quiso decir. Sin embargo, al pasar los años, se degeneró esa comprensión. Se trazó una distinción entre lo que logró el Buda y lo que alcanzaron los arahats, viéndose lo que éstos obtuvieron como algo menor. De aquí la necesidad del mahayana de replantear toda la enseñanza, para volver a hacer énfasis donde lo había hecho el mismo Buda. Los mahayanistas intentaron unificar el objetivo de nuevo, al decir que la budeidad estaba abierta para todos y que uno no debía orientarse hacia el estado de arahat, que era un objetivo menor, sino hacia la suprema iluminación.

No hay registros detallados, de manera que no sabemos mucho sobre las consecuencias prácticas del desarrollo de esas ideas, mas podemos sacar deducciones a partir de los relatos de ciertos peregrinos chinos. Hsuan-tsang deja claro que cuando él visitó la India, en el siglo VII, los seguidores del "hinayana" y los del "mahayana" vivían juntos en los mismos monasterios y observaban casi la misma disciplina monástica.[33] Sólo diferían en que los monjes mahayana estudiaban los sutras del mahayana además de los *agamas* (el equivalente sánscrito a los *nikayas* en pali) y honraban a los bodhisatvas arquetípicos.

Para aventurar un paralelo, podríamos decir que era un poco como las diferencias entre el "alto clero" y el "bajo clero" en la iglesia anglicana. En la misma parroquia se puede ver a un sacerdote que se consideraría del "bajo clero" y a otro que se ubicaría más propiamente en el "alto clero", pero ambos pertenecientes al "mismo clero". La diferencia entre "hinayana" y

---

33 Vea Hsuan-tsang, *Si-yu-ki: Buddhist Records of the Western World*; vea también Sally Hovey Wriggins, *Xuanzang: A Buddhist Pilgrim on the Silk Road*, Westview, 1996.

"mahayana" parece haber sido tan inadvertida como se plantea, hasta que surgió el vajrayana y hubo una especie de colapso en la disciplina monástica.

Los seguidores del vajrayana difícilmente podrían haber permanecido en el monasterio si no iban a observar la disciplina monástica y sabemos que muchos eligieron no hacerlo así (aquellos que se adaptaron mejor al ideal del *siddha*),[34] pero puesto que los "hinayanistas" y los "mahayanistas" continuaron observando la misma disciplina monástica no parece que hayan sentido la necesidad de vivir en sitios diferentes por causa de sus distintas percepciones.

De la misma forma, en una comunidad budista actual los residentes podrían acordar seguir el mismo estilo de vida (meditar por la mañana y en la noche, ser vegetarianos, abstenerse de tomar alcohol, llevar un modo de subsistencia correcto, etcétera). Algunos podrían estar estudiando las escrituras del mahayana, otros estudiarían el Canon Pali y otros más leerían traducciones de obras tántricas tibetanas, pero mientras observaran un tipo de vida y principios éticos comunes sería posible que los miembros de esa comunidad vivieran juntos y muy felices. Algo así parece haber sucedido en la India del medioevo, donde el vinaya (el texto que detalla los códigos monásticos de conducta) aporta la base ética para la práctica de ambos, el "hinayana" y el "mahayana".

---

34 'El vajrayana, "vehículo del diamante" o "camino adamantino", se denominó así porque, al igual que un resistente vajra (que significa igualmente trueno o diamante), aniquila de inmediato cualquier obstáculo para llegar a la budeidad. Su carácter es predominantemente yóguico-mágico y su ideal es el siddha, "alguien que está en tal armonía con el cosmos que nada le apremia y que, como un agente libre, puede manipular las fuerzas cósmicas que hay dentro y fuera de sí mismo"'. Sangharákshita, *A Survey of Buddhism*, Windhorse, Birmingham 2000 (próxima aparición), p. 25. "A través de su forma de vida, algunos *siddhas* desafiaron y ridiculizaron la complacencia y el ritual externo de lo establecido por la religión en las universidades monásticas". Andrew Skilton, *A Concise History of Buddhism, op. cit.*, p. 139.

Sin embargo, parece que no se dio una comunidad correspondiente de opiniones. Después de la división hubo muy poco en materia de debate o controversia entre las dos partes por la sencilla razón de que las diversas escuelas "hinayana" ignoraron a las mahayana, tal como el theravada ha seguido haciendo casi todo el tiempo hasta nuestros días. Una de las obras del *abhidhamma* theravada, el *katha-vatthu* o "puntos de controversia", registra una cantidad de discusiones entre las escuelas theravada y las protomahayanas, pero son la única relación en su tipo.[35]

Con el tiempo las dos se aislaron geográficamente. El theravada se conservó en Sri Lanka y allí, según la tradición theravada, se comenzó a escribir el Canon Pali, durante el cuarto concilio que se realizó en Alu-vihara en el primer siglo de nuestra era. Los theravadines singaleses estaban en franca oposición a ciertas escuelas cuasimahayanistas que se asentaron en Sri Lanka. De los dos grandes monasterios singaleses, el Mahavihara y el Abhayaguirivihara, este último se inclinaba a lo mahayanista. Sin embargo, con la ayuda del rey Parakkama, terminó por ser eliminado durante el siglo XII. Sabemos muy poco de lo que se enseñaba ahí. Las fuentes del theravada dan la impresión de que, fuera lo que haya sido, era tan terrible que ningún theravadín decente podía entrar en detalles.[36]

Mientras tanto, el budismo mahayana se expandía por el Tíbet, China y Japón y se iba separando de sus bases monásticas "hinayanistas", mas hubo un factor complejo toda vez que surgió una especie de vinaya "mahayana". En la India y, más tarde, en el Tíbet se observaba este vinaya además del "hina-

35 Vea la traducción de Shwe Zau Aung y Mrs. C.A.F. Rhys Davids a *Points of Controversy (Katha-vatthu)*, Pali Text Society, Londres 1915.
36 Vea la traducción de W. Geiger y C. Mabel Rickmers, *Culavamsa, being the more recent part of the Mahavamsa*, Colombo 1953, capítulo 78; vea también Andrew Skilton, *A Concise History of Buddhism, op. cit.*, pp. 150-151.

yana", como un complemento mahayanista para bodhisatvas. Al final, todo ello se volvió muy pesado.[37]

Por estas razones, las dos tendencias del budismo llegaron a desarrollar formas totalmente distintas de expresar el sendero a la iluminación, al grado que resulta muy difícil establecer comparaciones entre ambas. En verdad, habrá que excusar a quien se pregunte si las dos se refieren a la misma "iluminación". Debemos recordar que, en esencia, ambas hacen referencia a la experiencia de iluminación y a la inspiración del Buda. Ése es su punto de partida. A través de este estudio del ideal del bodhisatva volveremos una y otra vez a considerar la relación entre esos dos enfoques, por la simple razón de que resulta espiritualmente fructífero. Ya que contamos con la perspectiva histórica, podemos apreciarlas y aprender de ambas. Cuando uno se acerca al budismo por primera vez no es necesario desentrañar las complejidades históricas. Basta con considerar la vida del Buda y, en general, la vida espiritual. El punto básico es que el budismo enseña un ideal espiritual equilibrado, enfatizando por igual en la sabiduría y la compasión. La tarea para los budistas occidentales es discernir lo que en realidad nos es útil de la tradición budista, lo que en verdad enseñó el Buda y lo que nosotros mismos encontramos de provecho para la propia vida espiritual.

No es verdad que, tras el cisma, todos los mahayanistas imaginariamente abrazaran el espíritu de la enseñanza mientras todos los "hinayanistas" se adherían con rigidez a las es-

---

[37] En *A Concise History of Buddhism* (*ibid.*, p. 97), Andrew Skilton observa: "No hubo tal cosa como un vinaya mahayana. Todos los mahayanistas vivían en los mismos monasterios que sus hermanos "hinayanas", como pudieron ver los peregrinos chinos del medioevo, mas esto no significa que no complementaran el código del vinaya con sus particulares puntos de vista sobre moralidad. En especial, la nueva enseñanza del *upaya*, "medios [hábiles]", revitalizó las regulaciones del vinaya al hacer valer la conveniencia espiritual en servicio de la compasión por encima del formalismo institucional".

crituras. El hecho de que uno pertenezca técnicamente a la escuela del espíritu no implica de manera automática que observe más al espíritu que a la letra. Los "mahayanistas" no son complacientes en este sentido. En todo caso, nadie es totalmente mahayanista o hinayanista. En un momento dado y sin importar cuál sea su contexto espiritual, uno puede adoptar una actitud "hinayana" (es decir, ocuparse de sí mismo) o una "mahayana" (considerar a los demás). Ha habido muchos mahayanistas que se han adherido a la letra del mahayana de un modo muy poco mahayana, así como hay, ciertamente, muchos theravadines que viven más de acuerdo con el espíritu que con la letra del theravada y, puesto que es obvio que nuestro propio comportamiento debería ser el objeto principal de nuestro escrutinio, es bueno preguntarse en toda ocasión qué actitud estamos adoptando, por ejemplo, al meditar o en nuestro trabajo.

Básicamente, todo budista debe recordar que no se puede dejar fuera del budismo al Buda y a su espíritu compasivo. Es en esencia, como un recordatorio de esto, que los budistas se dedican a una práctica devota o puya (veneración). Más adelante veremos que ésta es un aspecto fundamental en la práctica de un bodhisatva. La puya nos lleva cara a cara con el Buda (y eso es literal, si ante el altar nos sentamos de frente a la imagen del Buda). Mientras observamos su imagen, podemos olvidar por un momento la enseñanza. Por un instante estamos cara a cara con la budeidad y, al contemplarla, reconocemos nuestra propia naturaleza verdadera.

El ideal del bodhisatva reconoce que para alcanzar la iluminación debemos desarrollar por igual sabiduría y compasión, los dos aspectos de la vida espiritual, interés por uno mismo y por los demás. Ésta es la polaridad básica, la iluminación interior, a través de la sabiduría, manifestándose exteriormente mediante la compasión y ésa es la naturaleza del bodhisatva, aquel que se dedica con entusiasmo a la iluminación por el beneficio de todos los seres.

CAPÍTULO 2

EL DESPERTAR
DEL CORAZÓN BODHI

Tenemos ya una noción de qué o quién es un bodhisatva. La siguiente pregunta es: ¿Cómo se *convierte* uno en bodhisatva? ¿Cómo se embarca alguien en la realización de este sublime ideal espiritual? La respuesta tradicional es corta y directa, aunque requiere de una explicación considerable. Uno se convierte en bodhisatva (y lo hace totalmente orientado hacia la iluminación por la causa de todos los seres sensibles) desde el momento en que despierta en él el "corazón bodhi".

Lo que estamos traduciendo es el término sánscrito *bodhichita-utpada*, que es uno de los términos más importantes en todo el campo del budismo mahayana. Como ya vimos, *bodhi* significa iluminación o despertar. *Chita*, un término multifacético muy común en el sánscrito budista, quiere decir mente, pensamiento, conciencia, corazón... todo esto. *Utpada* es más directo, significa sencillamente surgimiento o, en un sentido más poético, despertar.

Bodhichita-utpada suele traducirse como "el surgir del pensamiento hacia la iluminación",[38] pero esto es precisamente lo que no es. Podemos pensar en la iluminación tanto como queramos. Podemos leer acerca de ella, pensar en ella, hablar de ella. "La iluminación es sabiduría y compasión", decimos, como si pronunciar las palabras implicara saber todo sobre ello. Pero a pesar de lo que decimos o pensamos, el bodhichita no

---

[38] Har Dayal, *The Bodhisattva Doctrine in Buddhist Sanskrit Literature, op. cit.*, p. 59.

ha surgido. La verdad es que el hecho de pensar en la iluminación no nos ha transformado en bodhisatvas. De modo que el bodhichita no es tan sólo un pensamiento acerca de la iluminación. Es mucho más que eso. Guenther lo traduce como "actitud de iluminado".[39] La traducción que yo prefiero es "la voluntad hacia la iluminación" o, como aparece aquí, "el corazón bodhi".

Todas estas traducciones son considerablemente mejores que "el pensamiento hacia la iluminación", pero ninguna de ellas es completamente satisfactoria. No es tanto por culpa de nuestro idioma, es una falla del lenguaje mismo. De hecho, *bodhichita* es un término bastante insatisfactorio para definir al bodhichita. Éste no es en absoluto un estado, una actividad o una función mental. Lo cierto es que no se trata de un pensamiento que ustedes o yo podamos concebir. Nada tiene que ver con pensamientos. Ni siquiera es un acto de voluntad en la forma en que entendemos esta palabra. No se trata de la propia voluntad *personal*. Tampoco es "estar consciente", si con eso queremos decir el simple estar consciente del hecho de que existe algo llamado iluminación.

El bodhichita representa la manifestación, incluso la irrupción, de algo trascendental en nuestro interior, el surgimiento dentro de nuestra experiencia ordinaria de algo que tiene una naturaleza totalmente diferente. El autor de una obra breve pero profunda llamada el *Bodhichitavivarana* (se dice que fue Nagaryuna, pero no el famoso filósofo Nagaryuna del madhyamika) describe al bodhichita como algo "libre de todas las determinaciones, es decir, que no está incluido en las categorías de los cinco skandhas".[40]

---

[39] Vea s.Gam.po.pa (Gampopa), *The Jewel Ornament of Liberation*, traducción de H.V. Guenther, Shambhala, Boston 1986, pp. 112 en adelante.

[40] Citado en D.T. Suzuki, *Outlines of Mahayana Buddhism*, Schocken, New York 1970, pp. 297-298.

Los skandhas son las categorías tradicionales de acuerdo con las cuales se pueden clasificar y describir la existencia y experiencia de todos los fenómenos. Esta categorización es crucial para el pensamiento budista. Para lograr entender la filosofía y la metafísica budistas es necesario tener una idea clara de lo que son los cinco skandhas. *Skandha,* otro término más o menos intraducible, significa literalmente el tronco de un árbol. La traducción estándar (aunque quizá no la que mejor nos lo aclare) es "agregado" o "montón". El primer skandha es *rupa,* que significa "forma corporal". Es todo lo que percibimos a través de los sentidos. El segundo skandha es *vedana,* "sentimiento" o "emoción" (ya sean positivos, negativos, placenteros, dolorosos, etc.). El tercero es *samjña,* que se podría traducir, de una manera aproximada, como "percepción". Es el reconocimiento de una cosa como algo en particular, como cuando percibimos y etiquetamos, por ejemplo, un árbol. El cuarto skandha consiste en los *samskaras,* que algunos estudiosos traducen como "fuerzas conducentes" pero sería mejor traducirlos como "actividades volitivas" o "propensiones" (actos de voluntad). El quinto skandha es *vijñana* o conciencia. Es el ser consciente a través de los cinco sentidos físicos y a través de la mente en varios niveles.

En el rango completo de nuestra existencia psicofísica, en todos los niveles, no hay nada que no caiga en una o más de estas categorías. El texto mahayana conocido como el *Sutra del Corazón* comienza con el bodhisatva Avalokiteshvara adentrándose en la profunda perfección de la sabiduría, asomándose al mundo y contemplando los cinco skandhas, eso es todo.[41] Él observa que toda la existencia psicofísica condicionada con-

41 Vea, por ejemplo, la traducción de Edward Conze, *Perfect Wisdom: The Short Prajñaparamita Texts,* Buddhist Publishing Group, Totnes 1993, pp. 140-141; o *Puja: The FWBO Book of Buddhist Devotional Texts, Windhorse, Birmingham 1999, pp. 50-53.*

siste sólo en estas cinco cosas. Nada existe u ocurre en el nivel condicionado de la existencia que no se pueda categorizar en términos de uno o más de estos cinco skandhas.

Pero el bodhichita no está incluido en los cinco skandhas, lo cual implica que es algo completamente fuera de este mundo, algo trascendental. No un pensamiento, no una propensión, no una idea, no un concepto, sino (suponiendo que debamos utilizar palabras) una experiencia trascendental profunda que reorienta todo nuestro ser. Como dice más adelante el *Bodhichitavivarana*, el bodhichita se caracteriza por una vacuidad perpetua.

Aquí podemos hacer una analogía con un aspecto de la tradición cristiana (y es sólo una analogía, sin sugerir equivalencias). Si un cristiano dijera que está "pensando en Dios", aun cuando se trate de una persona piadosa que va regularmente a la iglesia, lo suyo no se podría describir como una experiencia espiritual. Ya sea que piense en Dios como un anciano caballero sentado en las nubes o como un ser puro o como sea, "pensar en Dios" sería sólo eso, pensar en Dios. Pero si se refiriera a tener la experiencia del descenso del Espíritu Santo ya sería algo totalmente distinto. Si el sólo pensar en la iluminación es análogo a pensar en Dios, el surgimiento del bodhichita es análogo a que descienda sobre uno, con toda su fuerza, el Espíritu Santo.

La intención de esta analogía no es hacer confusa la distinción entre el bodhichita y el Espíritu Santo como conceptos. Al compararlos encontramos que, en su origen, el concepto del bodhichita es más psicológico que cosmológico. Las diferencias entre el concepto de Dios en el sentido ortodoxo y lo que en realidad se quiere decir con bodhichita son evidentes. Mas no hay necesidad de ser pedantes con la terminología. Si se usa el término Dios de una manera general para referirse a una especie de elemento espiritual, trascendental en el universo, entonces es posible que la idea que uno tiene de Dios tenga algo en común con la noción del bodhichita, aunque los dos tipos de conceptos expresan, por lo general, posturas espirituales muy opuestas.

El surgimiento del bodhichita es una experiencia espiritual profunda. Sin embargo, no es una experiencia personal. Otra característica fundamental del bodhichita, identificada también en el *Bodhichitavivarana*, es que no se trata de algo individual. Se puede hablar de que el bodhichita surge en ésta o aquella persona, por lo cual podría pensarse que existe una cantidad de bodhichitas, tu bodhichita, su bodhichita, mi bodhichita... como si fueran ideas brillantes que tuviéramos de manera independiente. Podría sonar como si hubiera una gloriosa pluralidad de bodhichitas surgiendo en diferentes personas y haciendo de cada una de ellas un bodhisatva pero no, no es así. Sólo hay un bodhichita del cual participan los individuos o que se manifiesta en los individuos en diversos grados.

Esto significa que es más probable que el bodhichita surja en una comunidad espiritual, en una situación espiritual intensa de mutua amistad y apoyo. "La comunidad espiritual" no tiene que ser un círculo cerrado específico de personas y, por supuesto, es posible que una persona sola, por su parte, tenga progresos espirituales. Mucha gente lo hace. No obstante, la mayoría de nosotros necesita el estímulo de otros que siguen la misma senda de prácticas. Incluso cuando uno está solo, por ejemplo, en un retiro solitario, puede mantenerse en contacto con otros miembros de la comunidad espiritual al estar consciente de ellos. Este tipo de contacto es el más importante, aunque la posibilidad de estar conectados mentalmente no es excusa para menospreciar el contacto y la comunicación directos.

El bodhichita es supraindividual pero no es colectivo. Resulta un concepto engañoso, un tanto difícil de captar. Antes de que uno pueda tener una experiencia supraindividual tiene que alcanzar una verdadera individualidad, lo cual no es necesariamente fácil. El desarrollo de la verdadera individualidad consta de varias etapas muy claras. En un inicio no hay individualidad, lo que hay es pertenencia a una especie o grupo. La individualidad empieza entonces a surgir pero sólo en relación con el grupo. Aquí se pueden distinguir tres tipos de individuos: el que es dominado por el grupo, el que domina al grupo y el individuo (un verdadero *individualista*) que se rebela contra el grupo pero que no deja de definirse a sí mismo en relación con el grupo. En la siguiente etapa el individuo destaca totalmente libre del grupo y, en una etapa posterior, el individuo entra en una relación libre con otros individuos, en lo que podría señalarse como una definición de la comunidad espiritual. [42]

Pero se puede visualizar algo que va aun más lejos. El surgimiento del bodhichita es una experiencia por encima y más allá del nivel en el que un cierto número de individuos se asocian y cooperan con libertad. A la vez, surge de la interacción intensiva de auténticos individuos. No es algo individual en el sentido en que un individuo es un individuo, pero al mismo tiempo tampoco es algo colectivo que todos esos individuos posean en común. En este nivel, dicho de otra forma y es muy difícil encontrar palabras que expresen lo que sucede pero, básicamente, podría decirse que, al haber surgido un nivel más elevado de conciencia en varios individuos, ha surgido el bodhichita.

El hecho de que el bodhichita no sea el logro o la posesión individual de alguien se puede ilustrar mediante un incidente que aparece en el *Vimalakirti-nirdesha*, un texto del Mahayana

---

[42] Las definiciones que Sangharákshita hace del grupo, el individuo y la comunidad espiritual se exploran con más detalle en un libro sobre la sangha, programado por Windhorse para su publicación en el año 2000.

donde quinientos jóvenes de Licchavi que desean desarrollar el bodhichita presentan sus quinientos parasoles al Buda y él convierte los parasoles en un solo toldo enorme y espectacular.[43] Lo que sucede en realidad, sobra decirlo, no es tan sencillo como lo sugiere esta imagen. Ya no tenemos quinientas unidades pero no porque se hayan vuelto una sola. El toldo único representa un orden de experiencias muy distinto, que trasciende por completo los conceptos de igualdad y diferencia. El budismo ve la realidad como algo esencialmente diversificado, que tiene unidad en la diferencia y diferencia en la unidad. El *Sutra Avatamsaka* lo ilustra con el símil de unos rayos de luz colorida que se proyectan en todas direcciones, atravesándose y cortándose entre sí. No es que todo se reduzca a una sola cosa y, sin embargo, al mismo tiempo hay unidad. La diferencia revela unidad y la unidad hace posible la diferencia.

Otro aspecto de la naturaleza del bodhichita se ilustra en el mahayana, mediante la imagen de la luna llena. El mismo bodhichita aparece en diferentes personas del mismo modo en que la luna se refleja en diferentes estanques, lagos y océanos. Esto, al menos, nos da una idea de cierta característica del bodhichita, aunque como toda imagen tiene sus limitaciones. El bodhichita no es literalmente un objeto estático cuyo reflejo aparezca en diferentes personas. En realidad, es mucho más dinámico que eso.

La tradición mahayana toma en cuenta la naturaleza dinámica del bodhichita y hace una distinción entre el bodhichita "absoluto" y el "relativo". Ante todo deberíamos admitir que hay muy poco que pueda decirse sobre el bodhichita absoluto. En su esencia última está más allá del pensamiento y las palabras, pero algunos grandes maestros tienen, aunque muy provisionalmente, algo que decir sobre él. Por ejemplo, men-

---

43 Vea *The Holy Teaching of Vimalakirti, op. cit.*, p. 12.

cionan que es de la naturaleza del shúnyata, la vacuidad. O sea que es idéntico a la realidad última. Está imbuido de la esencia de la compasión. No es un absoluto inerte, vacío, sin rasgos distintivos. Late con la vida y la actividad espirituales a las cuales denominamos compasión. Es como una luz pura, radiante e inmaculada. No se puede tocar, mancillar, trastornar. Más aún, trasciende el espacio y el tiempo. ¡Es muy misterioso! Baste decir que incluso el bodhichita absoluto, aun cuando es idéntico a la realidad misma y, por ello, está más allá de la transformación, o mejor dicho, más allá de la oposición entre la transformación y la no transformación, no es una cosa fija y estática (de hecho, no es de ninguna manera una "cosa").

El bodhichita relativo es más comprensible, más accesible. Podría decirse que es el reflejo del bodhichita absoluto en la red de la existencia condicionada, en el flujo del tiempo, en el proceso cósmico. Pero aun tenemos que ser cuidadosos para darnos cuenta de los límites de la imaginación en esto. Mientras que un reflejo no es lo real (la luna no está realmente en el estanque), el bodhichita relativo sí está en los individuos en quienes parece surgir por virtud del modo en que el bodhichita absoluto se refleja en ellos. Además, es una fuerza activa que opera en el mundo. Es por ello que la traducción "voluntad hacia la iluminación" parece adecuada (sobre todo cuando nos referimos al bodhichita relativo, distinguiéndolo del absoluto).

El hecho de que el bodhichita absoluto y el relativo compartan el mismo nombre se presta a confusión, puesto que son tan diferentes en su naturaleza. Una vez más, nos encontramos con la dificultad de encontrar una terminología apropiada. Hay dos alternativas: utilizar diferentes términos y con ello dar a entender que los dos son totalmente distintos, o emplear el mismo término y de esa manera sugerir que ambos son lo mismo. Hablar del bodhichita relativo y el absoluto es optar por la semejanza, mientras que darles nombres diferentes sería irse al otro extremo y optar por la diferenciación. La dificultad surge en parte, quizá, por el uso de la palabra "absoluto". Traducir *paramartha bodhichita* como bodhichita absoluto no tiene la intención de suponer un absoluto unitario, filosófico, en el que se deba incorporar todo en un sentido hegeliano. La traducción literal de *paramartha bodhichita* es "bodhichita en el sentido más alto", lo cual aclara un poco más las cosas.

Estas consideraciones son de gran importancia. Se podría decir que el bodhichita relativo representa el sendero y que el absoluto simboliza la meta. Decir que ambos son lo mismo o que son diferentes cosas es un grave error. En realidad, sería destruir los fundamentos de la vida espiritual. Ni son lo mismo ni son distintos. Hablar de un *samvriti bodhichita* y un *paramartha bodhichita* puede ser la mejor solución a nuestro alcance. Esto nos aporta a la vez unidad y distinción. La unidad se refleja en el sustantivo común y la diferencia en los distintos adjetivos.

Un efecto que se produce al distinguir entre el bodhichita absoluto y el relativo es la suposición de que la realidad hacia la que nos dirigimos no es, en un sentido último, extraña a no-so-tros, ni nosotros somos, en un sentido último, extraños a ella, aun cuando en el momento en que nos encontramos avanzando hacia ella nos parezca que le somos diferentes. Uno no podría avanzar rumbo a ella si no le fuera afín. Ángelus Silesius, el místico alemán de la Edad Media, siguiendo el pensamiento neoplatónico dijo algo con relación a que el ojo no podría contemplar el sol si no existiera algo semejante al sol en el ojo. Del mismo modo, el bodhichita no podría surgir en nosotros si no hubiera ya algo semejante a él en nuestro ser.

El Despertar de la fe en el mahayana (una obra china del siglo V) habla de lo que denomina el perfume mutuo de lo real y lo irreal.[44] Algo del absoluto se nos engancha a pesar de to-

44 Asvaghosa (atribuido a él) *The Awakening of Faith*, traducción de Yoshito S. Hakeda, Columbia University Press, New York 1967, pp. 56 en adelante.

do. No es algo que se pueda sacudir. Es como cuando se impregna un perfume y las infinitesimales partículas del aroma se adhieren en la piel. Así, la meta hacia la cual trabajamos, como budistas, no es del todo ajena a nosotros. Tenemos una afinidad interna con ella, no importa qué tan profundo se halle. Sin esa afinidad no podríamos llegar a la meta. En cierto sentido, el bodhichita absoluto es la dimensión absoluta de algo que ya está presente en nosotros y que experimentamos de una forma relativa o limitada. Cuando logramos percatarnos de lo trascendental no es porque irrumpa en nuestro interior algo totalmente extraño, sino porque en el nivel de nuestra actividad mental consciente se manifiesta algo que, en un sentido mucho más profundo, *somos* nosotros.

Esto es emplear el lenguaje de la inmanencia, que siempre debería surgir con una advertencia de salud espiritual. Podría quizá afirmarse que la budeidad es inmanente dentro de nosotros, en potencia, pero para darnos cuenta de ese potencial necesitaremos hacer algo más que simplemente saberlo. Para la mayoría de nosotros tomará un proceso que requerirá mucho tiempo y esfuerzo. La meta de la budeidad se puede entender tanto en términos temporales como espaciales. Es por ello que normalmente se piensa en la iluminación como la culminación de un proceso, en el entendido de que la iluminación misma es también un proceso a cierto nivel.

El problema es que no resulta fácil reconciliar el lenguaje del tiempo con el del espacio. El bodhichita absoluto no es un bodhichita fuera del tiempo, en sentido literal, sino concebido en términos de espacio, es decir, fijo, permanente, inmutable. El bodhichita relativo es un bodhichita concebido en términos de tiempo, lo cual implica cambio. Cuando se piensa en la realidad última en términos de espacio se concibe como el bodhichita absoluto. Cuando se piensa en ella en términos de tiempo tenemos al bodhichita relativo, pero se trata de lo mismo, en realidad, o mejor dicho, "no son dos", como dice la frase tradicional, igual que se afirma que samsara y nirvana "no son dos". En cierto sentido, la iluminación se alcanza eternamente. En otro sentido, está en eterno proceso de lograrse y ambos sentidos coinciden de manera última.

Así tenemos que el bodhichita es más que simplemente "pensar en" la iluminación. Tiene una naturaleza trascendental supraindividual. Su naturaleza dinámica se refleja al traducirlo como "voluntad hacia la iluminación", pero esta voluntad hacia la iluminación no es un acto de la voluntad individual de una persona, como tampoco es el pensamiento individual de alguien. Podríamos pensar (aunque otra vez buscaremos a tientas las palabras) que el bodhichita es como una voluntad cósmica (y es muy importante que no lo tomemos literalmente, ya que lo decimos en un sentido poético, no científico). El bodhichita es una voluntad que opera en el universo y se dirige hacia la redención universal, es decir, esencialmente, a la liberación e iluminación de todos los seres sensibles. Podríamos incluso pensar en el bodhichita como un "espíritu de la iluminación", inmanente en el mundo, que guía a los individuos hacia grados cada vez más altos de perfección espiritual.

Esto nos deja claro que los individuos no poseen un bodhichita. Si uno cree que lo tiene, entonces no es el bodhichita. Lo que tiene es otra cosa. Es el bodhichita el que posee a los individuos y aquéllos de quienes se posesiona o, digamos, aquéllos en quienes surge o en quienes se manifiesta se convierten en bodhisatvas. Éstos viven, hay que decirlo, para buscar la iluminación. Luchan por hacer realidad los potenciales más elevados que contiene el universo, para el beneficio de todos.

Hablar de la voluntad hacia la iluminación es un poco como cuando los cristianos hablan de la voluntad de Dios. Se trata de algo muy misterioso. Podría decirse que es la voluntad propia que se funde con la voluntad hacia la iluminación, pero no significa que uno se convierte en una máquina pasiva operada desde fuera. *Uno mismo* es el bodhisatva, sólo que ha dejado de relacionarse con los fenómenos y se ha transformado en algo trascendental o, bien, algo trascendental ha germinado en uno. Ha entrado en uno.

¿Qué sucede cuando amamos a alguien y nos pide que hagamos algo? ¿Realizamos esa misión por su voluntad o por la nuestra? Es difícil de determinar. Lo que ocurre es que hacemos de su voluntad nuestra voluntad. No es que pase por encima de nosotros o nos utilice cómo títeres. Su voluntad se funde con la nuestra y si creemos que esa persona tiene un desarrollo espiritual mayor al nuestro, cuando nos pide que hagamos algo que ha de traer a nuestra vida espiritual una nueva dirección tomamos genuinamente su voluntad para nosotros. No nos estamos sometiendo. De verdad abrazamos su voluntad de manera que se vuelve la nuestra. No es que hagamos lo que ese alguien quiere. No, hacemos lo que nosotros queremos. Sólo que la iniciativa partió de la otra persona. Es como si ella nos mostrara lo que realmente queremos hacer.

Si llevamos esto al nivel más alto, supongamos que quien nos está pidiendo que hagamos eso es un Buda. Cuando hacemos la voluntad del Buda, el hecho de hacer nuestra su voluntad se acerca mucho a lo que es la manifestación del bodhichita en una personalidad empírica. No es algo que se sobrepone mecánicamente. Es la voluntad de uno mismo que se transforma en el bodhichita. No sólo es nuestra voluntad, también son el pensamiento y las emociones. *Nosotros* nos volvemos el bodhichita. En la medida en que una dimensión trascendental ha penetrado en nuestra existencia, nuestro ser fenoménico se ha transformado en el ser del bodhisatva. En esa medida uno se convierte en un ser de la iluminación. Este cambio no es un mero refinamiento, es una modificación completa. En cierta forma, el bodhichita nada tiene que ver con uno, incluso entonces. Uno provee la base sobre la cual se manifiesta pero, ya que lo ha hecho, curiosamente se funde con uno (o uno se funde con él). En verdad, nos faltan las palabras para describir lo que sucede.

Los sutras del mahayana nunca se cansan de cantar las alabanzas del bodhichita. En el *Sutra Gandavyuha*, por ejemplo, hay cientos de imágenes que comparan al bodhichita con una mina de oro, con el sol, con la luna...[45] Da la impresión de que, para el autor del sutra, el bodhichita era absolutamente todo. Hay himnos y loas a él casi como si se tratara de una deidad. Lo cierto es que no sentimos que sea el pensamiento o la idea de alguien. Más bien, percibimos que es algo vasto, cósmico, sublime, que desciende sobre los más receptivos y entra en ellos para poseerlos.

Como budistas occidentales necesitamos aprender a relacionarnos con la riqueza de imágenes en la tradición budista. Por lo pronto, claro está, la mayoría de nosotros tiene más a la mano la imaginería cristiana. En un lenguaje cotidiano, aun como budistas, con frecuencia utilizamos frases de origen bíblico. Por ejemplo, decimos: "ha vuelto el hijo pródigo", lo cual viene directo de los evangelios, aunque no lo expresamos conscientemente pensando en ese sentido, ya que la frase ha pasado a formar parte integral de nuestra lengua y literatura. Mas no ha sucedido lo mismo con las imágenes y figuras retóricas de las escrituras budistas. Las referencias a ellas no se han infiltrado en nuestro idioma, ni siquiera para quienes tenemos años de ser budistas. Actualmente, es poco probable que nos refiramos a la parábola de la casa en llamas, por decir algo, o a la parábola del hijo que erraba perdido y de su padre hábil y compasivo.[46] Las imágenes y símbolos de las escrituras budistas

---

[45] Vea la traducción de Thomas Cleary a *The Flower Ornament Scripture*, Shambhala, Boston y Londres 1993, p. 1478.
[46] Son parábolas que aparecen en el *Sutra del loto blanco*.

no se han vuelto parte de nuestra mentalidad pero existe en ellas un vasto mundo de material por emplear. Así que no es suficiente con leer las escrituras, tienen que ser parte esencial de nuestro modo de pensar, sentir y experimentar. Puede ser que esto no suceda durante algunas generaciones, pero podríamos empezar buscando imágenes que den vida a nuestra comprensión del budismo, por ejemplo, con las que infundan vida al modo en que entendemos el surgimiento del bodhichita.

No deberíamos tomar al bodhichita como una doctrina o una teoría. Se trata de un mito, en tanto que se refiere a una experiencia trascendental que no se puede describir adecuadamente en términos conceptuales. Es algo que nos mueve, que nos agita en un nivel mucho más profundo que el intelectual o que la conciencia despierta ordinaria.

Cuando empleo la palabra mito no lo hago en el sentido de algo que es falso o imaginario. Podría suponerse que los mitos son cuentos sobre dioses y diosas y de alguna forma eso es cierto, pero habría que preguntarse lo que son esos dioses y diosas, o qué representan. Son seres, o poderes, o fuerzas que existen en otro nivel, en otro plano existencial. Cuando nuestra vida se inspira en una dimensión mítica comenzamos a ejercitar en el plano histórico algo que es de una importancia arquetípica. Es posible afirmar que el bodhichita es el mito en el cual se inspira la comunidad espiritual budista.

No importa lo que la conciencia racional, conceptual e históricamente orientada pueda abarcar, hay una dimensión imaginaria o arquetípica en la vida que siempre escapará a esa conciencia racional. Podríamos comparar esto con lo que sucede durante el sueño. Quizá tengamos unos sueños muy vívidos y con mucha riqueza, incluso más vívidos que nuestra existencia en la vigilia. Si tuviéramos que hacer un recuento completo de nosotros mismos, no sólo deberíamos describir nuestra vida cotidiana diurna, sino también lo que soñamos. Sin embargo, en gran medida, para la mayor parte de nosotros esto resulta muy difícil. Con frecuencia sucede que no recordamos nuestros sueños y, mientras soñamos, rara vez recordamos lo que es nuestra vida cuando estamos despiertos. Ambos estados corren más o menos separados, ocupando diferentes planos. Del mismo modo, si uno practica mucho la meditación, puede suceder que no le ocurran tantas cosas pertenecientes al plano material (quizá esté en un retiro y por lo mismo no "haga" muchas cosas en realidad), pero si le estarán sucediendo varias cosas en ese otro plano de existencia que es la conciencia meditativa.

Si nuestra experiencia interna se encuentra con una expresión colectiva en alguna clase de movimiento espiritual, es como si ese movimiento fuera nuestros sueños, o una vida mítica por sí misma. Acaso suceda que estemos teniendo una existencia en otro nivel. De hecho, si no fuera así, si tan sólo se tratara de una organización en un plano material, se desfiguraría con gran rapidez. Es necesario que tenga raíces profundas... raíces en el cielo.

Surge un mito cuando la gente tiene sentimientos muy fuertes acerca de algo, sentimientos que no se apoyan adecuadamente en un estado existente de cosas. Parece que los budistas mahayana sintieron la necesidad de crear un mito que pudiera reflejar no sólo sus emociones positivas, sino también las verdades más elevadas del budismo. Incapaces de alimentarse a sí mismos con el pan duro del Abhidharma (así lo veían ellos), *tuvieron* que creer en el tipo de budismo que representaban aquellos mitos. De modo que no hay que pensar que los mahayanistas decidieron, sobre bases racionales, que ya era hora de que hubiese un poco de mitos en el budismo. Sus mitos surgieron de la necesidad espiritual. Como acontece con todos los mitos, la creación de éstos fue un proceso colectivo, no individual. Además, no aparecieron de la nada. Volviendo a los tiempos del Buda, hubo elementos en sus enseñanzas sobre los cuales construyeron los creadores de mitos. El Canon Pali es muy rico en material mítico y legendario, aunque los modernos theravada tienden a ignorar ese aspecto de su literatura.

Lo cierto es que en el Canon Pali pueden observarse mitos en proceso de surgir. Hay un episodio en el *Sutra Mahaparinibbana* del *Digha-Nikaya* en donde Ananda pregunta al Buda si de verdad alcanzará el parinirvana en Kusinara, ese pueblo de casas levantadas con barro y lodo. ¿No podía escoger un sitio más distinguido? Pero el Buda respondió: "no digas eso, Ananda. Anteriormente, ese lugar fue la capital de un gran reino".[47] Otro sutra del *Digha-Nikaya*, el *Sutra Mahasudassana*, ofrece una clara versión amplificada del mismo episodio e incluye muchas imágenes poéticas que se expresan de un modo casi mahayanista.[48] Se puede decir que los *Sutras del Sukhavati-vyuha* del mahayana continúan donde se detiene este sutra del Pali. Por ejemplo, ciertas referencias a las hileras de árboles de joyas son, en verdad, muy semejantes.[49]

La cuestión para nosotros ahora es cómo renovar esta dimensión mítica. ¿De qué manera, como budistas occidentales, nos lanzaremos a la creación de mitos? Por una parte, para inspirarnos, tenemos toda la tradición budista, junto con el bagaje de la mitología en la cultura occidental. Por otro lado, contamos con un gran conocimiento teórico que se aúna a esa inspiración. La creación de mitos dependerá de nuestros propios sentimientos y aspiraciones más profundos; sentimientos que vayan más allá de nuestra situación personal actual e, incluso, más allá de la situación mundial prevaleciente. Si tene-

---

[47] Vea el sutra 16 de *The Long Discourses of the Buddha*, *op. cit.*, p. 266.

[48] *Ibid.*, sutra 17, 1.2 y siguientes.

[49] Vea *The Larger Sukhavati-vyuha Sutra*, sección 16, pp. 33-36, en *Buddhist Mahayana Texts*, editado por E.B. Cowell *et al.*, Dover Publications, Nueva York 1969.

mos esas aspiraciones y sentimientos, al final habrá una necesidad de proyectarlos de manera objetiva, como mitos. Mientras tanto, es importante reconocer a mitos como el bodhichita por lo que son y apreciar lo que significa su estatus de mito.

No hay imágenes del bodhichita en las escrituras del Pali. Ciertamente, en el Canon Pali no aparece para nada el término bodhichita. Quizá los primeros budistas consideraron que la experiencia de la visión cabal o el despertar estaba descrita por completo con otro concepto (e imagen): la entrada a la corriente. Es éste el punto en el cual el practicante alcanza la visión trascendental y "entra a la corriente" que lleva hacia la iluminación.[50] Después de este punto, si bien hay que seguir esforzándose espiritualmente, uno cuenta ya con suficiente ímpetu detrás de la práctica personal para asegurarse de que avanzará en el camino a la iluminación.

Parece que ambas tradiciones están hablando de lo mismo, ¿o no? ¿Cómo comparamos el concepto de la entrada a la corriente con el surgimiento del bodhichita del mahayana?

Un modo de concebir la historia del budismo es como un proceso de la solidificación y la disolución de conceptos. Un concepto que se utiliza originalmente para expresar una experiencia espiritual llega a "solidificarse" y luego a identificarse con su forma solidificada, al grado de que después ya no se refiere en realidad a la experiencia espiritual que en un principio tenía la intención de expresar. Cuando eso sucede, inevitablemente ocurre una objeción, lo cual lleva a una nueva conceptualización. Pero esa objeción es radical en cuanto a que, de verdad, vuelve a las raíces. Realmente afirma lo mismo que el concepto solidificado asentaba en un inicio.

---

50 Sobre los entrantes a la corriente o los que alcanzan el flujo se encuentra en diversos contextos del Canon Pali; vea, por ejemplo, *Samyutta-Nikaya* 55, el *Sotapatti Samyutta*, "Acerca de los entrantes a la corriente". Para más sobre la entrada a la corriente, vea Sangharákshita, *What is the Dharma?, op. cit.*, pp. 99-100.

Si lo pensamos en términos históricos, la entrada a la corriente se puede identificar como un concepto que se solidificó y al cual negaron las protestas de los mahayanistas quienes, a su vez, aportaron el concepto del surgimiento del bodhichita. Si lo vemos así y expresándolo en los términos del mahayana, el surgimiento del bodhichita como experiencia espiritual aparece como una etapa posterior y superior a la entrada a la corriente en nuestro camino espiritual. Pero esto se deriva de una devaluación de la meta del arahat y, por lo mismo, de la entrada a la corriente como un punto importante en el sendero hacia esa meta.

No todos los mahayanistas contemplan al arahat bajo esa misma luz. Algunos lo ven como una etapa en el camino a la suprema iluminación. La idea es que cuando alguien se convierte en un arahat despierta a la posibilidad de un estado más avanzado de desarrollo y progreso, como un bodhisatva, hacia la budeidad. Sin embargo, otras escuelas del mahayana ven al arahat como una especie de callejón sin salida. Advierten que desde un principio hay que ser cuidadosos y no seguir ese sendero, porque si bien uno puede iluminarse por ese camino, excluye permanentemente la posibilidad de alcanzar el logro trascendental más alto, el de un Buda. En efecto, dicen que es un error volverse un arahat. De un modo más sencillo, podemos decir que en cada etapa del camino es importante cuidarnos de un individualismo espiritual.

También, el camino del arahat se puede ver como una versión atenuada de lo que se presentó, de un modo más completo, en el sendero mahayana del bodhisatva. Podemos considerar que el "hinayana" y el "mahayana" no estaban situados en extremos opuestos, por decirlo así, sino paralelos. En uno de ellos teníamos una descripción más sucinta y en el otro una más completa del mismo sendero espiritual. Lo cierto es que el mensaje que da el Canon Pali no es el individualismo espiritual. En efecto, es posible considerar que el *Sutra Mahagovinda* del *Digha-Nikaya* sugiere algo similar al bodhichita. En él se hace especial énfasis en la práctica de las cuatro *brahmaviharas*, las cuales suelen anteceder al desarrollo del bodhichita en el ejercicio del mahayana.[51] En particular, podemos tomar la práctica de meditación denominada *metta bhavana* (desarrollo de amor-bondad) como una semilla de la cual puede germinar el bodhichita. Metta es, en esencia, el deseo de que todos los seres vivos sean felices y la felicidad más grande es la iluminación. Por lo tanto, sentir metta es, de manera última, desear que los demás puedan llegar a la iluminación y hacer todo lo que está al alcance de uno para que así suceda. De tal modo, la metta bhavana implica al bodhichita y puede verse como un indicador de la forma que han de tomar las cosas con la llegada del mahayana.

En resumen, la evidencia con que contamos sugiere que, a partir de una perspectiva puramente espiritual y por lo que a nosotros respecta, podemos decir que lo que en un inicio se quiso expresar con entrada a la corriente es más o menos equivalente a lo que se pretende señalar con el surgimiento del bodhichita. Es imposible resolver las innumerables diferencias, reales y aparentes, que hay entre el "hinayana" y el "mahayana" sin entender esa diferencia entre la perspectiva histórica y la espiritual. La expresión "surgimiento del bodhichita" no puede separarse de las circunstancias históricas que le dieron origen. Está a su alrededor todo cuanto lo asocia con el mahayana, el cual sacó a la luz las implicaciones universalistas e, incluso, cósmicas del budismo en un grado mucho mayor de lo que lo hizo el budismo en su forma original.

Por esta razón, en determinadas circunstancias parece más adecuado utilizar la expresión "bodhichita" que el término

---

51 Vea el *Mahagovinda Sutta*, en *The Long Discourses of the Buda (Digha-Nikaya)*, *op. cit.*, p. 312.

"entrada a la corriente". Aun cuando, en cierto sentido, ambas ideas son intercambiables, han llegado a expresar distintos aspectos de la misma experiencia, en buena medida debido a sus asociaciones históricas. Lo que denotan es lo mismo pero sus connotaciones difieren. En el curso de la historia del budismo muchas palabras adquirieron una riqueza adicional de connotaciones, de tal manera que un término puede resultar más conveniente que otro en algún contexto o en relación con determinado aspecto de la vida espiritual. No podemos ignorar el desarrollo doctrinal histórico. Al mismo tiempo, tampoco deberíamos tomarlo de manera literal o en sus propios términos.

Las connotaciones del término entrada a la corriente tienen un sentido más individual, incluso diríamos, más individualista, porque parecen referirse a un logro del ego, aunque este "logro" es una liberación de la idea del ego. El bodhichita es no egoísta de una forma más explícita. En su calidad de voluntad hacia la iluminación por el beneficio de todos hace referencia a los demás seres vivos. Sin embargo, es únicamente por razones históricas que un término parece aludir a cierto aspecto de la experiencia completa mejor que el otro. Todas estas palabras distintas (ya que aquí hablamos sólo de dos entre muchas más) tienen que ver con una experiencia espiritual y giran en torno a ella. Del mismo modo que decir entrada a la corriente representa nuestra entrada en la corriente aunque no hay un "nosotros" que entre en ella, el bodhichita representa el trabajo que se hace en beneficio de todos los seres sensibles, en tanto que nos damos cuenta de que en realidad no hay seres sensibles a los cuales beneficiar.[52] Dicho de otra forma, ambos

---

[52] Esto recae sobre algunos aspectos muy complicados del pensamiento budista. Todas las escuelas del budismo enseñan la "insustancialidad"; de la impermanencia de todos los fenómenos sigue que nada posee una identidad fija, duradera e invariable. No hay un yo continuo que apuntale a todos los elementos cambiantes en la propia existencia; absolutamente todo lo que nos constituye está sujeto al cambio. El budismo temprano lo expresó en los términos del famoso *anatman* (en pali,

términos implican una trascendencia de los conceptos del yo y lo demás.

No tiene mucho caso tratar de correlacionar todos los detalles de ambos caminos en el modo en que han sido resueltos por la tradición budista. Se desarrollaron durante siglos de manera separada, sin referirse uno al otro. Hemos de contentarnos con una correlación general, una comprensión del principio o el espíritu que subyace y se expresa. Por ejemplo, el mahayana enfatiza que la sabiduría y la compasión son inseparables. Esto parece contrastar directamente con las enseñanzas tradicionales del "hinayana", que en ocasiones parece describir un camino de sabiduría con poca o ninguna referencia a la compasión y, no obstante, es muy congruente con los registros de la propia vida y enseñanzas del Buda.

Quizá no podamos hacer una correlación punto por punto entre las enseñanzas de la entrada a la corriente y del surgimiento del bodhichita, pero necesitamos ser capaces de correlacionarlas en cierto grado por el interés de nuestra propia vida y desarrollo espirituales. De otra manera, nos encontraremos en la insostenible situación de tener que elegir entre el "mahayana" y el "hinayana", el ideal del bodhisatva o el del arahat, como si se tratara de caminos distintos. De hecho, sólo hay un camino espiritual para todos, como lo indica el *Sutra del loto blanco*.[53] El sendero del supuesto arahat y el del su-

---

anatta), o doctrina del "no yo". El budismo mahayana lo observó en términos del *shunyata*, literalmente, vacuidad. Desde un punto de vista absoluto todo está vacío de *svabhava*, un ser propio. Por lo tanto, "no hay seres a los cuales salvar". Es sobre la base de esta comprensión que el bodhisatva se ocupa en una actividad compasiva. Todas las escuelas budistas, de un modo u otro, consideran que su propósito es trascender lo que suele denominarse la dicotomía entre el yo y lo demás.

53 Ésta es la intención de la parábola de la casa en llamas, en el *Sutra del loto blanco*; véase *The Threefold Lotus Sutra, op. cit.*, pp. 85-99. Vea también Sangharákshita, *The Drama of Cosmic Enlightenment, op. cit.*, capítulo 3, "Trascender el predicamento humano".

puesto bodhisatva son sencillamente dos modos distintos de contemplar un mismo sendero.

Uno podría pensar que la experiencia es multifacética. Una faceta sería la entrada a la corriente y otra el surgimiento del bodhichita. Para una persona, la entrada a la corriente podría ser el primer aspecto de la experiencia total con la cual entra en contacto, mientras que otra podría partir del surgimiento del bodhichita y de ahí comenzar a labrar su camino hacia la entrada a la corriente.

La entrada a la corriente es ya en sí una experiencia multifacética. Según la tradición, hay diez obstáculos que nos apartan de la iluminación. Cuando uno rompe los primeros tres consigue entrar a la corriente.[54] Sin embargo, la entrada a la

---

[54] Los diez obstáculos son: 1) Percepción o creencia de que hay un ego, 2) Duda o indecisión, 3) Dependencia de reglas morales o de observancias religiosas como un fin en sí mismas, 4) Deseo sensual, en el sentido del anhelo de experiencias mediante los cinco sentidos físicos, 5) mala voluntad, odio o aversión, 6) Deseo de existir en el plano de la forma (arquetípica), 7) Deseo de existir en el plano de la no forma, 8) Arrogancia, en el sentido de que uno se cree superior, inferior o igual a otros, es decir, que establece comparaciones entre sí mismo y los demás, 9) Inquietud, inestabilidad, 10) Ignorancia, en cuanto a ignorancia espiritual, es decir, falta de conciencia (las referencias canónicas se pueden encontrar en el *Majjhima-Nikaya* 64:i.432-435 y en el *Digha-Nikaya* 33:iii.234.). Aquel que rompe los primeros tres obstáculos se convierte en un entrante a la corriente. Se dice que el cuarto y quinto obstáculos (deseo sensual y malevolencia) son particularmente difíciles. Si uno consigue debilitarlos (ya no digamos romperlos) se convierte en uno que "vuelve una sola vez más" (todos estos términos vienen de la tradición theravada). El que "vuelve una sola vez más" tiene ante sí únicamente ya un renacimiento como ser humano, según la tradición, y para la siguiente ocasión alcanzará la iluminación. El que efectivamente logra romper el cuarto y quinto obstáculos se convierte en uno que "no retorna". Según la tradición, "el que no retorna" renace en una de las "tierras puras", desde donde alcanzará la iluminación de manera directa, sin necesidad de un nuevo nacimiento en forma humana. A estos primeros se les conoce como los cinco obstáculos bajos. Son los que nos atan a lo que conocemos como el plano de los deseos sensuales. El sexto y séptimo obstáculos se refieren al "plano de la forma (arquetípica)" y el "plano sin forma". Cuando uno logra vencer los cinco obstáculos altos alcanza la libertad total. Ya no hay más renacimientos. A esa persona, en la terminología tradicional, se le conoce como un arahat, que significa un "digno" o un "santo".

corriente también se describe en términos del desarrollo de la visión hacia lo trascendental. ¿O sea que uno rompe los obstáculos y con ello desarrolla la visión profunda? ¿O desarrolla esa visión y con ello rompe los obstáculos? Es imposible afirmar una u otra cosa. Son dos aspectos distintos de una misma situación. Puede suceder que uno parta de la percepción profunda y así rompa los obstáculos o que al romper con los obstáculos logre la visión cabal, dependiendo de a qué aspecto le ponga más atención.

Tal es la naturaleza de quien sigue un sendero espiritual en cualquier etapa. Si uno comienza desarrollando la fe, tarde o temprano tendrá que desarrollar la cualidad que lo equilibre, es decir, la sabiduría y viceversa.[55] Además, si uno desarrolla mucha fe pero no mucha sabiduría se notará una gran diferencia al compararlo con quien haya desarrollado mucha sabiduría pero no mucha fe. Al final, cuando ambos hayan desarrollado la facultad que los equilibre será más notorio que andan en el mismo camino. Antes de eso, parecerá que caminan por distintos senderos (a los cuales, tradicionalmente, se les conoce como el camino del que sigue la doctrina y el camino del que sigue la fe).[56]

Lo peligroso de comparar a la gente en términos de su progreso espiritual es que se comparan la fuerza de uno con la debilidad de otro. Hay que tener especial cuidado en no depositar demasiada importancia en cualquier cosa que resulte ser

---

[55] La naturaleza que "armoniza" las cualidades espirituales es particularmente obvia en la formulación del sendero budista denominado las cinco facultades espirituales, en el cual se balancean dos pares de cualidades: fe y sabiduría; y energía (*virya*) y meditación (*samadhi*). La quinta facultad es la estabilizadora, la atención consciente. Para más sobre esto, véase Sangharákshita, *What is the Dharma?*, *op. cit.*, capítulo 9.

[56] El que sigue la doctrina (*dhammanusari*) y el que sigue la fe (*saddhanusari*) están entre los siete tipos de "noble discípulo", los cuales se enumeran en el *Puggalapaññati* del Abhidhamma Pitaka. Vea Sangharákshita, *The Three Jewels*, Windhorse, Birmingham 1998, pp. 133-134.

nuestra fortaleza particular. Es imposible comprender a la gente rápida o fácilmente. Todos ejercitamos diferentes aspectos en nosotros cada vez y nos puede tomar años resolver lo que ahora nos está sucediendo. Lo principal es que cada uno de nosotros debería estar desarrollando algún aspecto en sí mismo.

Volviendo al tema, ¿cómo abordamos este tipo de desarrollo? ¿Cómo se convierte uno en bodhisatva? Esto es algo que sucede a través del surgimiento del glorioso bodhichita pero, ¿cómo se manifiesta en nosotros el bodhichita? Es algo muy misterioso. En su *Bodhicharyavatara*, dice Shantideva que es como si un ciego encontrara una joya invaluable en una montaña de estiércol durante la noche.[57] Es así de maravilloso e inesperado. ¿Quién pensaría que un ciego que va tanteando su camino una noche, al pasar por un montón de estiércol, habría de encontrarse con una joya de infinito valor? Asimismo, ¿Quién creería que, viviendo en este mundo, trabajando para ganarse la vida, educando a una familia y, quizá, asistiendo a unas clases de meditación una vez a la semana vería al bodhichita surgir entre nosotros?

Aunque resulta algo maravilloso e inesperado, el surgimiento del bodhichita no es ningún accidente. El principio fundamental del pensamiento budista dice que cualquier cosa que surja en el universo, en el nivel que sea, no ocurre por suerte, destino o voluntad de Dios, sino en dependencia de causas y condiciones naturales (y en términos budistas, incluso lo "sobrenatural" es natural).[58] Lo mismo cuenta con res-

---

[57] Vea Shantideva, *Bodhicharyavatara*, capítulo 3, verso 27.

[58] Ésta es la ley de lo condicionado, que es la expresión conceptual de la visión de la realidad que constituyó la experiencia de iluminación del Buda. Lo condicionado incluye la ley del karma, aunque karma (es decir, la verdad de que las acciones, hábiles o torpes, tienen consecuencias) es tan sólo uno de cinco tipos de condicionamientos, los cinco *niyamas*. Para más sobre lo condicionado vea Sangharákshita, *What is the Dharma?*, *op. cit.*, capítulo 1, "The Essential Truth"; y para más sobre el karma vea Sangharákshita, *Who is the Buddha?*, Windhorse, Birmingham 1994, capítulo 7, "Karma and Rebirth".

pecto al surgimiento o estallido del bodhichita en nosotros. Depende de la creación de ciertas condiciones mentales y espirituales.

Esto lleva nuestra atención a un área crucial de la vida espiritual: la necesidad de prepararse. Por lo general, siempre tenemos mucha prisa. En nuestra ansiedad por obtener prontos resultados solemos descuidar las meras condiciones que propician los resultados y así, con frecuencia, sucede que no tenemos éxito. Pero si llevamos a cabo los suficientes preparativos podemos entonces dejar que los resultados se ocupen de sí mismos. De hecho, descubrimos que logramos el éxito casi sin darnos cuenta.

Lo mismo sucede en gran medida con la meditación. Si uno desea meditar, no es buena idea pensar que bastará con sentarse y ya está. En el Oriente, la tradición dice que, antes que nada, uno debe entrar al recinto en el que quiere meditar. Entonces, lenta y cuidadosamente, barrerá el piso, arreglará el lugar y, si es necesario, quitará el polvo de la imagen del Buda en el altar. Todo debe hacerse de manera pausada, suave y con atención consciente. Después, con una actitud meditativa, tirará las flores viejas (en algunos países orientales se supone que han de tirarse en el agua corriente, de ser posible y no en la basura) y cortará flores frescas. A continuación las pondrá en un florero y las arreglará con mucha atención, tomándose el tiempo necesario para ello. Encenderá luego una vela y una varita de incienso. Mirará si todo está en orden, pues quizá convenga abrir una ventana para que entre el aire fresco o cerrar la puerta para que no haya interrupciones. Procederá ahora a acomodar su asiento, comprobando que vaya conforme a la disposición del lugar para, finalmente, sentarse. Acomodará su ropa y colocará sus pies y sus manos en la postura adecuada. Aun entonces, con frecuencia, verá que no ha comenzado a meditar. Primero recitará los refugios y preceptos y cantará algunas invocaciones a los budas y bodhisatvas. Por fin y hasta después de todo aquello empezará la meditación.

Al poner nuestra atención en los preparativos de esta forma, las probabilidades de que las cosas salgan bien son mucho mayores, no sólo en la meditación sino en cualquier actividad. Si uno quiere escribir un libro, pintar un cuadro o cocinar un platillo, el secreto está en los preparativos. Sucede igual con el surgimiento del bodhichita. Ni siquiera deberíamos pensar en convertirnos en bodhisatvas. No es algo que uno pueda llegar a ser. No puede alguien abordar el asunto como si se tratara de estudiar una carrera profesional, tomar un curso o conseguir un certificado (aunque, lamentablemente, he de decir que hay establecimientos en el Oriente donde se otorgan certificados de esta especie para que la gente los enmarque y los cuelgue en sus paredes). No deberíamos ni pensar siquiera en desarrollar el bodhichita. Eso ni se discute, sería perder el tiempo. Sin embargo, sí es posible que pensemos en crear dentro de nosotros mismos las condiciones que propicien el surgimiento del bodhichita.

Lo que se supone, por tradición, es que los factores que se requieren para que surja el bodhichita están dentro del control de cada persona. Podría objetarse que existen factores sobre los cuales no tenemos decisión (como el clima, o no haber nacido en un país donde se conozcan las enseñanzas del Buda). Pero un budista respondería que, bajo el funcionamiento de la ley del karma, cada cual se ha creado una condición en particular (de modo que así uno nació en tal país) y eso refleja una elección que esa persona hizo en determinado momento.

Pero, ¿no están fuera de nuestro control algunas de las condiciones sobre las que basamos nuestra práctica espiritual? Por ejemplo, un tema recurrente en el budismo es el valor de la amistad para la vida espiritual. ¿No es eso una muestra del efecto que tienen las influencias exteriores? De cierto modo sí lo es, pero nadie puede vivir por nosotros nuestra vida espiritual. Los amigos espirituales nos pueden ayudar a favorecer las condiciones propicias, mas es nuestra receptividad a esas condiciones lo que hará la diferencia y no las condiciones en sí.

La receptividad trabaja en cierto modo como un pararrayos. Si uno tiene la capacidad para encauzar la energía del rayo cuando cae no será por mera casualidad. Se han procurado las condiciones para que eso sea posible. Sin embargo, nadie conseguirá que un flujo de electricidad pase por el pararrayos a menos que ocurra una tormenta sobre él y un rayo lo alcance. Claro está, cuando se trata del bodhichita siempre habrá, por decirlo así, una tormenta sobre nosotros. La cuestión está en que nosotros, tal como hoy nos encontramos, no podemos forzar que algo suceda. Todo lo que nos resta por hacer es crear las condiciones y esperar o comportarnos como si únicamente estuviéramos esperando. Podemos elegir el lugar correcto para el pararrayos, construirlo de la forma adecuada, con el material conveniente y demás. Lo que no podremos hacer es bajar el rayo del cielo.

Cuando decimos que: "si se realizan los preparativos adecuados surgirá el bodhichita", sencillamente estamos hablando en futuro. No es que el bodhichita *deba* surgir. En este momento, no sabe uno con detalle cuáles son las condiciones necesarias ni cuánto tiempo habría que mantenerlas. No es como hacer un pastel. No podemos juntar los ingredientes y estar seguros del resultado. Aquí entra el elemento de la libertad. Tal como hoy somos no podemos moldear ni decidir nuestro futuro, ni siquiera anticipar lo que algún día seremos.

Por esto, Shantideva dice (ciertamente exagerando) que el surgimiento del bodhichita es como si un ciego encontrara, en una noche oscura, una joya entre un montón de estiércol. De cierta forma, uno no sabe qué está buscando. Podemos tener una vaga idea, así como el ciego sabrá que cuando encuentre la joya sentirá su dureza y un poco de filo. Pero él, igual, podría estar recogiendo un guijarro o una nuez. Asimismo, siempre habrá un elemento de ceguera al seguir el camino. Si uno supiera exactamente cómo es el objetivo y lo que debe hacer para llegar a él, ya estaría ahí. Tendemos a anticipar conceptualmente y a creer que sabemos de lo que estamos hablando cuando no podemos más que tener una idea remota o aproximada. Sin saber en realidad cómo es el bodhichita, no tenemos modo de saber con precisión científica qué condiciones necesitamos arreglar para que surja. No nos quedará otra que barajar un poco nuestras condiciones hasta que consigamos la combinación correcta.

En cada texto se recomiendan distintos métodos para cultivar el surgimiento del bodhichita, pero se puede considerar que todos los aspectos de la práctica personal, si se persiguen con la intensidad suficiente, conducen al objetivo. De alguna manera, no importa con qué aspecto comience uno, lo importante es que se acometa con total entrega y corazón. Es muy fácil terminar simplemente trotando con nuestra vida espiritual, de un modo cómodo, tranquilo y poco exigente. Para no caer en esto, hay que hacer un esfuerzo definitivo todo el tiempo en alguna área de nuestra práctica, ya sea en la ética, la meditación, el estudio, el trabajo, la generosidad o lo que sea.

Además de la práctica de meditación específica para el bodhichita que se enseña en el budismo tibetano, según la tradición budista existen dos formas particulares de establecer las condiciones en dependencia de las cuales puede surgir el bodhichita. Una se relaciona con el nombre de Shantideva y la otra con el de Vasubandhu. Ambos fueron grandes maestros del mahayana, Shantideva en el siglo VII y Vasubandhu, probablemente, en el IV. A los dos se les reconoce tradicionalmente como bodhisatvas. Aunque sus métodos son diferentes, resultan complementarios.

El de Shantideva es, más abiertamente, un método de devoción. Se le conoce como *anuttarapuya* (alabanza suprema o, incluso, adoración suprema) y consiste en una serie de lo que podría describirse como siete ejercicios espirituales, siete actos que expresan, cada uno, una fase determinada de conciencia religiosa. Podría decirse que expresan ciertos estados de ánimo. La recitación de los versos que corresponden a esas distintas fases se denomina "veneración en siete etapas" o "puya de las siete etapas".

A la primera de estas siete etapas se le llama, sencillamente, veneración. Se dirige, ante todo, al Buda, mas no únicamente a la figura histórica, humana, sino al Buda como símbolo del ideal de la iluminación. Adoptando una actitud de veneración en nuestros corazones reconocemos, con profunda devoción, reverencia e, incluso, admiración lo sublime del ideal de alcanzar la iluminación por el bien de todos los seres sensibles. Al sentirnos poderosa y profundamente llenos de esta devoción no podemos menos que *hacer* una ofrenda, dar algo. Las ofrendas más comunes son flores, velas o lámparas e incienso. Sin embargo, hay muchas otras cosas que se pueden ofrecer. La ofrenda se coloca ante la imagen del Buda como muestra de nuestra devoción por el ideal de la suprema iluminación, no importa cuan distante nos parezca.

En segundo lugar tenemos lo que se denomina saludo reverente. La reverencia implica "inclinarse ante alguien" y esta parte consiste en tributar respeto físicamente. No basta con la experiencia mental. No somos sólo mente (no sólo tenemos pensamientos y sentimientos), también tenemos el habla y el cuerpo. Para que un ejercicio espiritual resulte efectivo deben participar los tres componentes, aunque nada más sea de un modo implícito. Así que unimos nuestras manos y nos inclinamos en reverencia, con humildad, para saludar a ese ideal, al cual no sólo contemplamos, sino que reconocemos lo lejos que estamos de alcanzarlo. Ese ideal es como las cumbres del Himalaya que relumbran a lo lejos. Nosotros apenas hemos dado unos pasos para tomar el sendero, pero aún queda mucho por recorrer.

En tercer lugar aparece el ir a refugio. Primero, reconocimos el ideal, lo vimos, lo veneramos y respondimos a él de manera emocional. Luego, aceptamos lo lejos que estamos de él. En esta tercera etapa, nos comprometemos a alcanzar ese ideal. Ya que aceptamos que el ideal está ahí y nosotros nos encontramos en este punto decidimos avanzar de aquí a ese sitio. Nos encomendamos a las tres joyas, tan importantes y queridas en la tradición budista: el Buda, la realización del ideal; el Dharma, el camino que conduce a ese logro; y la sangha, la compañía, los amigos espirituales, todos los que han caminado el sendero a la iluminación antes que nosotros.

En cuarto lugar tenemos la confesión de faltas. A algunas personas les cuesta mucho trabajo asimilar esta parte, quizá porque la palabra "confesión" les trae connotaciones negativas. En este contexto, lo que representa es un reconocimiento de ese lado de nosotros que preferiríamos que los demás no pudieran ver. Incluso, nosotros mismos quisiéramos no saber de ese lado, pero es algo que nos persigue constantemente, como Mefistófeles acechaba a Fausto en el célebre poema de Goethe. Cuando confesamos nuestras fallas reconocemos nuestras pequeñas debilidades, nuestros deslices y, a veces, nuestra malicia. No se trata de darnos golpes en el pecho sino de valorarnos realmente, a la vez que tomamos la determinación de que en el futuro procuraremos, de verdad, actuar de otra manera. Nuestros defectos son simplemente demasiado peso extra para el camino hacia la iluminación y es mejor que nos liberemos de esa carga.

La confesión figura de manera prominente en el theravada, en especial, como parte de la vida monástica. Es normal en la práctica de un bhikkhu o sharamanera del theravada confesarse con regularidad, por las mañanas y las tardes, ante el maestro con quien reside, pidiendo perdón por cualquier falta que haya cometido con su cuerpo, su habla o su mente, durante el día o la noche que acaban de transcurrir, sobre todo si la falta ha sido contra su maestro. Incluso si, soñando, ha concebido malos pensamientos sobre su maestro lo confiesa. Encima de todo esto, hay una confesión que antecede, al menos en teoría, a la recitación del *pratimoksha*, el código de las normas monásticas.

De modo que la confesión ni es particular del mahayana ni se relaciona en especial con el ideal del bodhisatva. No obstante, por lo que representa este ideal, en realidad algo muy difícil (si insistimos en distinguirlo del ideal del arahat), toda falla al respecto puede considerarse bastante grave y, por lo tanto, requiere de una confesión en un grado más amplio. Es quizá por esto que se le da tanta importancia a la confesión en el Mahayana, de un modo que no encontramos en el theravada. En éste se trata de un reconocimiento de ofensas cometidas, pero en aquél consiste en un profundo y sincero desahogo de nuestros arrepentimientos y una férrea determinación de no caer de nuevo en esos actos torpes. Tal es la decisión que se expresa en el *Bodhicharyavatara* de Shantideva, donde la confesión alcanza tonos muy vivos y emotivos.[59] Asimismo, en el *Sutra de la luz dorada*, la confesión muestra una calidad poética que rara vez se halla en el theravada.[60]

La quinta etapa de la puya es "regocijo en los méritos". Esto significa pensar en la vida de otras personas y recordar a gente buena, noble, virtuosa y santa. Podemos pensar en budas y bodhisatvas, santos y sabios, grandes poetas, artistas, mú-

---

[59] Vea Shantideva, *Bodhicharyavatara*, capítulo 2, versos 27-66.
[60] Vea la traducción de R.E. Emmerick, *The Sutra of Golden Light*, Pali Text Society, Oxford 1996, pp. 8-17.

sicos, científicos, incluso gente que conocemos (o hemos conocido) y que han manifestado cualidades humanas y espirituales sobresalientes. Podemos obtener mucho estímulo e inspiración al pensar que en este mundo, donde nos encontramos con tanta mezquindad y miseria, aparecen personas como ellas, al menos de vez en cuando.

Así pues, nos regocijamos de que en las diversas eras de la historia de la humanidad, en diferentes partes del mundo, haya vivido gente buena, noble e iluminada, de tantas formas distintas, ya fueran santos o sabios, maestros o místicos, científicos o administradores, trabajadores de algún hospital o gente que visita a los prisioneros. Cualquiera que haya ayudado a otros es digno de nuestro regocijo. En lugar de denigrar o desmitificar, lo cual parece ser la moda, apreciamos, disfrutamos y nos sentimos felices al contemplar las cualidades y las buenas obras de los demás.

La sexta etapa de la puya se llama súplica y ruego. Pedimos a quienes se encuentran más iluminados que nosotros que nos enseñen. No significa esto que tengamos que adularlos para que lo hagan. Lo que hacemos es expresar nuestra propia actitud receptiva y abierta, sin la cual nada podríamos conseguir, mucho menos el surgimiento del bodhichita.

La séptima y última etapa es la transferencia de méritos y la entrega de nosotros mismos. Según la tradición budista, cuando llevamos a cabo una acción hábil adquirimos cierta cantidad de punya o mérito, o sea que uno de los beneficios que vienen con la puya de las siete etapas es la obtención de méritos. Punya tiene un doble significado. Por un lado es "mérito" y por el otro "virtud". Se trata del crédito kármico, por decirlo así, que obtenemos en nuestra "cuenta" como resultado de nuestras acciones éticas. De manera que la idea de punya tiene mucha relación con la de karma. Cuando alguien ejecuta acciones hábiles (punya, en el sentido de virtud), en el futuro verá venir cosas buenas y placenteras, porque ha acumulado punya en el sentido de mérito.

Al final de la puya, ya que hemos acumulado tanto mérito lo entregamos. Ciertamente decimos: "que el mérito alcanzado por mis actos sirva de alivio a todos los seres que sufren". Lejos de quedarnos con ese merito obtenido, para avanzar en nuestra emancipación individual, elegimos compartirlo con los demás seres. En su nivel más alto, esta aspiración se convierte en el mismo ideal del bodhisatva.

Así hemos visto el método de Shantideva para preparar las condiciones en las cuales podría surgir el bodhichita. El ritual, las recitaciones, la ceremonia, todo ello nos ayuda para el meollo de este ejercicio, que es básicamente una secuencia de estados de ánimo y experiencias devotas y espirituales. Si nuestros corazones están llenos de sentimientos sublimes de reverencia, devoción y alabanza, si en verdad sentimos que una gran distancia nos separa del ideal, si en realidad estamos decididos a comprometernos en la realización de ese ideal, si vemos con claridad que hay un lado oscuro en nuestra propia naturaleza, si nos regocijamos honestamente en el bien hecho por otras personas, si efectivamente estamos receptivos a las influencias espirituales más altas y si no deseamos guardarnos todo para nosotros nada más, entonces, en dependencia de estos estados mentales, algún día surgirá el bodhichita. Es en este suelo donde la semilla del bodhichita, una vez plantada, podrá crecer y dar flores.

En el *Bodhicharyavatara*, Shantideva dice que el efecto de dar, de la puya (en resumen, de comprometerse a una vida espiritual), es que uno se transforma "sin temor de ser o transformarse".[61] El aspirante a bodhisatva ya no tiene preocupaciones. Sencillamente, se dedica a la vida espiritual. No le molesta

---

61 Vea Shantideva, *Bodhicharyavatara*, capítulo 2, versos 27-66.

saber si vivirá o morirá, si será rico o pobre, si lo elogiarán o lo atacarán, ni nada de eso. Está en el sendero espiritual y eso es todo. Mientras uno se está preguntando qué hacer con su vida (quizá ponderando cuánto tiempo dedicar a lo espiritual y cuánto a lo mundano) se encuentra inseguro, indeciso y, por lo mismo, se siente falto de confianza, pero tan pronto como uno toma la decisión y se compromete es como si las cosas se arreglaran y ya no hay nada de qué preocuparse.

Parece que tendemos a creer que la vida espiritual es difícil y la mundana es fácil. Sin embargo, no hay una razón objetiva para pensar así. En ocasiones, resulta menos problemático llevar una vida espiritual que tratar de adecuar las cosas en el mundo cotidiano o, incluso, más fácil que tratar de tener una vida profesional exitosa y feliz. De algún modo, implica menos esfuerzo alcanzar la iluminación. Es muy difícil tener éxito en el mundo. Hay toda clase de factores que pueden estropear nuestros planes, pero si uno sigue el camino espiritual sabe que, si hace el esfuerzo, tarde o temprano obtendrá el éxito.

Sin embargo, aunque es importante hacer ofrendas y tener dedicación e, incluso, entrega, esto es apenas el principio de la vida espiritual. Más que experimentar el surgimiento del bodhichita nos estamos anticipando a él. Lo que estamos haciendo es desear que nos posea esa fuerza espiritual más elevada, pero no está sucediendo aún. Es por ello que en la puya decimos a los budas y bodisatvas, al menos mentalmente: "tómenme. En lugar de hacer mi voluntad, de ahora en adelante, haré lo que ustedes quieran que haga". En esta etapa debe haber esta clase de diálogos pero cuando el bodhichita surge nos toma la palabra, por decirlo así. A partir de entonces, ya no es uno quien decide lo que hará. Para expresarlo de un modo mecanicista, esa persona comienza a funcionar como un instrumento del bodhichita que ha surgido.

Mientras eso no ocurra uno se hace receptivo a cuanto le sucede, antes que nada haciendo ofrendas y, luego, ofreciéndose a sí mismo, diciendo: "¡Tómenme! Que no sólo me guíe mi propia voluntad egoísta, sino la voluntad hacia la iluminación. Que ella me motive, que ella me conduzca". La puya se convierte en una práctica importante y exigente si uno la toma con pleno entendimiento de lo que está realizando.

Según el método de Vasubandhu, que es más filosófico, el surgimiento del bodhichita depende de cuatro factores.[62] El primero es la recapitulación de los budas. Pensamos en los budas del pasado, en Shakyamuni, el Buda de nuestra propia era histórica y sus grandes predecesores en remotos eones de leyenda, Dipankara, Kondañña y demás.[63] De manera que, mediante las palabras de los sutras, reflexionamos:

> Todos los budas en los diez cuadrantes, los del pasado, los del futuro y los del presente, cuando iniciaron su camino a la iluminación no estaban más libres de pasiones e inmoralidades de lo que estamos nosotros en la actualidad pero ellos, al final, lograron alcanzar la más alta iluminación y se convirtieron en los seres más nobles.

> Todos los Budas, por la fuerza de su energía espiritual inflexible, fueron capaces de alcanzar la perfecta Iluminación. Si en verdad es posible llegar a la Iluminación, ¿por qué no podríamos hacerlo nosotros?

> Todos los budas, erigiendo en alto la antorcha de la sabiduría a través de la oscuridad de la ignorancia y manteniendo despierto a un corazón excelente, se sometieron a penitencias y mortificaciones y, al final, se emanciparon de las ataduras del mundo triple. Al seguir sus pasos, también nosotros nos podríamos emancipar.

---

62 Estos cuatro factores se enlistan en el segundo capítulo del *Bodhichitotpada-sutrasastra*, de Vasubandhu.

63 Según la tradición budista, en el eón de este mundo (una vasta e inimaginable expansión de tiempo) Shakyamuni, "nuestro Buda", el Buda histórico, fue antecedido por otros veinticuatro Budas, empezando por Dipankara.

Todos los budas, la más noble especie del género humano, cruzaron con éxito el gran océano del nacimiento y la muerte y de las pasiones y las culpas. Entonces igual nosotros, criaturas con inteligencia, podríamos cruzar el mar de la transmigración.

Todos los budas, manifestando un gran poder espiritual, sacrificaron posesiones, cuerpo y vida para alcanzar la omnisciencia (*sarvajña*) y también nosotros podríamos seguir sus nobles ejemplos.[64]

Dicho de otra forma, todos los budas empezaron igual que nosotros, con la misma ignorancia y las mismas debilidades. Si ellos pudieron vencerlas igual podemos nosotros, si hacemos el esfuerzo. Además de los beneficios obvios que tiene esta práctica para desarrollar la fe y la confianza, ofrece un efecto muy adecuado, ya que si estamos pensando en el Buda nos mantenemos mentalmente ocupados en algo positivo y así desviamos la corriente de nuestros pensamientos lejos de las acciones torpes. Al ocupar nuestra mente con pensamientos acerca del Buda es muy improbable que nos venga una idea vulgar o que cometamos un acto torpe. En lugar de eso experimentaremos emociones positivas, hábiles, como la fe, la alegría, la serenidad y la paz.

El segundo factor de Vasubandhu es "observar los defectos de la existencia condicionada". "Existencia condicionada" se refiere a la existencia fenoménica de cualquier tipo: física, mental e, incluso, espiritual, cualquier cosa que surja en dependencia de causas y condiciones. El primer "defecto" que debemos observar es que toda la existencia condicionada es impermanente. Ya sea una idea o un imperio, pueden surgir y desaparecer en una fracción infinitesimal de segundo o a través de millones de años, pero todo lo que surge ha de sucumbir. Además, como todo lo condicionado es transitorio, la existencia condicionada no puede jamás ser realmente satisfactoria.

---

[64] D.T. Suzuki, *Outlines of Mahayana Buddhism*, op. cit., p. 304.

Éste es el segundo defecto en que debemos reflexionar. Tarde o temprano llega el dolor de la separación y con él viene el sufrimiento. En tercer lugar, todo es, en cierto sentido, irreal, insustancial. Se trata de un "defecto" más sutil que hay que descubrir en la existencia condicionada. No significa que las cosas no existan. Está claro que sí existen, pero nada existe de manera independiente de sus constituyentes, los cuales son impermanentes y susceptibles de cambiar. Este libro, por ejemplo, quitemos los caracteres y las páginas, la cubierta y el lomo, ¿dónde quedó el libro? No tiene una existencia inherente, no hay nada "debajo", nada substancial en él. Lo mismo sucede con todas las cosas, incluso con nosotros. No hay un "yo" además de todas las partes que me constituyen, de mis *skandhas*. Ésta es la famosa doctrina del *anatman*.[65]

Así vemos que la existencia condicionada como un conjunto tiene estos defectos: es impermanente, está imbuida de insatisfacción y, en esencia, no es real. Esto nos lleva a reflexionar, pues en el fondo lo sabemos, que nada que esté condicionado puede satisfacer plenamente las más profundas añoranzas del corazón humano. Anhelamos tener algo permanente, que vaya más allá del flujo del tiempo, que nos llene de dicha, que nos dé satisfacción eterna, que nunca nos aburra, que sea totalmente real y verdadero, pero no encontramos eso en ninguna parte de nuestra experiencia mundana. Reflexionando sobre ello, percibiendo los defectos de la existencia condicionada, atravesamos desde lo condicionado hasta lo incondicionado que hay más allá.

El tercer factor es "observar el sufrimiento de los seres sensibles". ¡Vaya que si hay sufrimiento! Basta con abrir un periódico para encontrarnos mucho de él. Gente ejecutada, baleados,

---

65 Para un debate más detallado sobre los defectos (o marcas, como se les llama con frecuencia) de la existencia condicionada (las tres *lakshanas*), vea Sangharákshita, *The Three Jewels, op. cit.*, capítulo 11.

quemados, personas que mueren de las más diversas y dolorosas maneras, por enfermedades, hambre, inundaciones o incendios. En este mismo momento hay quienes sufren y agoni-
zan en distinto modo y no necesitamos mucha imaginación
para darnos cuenta de que así es. Hay erupciones volcánicas,
terremotos, accidentes aéreos, por no mencionar la guerra,
muertes repentinas de maneras terribles y espantosas. Por supuesto, hay tantas muertes en accidentes carreteros, casi nos
hemos acostumbrado a este fenómeno, pero no por ello deja
de ser verdaderamente horrible si consideramos la realidad que
hay detrás de las estadísticas.

Incluso, aparte de esos horrores, tan sólo en el mundo cotidiano, lograr que nos alcance el presupuesto o tratar de llevar
una existencia feliz es ya, a veces, una lucha tremenda. Nos es-
forzamos por hacer lo que parece decente, por actuar correcta-
mente y ser honestos, por mantenernos a flote, pero viene de
pronto una gran ola y nos vuelve a hundir. Bajamos y subimos
y así vamos, ésa es la vida humana.

También está el sufrimiento de los animales. Algunos caen
en las trampas de quienes buscan su piel, o son sacrificados para el consumo humano, o perseguidos por pura "diversión". Si
lo vemos objetivamente, notamos que la vida es, de muchas
formas, algo doloroso y miserable. Es "corta, bestial y repulsi-
va". Ésta es sólo una cara de la moneda pero, al fin y al cabo,
un lado que con frecuencia ignoramos y que necesitamos tener en mente.

Peores aún son los sufrimientos que nosotros mismos nos
infligimos por medio de los estados mentales. No es únicamente tener miedo de envejecer o de morir. En realidad, no
hacemos nada por salir de nuestro predicamento. En su ansiedad, la mayoría de las personas no cuentan con una orienta-
ción espiritual en sus vidas y no tienen verdadera claridad. El
bodhichita comienza a surgir cuando observamos el enredo en

el que todos estamos metidos. Nadie puede empezar a notarlo hasta que no se aparta un poco de ese enredo. Es entonces cuando uno comienza a apreciar lo mal que la gente lo pasa en esas condiciones.

El gran riesgo es que, cuando uno se libera de la trampa en cierto grado, puede caer en mirar a los demás con desprecio o conmiseración. Esta clase de elitismo (diciendo: "¡oh, pobres de ustedes, que nunca han oído hablar del budismo!") no ayuda para nada. Al mismo tiempo, sin embargo, uno puede advertir que la mayoría de la gente *necesita* un camino espiritual y desea ayudar, no sólo a aliviar o dar paliativos sino, de una manera mucho más radical, haciendo que los demás descubran que hay una dimensión espiritual, un propósito más elevado en la vida.

Tennyson lo menciona como "tener una compasión indolora con el dolor",[66] así es la compasión que sienten los bodhisatvas. Están perfectamente conscientes del sufrimiento de los demás pero no por eso sufren ellos igual. Si uno experimentara literalmente el sufrimiento de otro ser quedaría incapacitado por completo. Sería demasiado para él. Si uno se deja atrapar de manera personal en el predicamento de alguien más, acaso termine simplemente uniéndose a su dolor. Es necesario tener una base dentro de la propia experiencia que sea lo suficientemente positiva para que, aun si se tiene total conciencia de lo que otro está padeciendo y se hace lo posible por ayudarle, no resulte uno abrumado por ese sufrimiento.

El cuarto y último factor de Vasubandhu es la "contemplación de las virtudes de los tathágatas". Los tathágatas son los budas, los iluminados y por virtudes no nos referimos aquí a las éticas sino a las cualidades espirituales de cualquier índole. Como ya hemos visto, en las escrituras del Pali hay muchos

---

66 Tennyson, "In Memoriam" LXXXV.

ejemplos de personas que se inspiraron tremendamente al encontrarse con el Buda. Sin haber escuchado una sola palabra sobre el budismo, sencillamente se inspiraron con la presencia, incluso por el aura, del mismo Buda.

De alguna manera, también nosotros podemos tener ese encuentro cuando hacemos una puya, lo cual es, en esencia, pensar en el Buda. No se piensa en él de una manera fría e intelectual durante una puya. Lo que se hace es mantener en el foco de nuestra conciencia el ideal de la budeidad. Al realizar una puya el Buda está allí, frente a nosotros, ya sea como una imagen en el recinto o vivamente presente en nuestra propia mente, a través de la visualización y la imaginación. Mediante la puya y toda la aproximación devocional, haciendo ofrendas, arreglando las flores y demás, uno se vuelve más abierto y sensible al ideal del Buda, lo que a su vez prepara el terreno para que ocurra esa dimensión espiritual suprema que es el bodhichita. Uno no deja las prácticas devotas cuando ya surgió el bodhichita. Según los sutras del mahayana, no hay nadie que haga más ofrendas que los bodhisatvas. Ellos siempre están haciendo puyas, alabando a los budas y cosas por el estilo. Se dice que algunos bodhisatvas han hecho un voto de honrar a todos los budas del universo. Pasan todo el tiempo, millones y millones de años, yendo de un lugar del universo a otro, rindiendo honores a cuantos budas existen. Ésta es una hipérbole típica del mahayana, pero es importante porque nos habla de la relevancia de los actos de devoción.

Otro modo de contemplar las virtudes de los seres iluminados es leer los relatos de sus vidas, ya sea la vida del mismo Buda o, por ejemplo, de Milarepa, el yogui iluminado de la tradición budista tibetana. También se pueden contemplar las cualidades espirituales de los budas con ejercicios de visualización como los que se desarrollan, en particular, en el budismo tibetano, conjurando una imagen mental muy viva, una especie de visión arquetípica, de un buda o un bodhisatva. Lo que sucede en estas prácticas, en resumen, es que se visualiza esa forma cada vez más brillante, más viva, más gloriosa y, luego, gradualmente, uno siente que se funde con ella, sentimos que nuestro corazón se funde con el del Buda o bodhisatva, con el corazón de la iluminación. Así uno contempla, asimila y se vuelve uno con las virtudes de los tathágatas.

Aun sin entrar con mayor profundidad en los detalles tradicionales, no es difícil entender cómo puede surgir el bodhichita en dependencia de estos cuatro factores. Al recapitular sobre los budas nos convencemos de que es posible la iluminación. Ellos llegaron a la iluminación, ¿por qué no podríamos nosotros? Al reflexionar sobre ello se estimulan nuestra energía y vigor. Entonces, al observar las deficiencias de la existencia condicionada, viendo que es impermanente, básicamente insatisfactoria y que, en esencia, no es real, nos desapegamos del mundo. La tendencia, la corriente de nuestra existencia, comienza a fluir en dirección de lo incondicionado. Luego, al observar el sufrimiento de los seres sensibles, ya sea con la imaginación o de manera presente, surge la compasión. No pensamos ya sólo en nuestra liberación; también deseamos ayudar a los demás. Sigue entonces que, al contemplar las virtudes de los tathágatas, su pureza, su paz, su sabiduría, su amor, los vamos asimilando poco a poco y nos aproximamos a la meta de la iluminación. Cuando estos cuatro: energía, desapego, compasión y "hacerse uno" con los budas, por decirlo así, comienzan a fundirse con nuestros corazones surge el bodhichita. Hemos logrado el despertar del corazón. Ha nacido un bodhisatva.

CAPÍTULO 3

EL VOTO
DEL BODHISATVA

Tenemos, entonces, que el bodhichita surge por fin. Uno ha emprendido el camino del bodhisatva y en su corazón arde el deseo de que todos los seres sensibles puedan liberarse del sufrimiento y alcancen la iluminación, pero el surgimiento del bodhichita es apenas la primera de las diez etapas (*bhumis*) en el sendero del bodhisatva hacia la iluminación.[67] Aún queda mucho por andar. ¿Cuál es el siguiente paso? Para todos nosotros es de gran importancia, independientemente de si ya surgió el bodhichita o no, porque el curso de acción del bodhisatva una vez que surge el bodhichita tiene eco en la práctica espiritual de aquéllos en quienes todavía está por surgir.

Hay que recordar que aquí hablamos del bodhichita relativo. Como ya vimos, el bodhichita absoluto es idéntico a la iluminación y está por encima y más allá del tiempo y el espacio. En cierto sentido está fuera de nuestro alcance, en el reino de la eternidad, pero el bodhichita relativo, el que se manifiesta dentro de la corriente del tiempo es más accesible para nosotros. Tradicionalmente se dice que tiene dos aspectos, uno de voto y otro de establecimiento. El de establecimiento implica lo que se conoce como los seis *paramitas*, las seis virtudes o

---

67 Los diez bhumis se enumeran en dos obras del mahayana, el sutra *Dasabhumika* y el *Bodhisatvabhumi-sastra*. Las etapas son *pramudita*, el gozo; *vimala*, el inmaculado; *prabhakari*, el iluminador; *arcismati*, el resplandor; *sudarjaya*, el que es muy difícil de conquistar; *abhimukhi*, el encuentro frente a frente; *duramgama*, el que va lejos; *achala*, el inamovible; *sadhumati*, buenos pensamientos; y *dharmamegha*, la nube de la doctrina. Para más sobre los diez bhumis vea Sangharákshita, *A Survey of Buddhism, op. cit.*, pp. 490-499.

perfecciones trascendentales cuya práctica impulsa al bodhisatva hacia la iluminación y son: generosidad, ética, paciencia,
energía, meditación y sabiduría. Estos tres pares de virtudes serán el tema principal de los siguientes tres capítulos.

Mas antes hemos de considerar el aspecto de voto en el
bodhichita relativo. Éste es uno de los aspectos prácticos más
importantes de la tradición mahayana. La palabra sánscrita de
donde proviene el término voto es *pranidhana*, que se puede
traducir también como resolución, determinación o promesa.
Har Dayal lo sugiere como "fervoroso deseo",[68] pero quizá resulte demasiado débil. El simplemente desear que algo suceda
da la idea de que, mientras a uno le gustaría eso, no necesariamente está haciendo lo que se requiere para conseguirlo. El
bodhisatva no sólo desea que todos los seres sensibles puedan
alcanzar la iluminación. Hace todo lo que está en sus manos
para que así ocurra. De modo que el pranidhana no es nada
más un deseo piadoso, es un voto solemne y especial. Es un
voto que se hace público y, al pronunciarlo, ya nada lo puede
revocar, bajo ninguna circunstancia. Podría incluso describirse
como una especie de promesa que el bodhisatva hace al surgir
el bodhichita, una promesa que se hace a todo el universo, a
todos los seres sensibles.

El hecho de que sea solemnemente irrevocable es, claro está, la característica esencial de todo voto. Si uno toma un voto y luego lo rompe es porque aún no estaba listo en verdad
para dar ese paso. Un voto es un tipo muy serio de promesa
y, para algunas personas, hasta las promesas resultan difíciles de
cumplir. Si, por ejemplo, uno no puede mantener la promesa
de encontrarse con alguien en cierto lugar a determinada hora,
menos estará preparado para mantener un voto. Por lo mismo,
el ser escrupuloso y sostener su palabra aun en las cuestiones

---

68 Har Dayal, *The Bodhisattva Doctrine in Buddhist Sanskrit Literature, op. cit.*, p.
65.

más triviales es una buena práctica para llegar a comprometerse con un voto expresado abiertamente. Si pensamos en tomar algún voto, quizá sea mejor consultar antes a nuestros amigos espirituales. Ellos conocen nuestra naturaleza, acaso mejor que nosotros mismos, por lo cual podrían tener una buena noción sobre si seremos capaces de cumplir el voto que tenemos en mente.

Sin importar de que se trate, ya sea dejar de fumar, mantenerse célibe toda la vida o meditar dos horas diarias, primero hay que hacer una prueba. Es buena idea ir poco a poco, por ejemplo, empezar con el plazo de un mes, después serán dos meses, seis meses, un año y así. Tomar un voto públicamente, frente a la comunidad espiritual reunida o un grupo de amigos le da al hecho un peso y una seriedad que de otra forma no podrían adquirir. Si uno tiene testigos de su voto es más fácil que lo sostenga, porque romperlo significaría defraudarlos a ellos y a sí mismo.

Un extremo sería tomar un voto de manera impulsiva y a la ligera. El otro, evitar comprometerse en absoluto. Un camino intermedio es asumir preceptos personales, consultando a los amigos espirituales. Un precepto es menos que un voto, pero nos prepara para ello. Claro que, como budista, uno se compromete a cumplir con cinco (o diez) preceptos básicos de todos modos, los cuales hay que tomar con absoluta seriedad.[69]

---

[69] Los cinco preceptos a los que se hace referencia son los más conocidos y practicados en el mundo budista: abstenerse de matar, abstenerse de tomar lo que no se nos ha dado libremente, abstenerse de caer en conductas sexuales erróneas, abstenerse de un habla falsa y abstenerse de utilizar "intoxicantes que obnubilen la mente". En su forma positiva, estimulan la práctica del amor y la bondad, la generosidad, el contentamiento, la sinceridad y la atención consciente o presencia mental. Los diez preceptos, los diez *kusala dharmas*, se enfocan, de manera similar, en la ética del cuerpo, el habla y la mente. Son una extensión de los cinco preceptos. Los tres primeros, que se refieren a las acciones del cuerpo, son los mismos en el segundo caso. El precepto que dentro de los cinco primeros tiene que ver con el habla, aquí aumenta a cuatro preceptos e incluye la abstención de un lenguaje rudo, calum-

Nadie debería apresurarse a tomar algún voto hasta no estar satisfecho con la forma en que está cumpliendo los preceptos.

Por supuesto, con menor razón debe uno precipitarse y tomar el voto del bodhisatva. La naturaleza de este voto tiene estrechos vínculos con la del bodhichita. Ya vimos que el bodhichita es universal, pero se manifiesta en los individuos y se expresa a través de ellos. Este modo en que el bodhichita se expresa mediante un individuo es lo que se conoce como el voto del bodhisatva. Por lo tanto, podemos definir a este voto como la expresión práctica concreta del bodhichita en la vida y obra del bodhisatva individual.

Aunque por tradición se habla del "voto" del bodhisatva, en realidad es una serie de votos, los cuales varían de un bodhisatva a otro, como reflejo de sus intereses y aptitudes particulares dentro del amplio contexto del ideal del bodhisatva. Si lo comparamos con la refracción de la luz que pasa por un prisma, el bodhichita es como la luz blanca y pura que lo atraviesa, el prisma es el bodhisatva y los votos que él hace son como los colores del arco iris que emergen por el otro lado. Si llevamos la comparación un poco más lejos, podríamos decir que la luz blanca y pura del bodhichita relativo viene del sol, que es el bodhichita absoluto y su brillo traspasa cientos y miles de prismas individuales, los cuales producen cada uno su propia combinación de colores. Dentro del espectro que normalmente podemos ver, el arco iris tiene siete colores nada más, sin embargo, hay algunos tipos de meditación en los que intentamos imaginar, observar, visualizar otros colores que nunca an-

nioso y frívolo. Esto significa practicar un habla amable, armoniosa y significativa. Finalmente, el precepto referente a la mente se convierte en tres: abstenerse de percepciones que caigan en la codicia, la aversión y la ignorancia y cultivar la tranquilidad, la compasión y la sabiduría. Para más sobre los cinco preceptos vea, por ejemplo, Abhaya, *Living the Skillful Life*, Windhorse, Birmingnham 1996; y acerca de los diez preceptos vea Sangharákshita, *The Ten Pillars of Buddhism*, Windhorse, Birmingham 1996.

tes hemos percibido. Podemos pensar que esos prismas no sólo emiten los siete colores que ya conocemos, sino una infinidad de nuevas y maravillosas tonalidades. Del mismo modo, podemos imaginar al bodhichita brillando a través de las mentes y corazones de diversos bodhisatvas, produciéndose así innumerables combinaciones de votos.

Juntos, el bodhichita y el voto del bodhisatva aportan unidad y variedad. Todos los bodhisatvas participan en un mismo bodhichita. Ésa es la fuente de su unidad. A la vez, cada bodhisatva expresa a su manera ese bodhichita. Es esta expresión individual, en términos de vida y obra, en lo que consisten los votos del bodhisatva. Solemos pensar que un voto se expresa verbalmente, como el juramento que se hace en la corte, pero no se trata sólo de que el Bodhisatva declare que hará tal o cual cosa. Ni siquiera tiene que ver con su intención consciente. Cambiando de metáfora, podemos decir que los votos del bodhisatva son chispas que salen, no sólo de su mente o su voluntad, sino de todo su ser, por el tremendo impacto del bodhichita.

Las escrituras del mahayana mencionan varias series de votos, algunas de ellas relacionadas con los nombres de grandes bodhisatvas. Por ejemplo, están los famosos cuarenta y ocho votos del bodhisatva Dharmakara, quien se convirtió en el Buda Amitaba, el Buda de la Luz Infinita. Los cuarenta y ocho votos completos se enumeran en el *Sutra de la bondadosa Sukhavati-vyuha*, el sutra de la belleza de la tierra pura.[70] El *Sutra Dasabhumika*, el sutra sobre las diez etapas del camino del bodhisatva, menciona diez grandes votos:

> (1) Rendir honores a todos los budas sin excepción; (2) mantener la disciplina religiosa que enseñaron todos los budas y conservar sus

---

[70] Vea *The Larger Sukhavati-vyuha Sutra*, secciones 7-8, pp.11-22, en *Buddhist Mahayana Texts, op. cit.*

enseñanzas; (3) contemplar todos los incidentes en la vida mundana de un buda; (4) realizar el pensamiento de la iluminación, practicar todos los deberes de un bodhisatva, adquirir todos los paramitas (perfecciones) y purificar cada etapa de su proceso; (5) Madurar
a todos los seres (es decir, a las cuatro clases de seres en los seis estados de la existencia) y establecerlos en el conocimiento del Buda;
(6) Percibir todo el universo; (7) purificar y limpiar todos los campos de los budas; (8) entrar al gran camino (el mahayana) y producir
el pensamiento y propósito común de todos los bodhisatvas; (9) hacer que todos los actos del cuerpo, el habla y la mente sean fructí-
feros y exitosos; (10) alcanzar la suprema y perfecta iluminación y
predicar la doctrina.[71]

Estos diez votos muestran claramente diferentes aspectos de la
determinación del bodhisatva para conseguir la iluminación
en beneficio de todos los seres sensibles. Nos falta espacio aquí
para examinarlos todos, pero quizá valdría la pena detenernos
un poco en el tercero para explorar, de manera específica, el
modo en que podemos abordarlos. Uno se preguntaría cómo
puede alguien hacer un voto de "observar todos los incidentes
en la vida mundana de un buda". Mas la presentación tradicional mahayana del proceso de un bodhisatva visualiza que su
camino se extiende sobre tres *asamkhyeya-kalpas*,[72] por lo tanto, considera que cubre innumerables existencias, a través de
las cuales uno nacería durante la vida de muchos y diversos budas y podría estar en contacto con ellos de una u otra forma,
incluso, por qué no, como un discípulo. En el transcurso de
esas existencias se podría tener la oportunidad de ver todos los
acontecimientos de la vida de un buda desde el comienzo
mismo.

---

71 Citados por Har Dayal, *The Bodhisattva Doctrine in Buddhist Sanskrit Literature*, *op. cit.*, p. 66.
72 Un kalpa es un período de tiempo inimaginablemente largo, el lapso durante el cual evoluciona y desaparece todo un sistema mundial. Vea p. 64.

Según la enseñanza budista en general, la vida de cada buda sigue un patrón estándar. Su madre siempre muere a los siete días de que él nace, siempre tiene dos principales discípulos, siempre llega a la iluminación sentado bajo algún árbol y así, por el estilo.[73] Cuando él nace, uno podría ser un dios que observa desde el cielo o podría ser testigo de eventos posteriores. Podría ser el auriga del futuro Buda o una de sus concubinas o uno de sus primeros cinco discípulos. De una u otra manera, en cuanto haga ese voto será testigo de los doce grandes actos, como se les denomina, en la vida de un buda.[74]

Este voto puede parecer irrelevante o incomprensible, pero nada se pierde con tratar de captar imaginativamente de qué se trata. No hay que apresurarse siempre a creer que todo es una explicación simbólica. Es bueno dejarse llevar por aquello un rato y, por lo menos, contemplar la posibilidad de tomarlo literalmente. De hecho, la tradición mahayana así lo toma. Si pensamos en términos de cientos y miles y millones de existencias durante las cuales practicaremos las perfecciones, paramitas, es posible concebir que podríamos renacer durante la vida de un buda, pero es difícil ver este voto así. Para la mayoría de nosotros será difícil. Otro modo de enfocarlo podría ser que nos sumergiéramos en la lectura de la historia de la vida del Buda.

---

[73] Vea la traducción de I.B. Horner, *Chronicle of Budas (Buddhavamsa)*, en *The Minor Anthologies of the Pali Canon*, Pali Text Society 1975.

[74] La tradición de los doce grandes actos en la vida de un Buda viene del *Lalitavistara*, una biografía mahayana del Buda, publicada con el título *The Voice of the Buddha* (vea Nota 142). Los actos son: (1) la espera en el cielo de Tushita, (2) desarrollo en el útero de Mayadevi, (3) el último nacimiento como humano, (4) obtención de habilidades intelectuales y físicas, (5) casamiento y disfrute de la sensualidad, (6) renuncia a la vida mundana, (7) práctica de mortificaciones extremas, (8) marcha al centro (es decir, hacia el árbol bajo el cual alcanzará la iluminación; por tradición, el centro del universo), (9) derrota de Mara, (10) logro de la iluminación, (11) enseñanza y (12) nirvana final. Para más sobre los doce grandes actos vea Roger J. Corless, *The Vision of Buddhism*, Paragon House, Nueva York 1989.

Al considerar su vida, sin embargo, habrá que discernir lo que trataremos de emular. No es necesario pensar en duplicar todos los acontecimientos. Es importante distinguir entre los incidentes que reflejan una etapa en su desarrollo espiritual y los que simplemente sucedieron porque el Buda vivió en la India durante cierto periodo histórico.

Acaso sea mejor considerar a este voto como algo que representa al arquetipo de una posibilidad espiritual en particular, de la cual participamos en un grado muy reducido. Si alguien se compromete a cumplir este voto no es necesario que lo haga de manera literal. Para la mayoría de nosotros resultaría mejor sencillamente reflejar en nuestras vidas lo más que podamos. Sería un gran salto de la imaginación tomar el voto de presenciar los grandes eventos en la vida de un buda, pero lo cierto es que podemos repasarlos con la mente o la imaginación y sentirnos inspirados por ellos. Asimismo, el voto de percibir el universo entero tampoco lo podemos tomar literalmente, pero podemos asumir lo que implica en el fondo: ver tanto de la realidad como nos sea posible, ver cada cosa tan clara como podamos.

Aquí debemos tener mucho cuidado. Es bastante difícil cumplir ya con los preceptos básicos del budismo. Pensar en tomar votos en esta escala tan vasta nos puede llevar a ser indulgentes y soñar despiertos, fantaseando con que estamos observando todos esos votos maravillosos cuando en realidad ni siquiera practicamos con seriedad los preceptos. Tomar los votos del bodhisatva no debería representar una especie de ejercicio a la Walter Mitty. Si lo hacemos así, al igual que él, retornaremos a la realidad con un golpe en la cabeza.[75]

---

75 Aquí se refiere a un cuento de James Thurber, "The Secret Life of Walter Mitty". Este personaje está escapando continuamente de lo insulso de su vida mundana a través de sueños y fantasías con escenas heroicas donde, claro está, él es el héroe.

Entonces, ¿cómo debemos tomar la perspectiva cósmica que ofrece el mahayana, por ejemplo, la idea de que nos tomaría tres kalpas recorrer el camino del bodhisatva? Podría tener el efecto saludable de ensanchar nuestra imaginación, pero un principio al que debemos volver es que el ideal del bodhisatva cósmico no puede ser considerado como exclusivo de un individuo determinado. Creer que uno puede formar personalmente ese tipo de aspiración es equivocarse al interpretar su verdadera importancia.

Como individuos comunes, quizá podemos permitirnos pensar en el renacimiento, incluso en una serie de renacimientos a través de un largo período. Acaso imaginemos que nuestras vidas espirituales continúan su proceso una vida tras otra. ¿Pero podemos pensar literalmente en el desarrollo del bodhisatva como algo que abarca tres kalpas? Un kalpa significa muchísimo tiempo. La descripción tradicional de un kalpa nos pide imaginar una roca que tiene un kilómetro de altura, un kilómetro de ancho y un kilómetro de largo. Luego imaginamos que una vez, cada cien años, llega alguien y roza la cima de esa roca con un pedazo de seda de Benares. Pues un kalpa es el tiempo que tardaría en erosionarse esa roca mediante la forma descrita.[76] Es, en verdad, un período inmenso.

Gampopa fue un gran maestro Kagyu, un tibetano que vivió por los días en que los normandos conquistaron Bretaña. En su *Joya de la liberación* cita el *Bodhisatvabhumi*:

Me regocijaré si permanezco en el infierno durante miles de eones, si eso sirve para salvar del sufrimiento al menos a un solo ser, por no mencionar periodos más largos y mucho mayores penas. Tal es la ardorosa armadura de un bodhisatva.[77]

---

[76] Vea *Samyutta-Nikaya* ii. 178.
[77] *The Jewel Ornament of Liberation, op. cit.*, p. 184.

Tenemos entonces que, al parecer, un bodhisatva se ofrece voluntariamente para pasar millones de años en distintos infiernos, si con ello puede ayudar así sea a un solo ser vivo. ¿Pero podemos, en verdad, imaginarnos a nosotros mismos haciendo eso? Con seguridad, sería imposible que un ser humano afirme eso y sinceramente lo crea. Si intentamos imaginar cómo serían los sufrimientos en el infierno, comprenderemos que no seríamos capaces de soportar ni la centésima parte de ello. ¿Cómo, entonces, hemos de tomar aquello como una aspiración funcional en la vida real de un ser humano? Ya bastante difícil nos parece ayudar con lavar los trastes algunas veces. Cuando el texto habla de bodhisatva en esa manera es más sensato pensar que se refiere a una especie de tendencia cósmica, o reconocer la existencia de la potencialidad de alcanzar la iluminación incluso bajo las circunstancias más desfavorables.

Encontramos otra perspectiva igualmente formidable en *La guirnalda preciosa*, donde Nagaryuna dice:

> (Un bodhisatva) permanece por tiempo ilimitado [en el mundo], porque para una ilimitada cantidad de seres busca la ilimitada (cantidad de cualidades de la) iluminación y lleva a cabo acciones virtuosas sin límite.[78]

De modo que una vez más encontramos un texto mahayana que describe al bodhisatva, la personificación del ideal que nos exhortamos a cumplir, pero que no parece en absoluto practicable para nosotros. De hecho, a juzgar por esta descripción, el bodhisatva difícilmente parece una persona común. La impresión que nos da es que está más allá de la individualidad, como solemos entenderla. Más bien parece ser una energía espiritual impersonal e incorpórea.

---

[78] Nagaryuna, *The Precious Garland*, traducción de Jeffrey Hopkins y Lati Rimpoche, Harper and Row, Nueva York 1975, verso 219.

Si este es el caso, podemos inferir que el mahayana no espera que nos comportemos literalmente de la manera descrita. No tenemos que imaginarnos efectuando una infinidad de buenas obras, estableciendo campos de budas ni liberando a un infinito número de seres. Es más práctico asumir que el bodhisatva representa una energía espiritual universal, incluso omnipresente, que opera en el cosmos, una energía que percibimos en ciertas ocasiones. No podemos pensar, de manera literal, en que seremos unos bodhisatvas pero podemos estar abiertos al ideal, aspirando ser un canal para que actúe esa energía dentro de nuestra esfera particular. Ese sería el modo más realista y hasta el más honesto de verlo. Tenemos que adecuarnos a nuestra verdadera situación, de otra manera nos perderemos en aspiraciones fantasiosas. Todo se puede volver un tanto teatral y, en efecto, sucede así a veces en los países orientales que practican el budismo mahayana. El theravada es mucho más sobrio, más cercano a los aspectos de cada situación.

Sin embargo, el mahayana transmite muy bien el espíritu del proceso completo, es decir, el hecho de que este proceso ocurre dentro de un contexto mucho más amplio, incluso cósmico. En *La guirnalda preciosa* Nagaryuna dice:

> Mediante la fe en el mahayana
> y las prácticas que en él se explican
> se logra la más alta iluminación
> y durante el camino todos los placeres.[79]

¿Por qué habría "todos los placeres" en el camino del mahayana a diferencia del sendero "hinayana"? La diferencia, muy sencilla, podríamos decir que está en el ideal del bodhisatva. El "hinayana" habla más de abandonarlo todo, disciplinarse, liberarse de la avidez y así por el estilo. Si acaso se menciona la meta, por lo regular se describe como el cese del sufrimiento o

---

79 *The Precious Garland*, op. cit., verso 398.

el cese de la avidez. Ésta no es, para la mayoría de la gente, una perspectiva muy inspiradora, al menos no en las primeras etapas de su vida espiritual. El ideal del bodhisatva, del mahayana, es sencillamente más inspirador.

Durante la vida del Buda, cuando el ideal se encontraba visiblemente presente en la forma del Buda mismo, es posible que no hubiera mayor necesidad de hablar sobre ello. Pero cuando él dejó de estar presente, el ideal al cual representaba tuvo que ser reformulado de algún modo. Había que crear algo que tomara su lugar. Cuando surgió el ideal del bodhisatva, éste llegó a representar al tipo de persona en que uno ha de convertirse si desea ser como el Buda.

Es cuestión de visualización. Si uno tuviera que inspirarse para construir un centro budista, por poner un ejemplo, necesitará tener una visión de lo que va a crear. Si tenemos en la mente una imagen de hermosas figuras del Buda, habitaciones espaciosas, y llenas de paz y una maravillosa comunidad de personas, aunque apenas estemos aplanando el techo o tirando una pared, nos estamos inspirando para eso. Si alguien llegara y nos dijera nada más, "tira esa pared" se sentiría todo diferente. Si hacemos lo que hacemos por un fin positivo trabajaremos mucho más felices. En realidad, se convierte en placer todo el recorrido.

Tenemos que encontrar, entonces, el equilibrio entre visión y pragmatismo. Quizá la mejor solución sea asumir ambas juntas: el aspecto theravada para la práctica diaria, aquí y ahora; y el mahayana como una guía hacia el ideal que existe fuera de este espacio y este tiempo, independiente de nuestros propios pequeños esfuerzos.

Todo lo que en realidad necesitamos es fe en la conservación de los valores espirituales más allá de la muerte. Si tenemos fe podemos estar seguros de que practicando el Dharma aquí y ahora, no importa cómo y dónde se dé nuestro renacimiento o si en algún mundo distante nos convertiremos en budas o lo que sea, el futuro se ocupará de sí mismo. Acaso no podamos, de un modo realista, hacer que nuestra futura budeidad sea el objeto de nuestra aspiración. No tenemos que tomar al pie de la letra los sutras del mahayana. Podemos considerar que ellos nos aportan la visión inspiradora de un mundo arquetípico, pero no nos dan un patrón para la vida budista de una forma detallada. El Canon Pali nos ofrece un sentido más sólido de ese posible patrón.

No puede uno apropiarse para sí mismo como individuo, lo cual en realidad significaría como ego, los atributos, cualidades, actividades y votos de un bodhisatva. No es que tú o yo, como individuos, vayamos a ser bodhisatvas en un sentido cósmico. Hay un bodhisatva, el bodhisatva, que está operando y uno sólo hace lo que le es posible para ayudar y cooperar con esa obra. Así como el Buda del *sambogakaya*,[80] el Buda arquetípico, representa el ideal de la iluminación fuera de todo contexto histórico, del mismo modo, el bodhisatva no representa a un individuo histórico sino a lo que podría denominarse el espíritu de la iluminación que opera en el mundo, personificado en la forma del bodhisatva.

Todo ello debemos tenerlo en mente cuando hablemos de los votos del bodhisatva. Quizá la serie más famosa sea la que se conoce como los cuatro grandes votos. Se recitan cada día por todo el Lejano Oriente y suelen decir de esta forma:

Que pueda liberar a todos los seres de sus dificultades;
Que pueda erradicar todas las pasiones;
Que pueda dominar todos los dharmas;
Que pueda conducir a todos los seres a la budeidad.

---

80 *Sambogakaya* es un término de la doctrina del trikaya en el mahayana, que se refiere a los Budas arquetípicos, a diferencia del histórico. Vea p. 299.

Estos votos se encuentran en diversos sutras del mahayana[81] y, al parecer, se asume que todo budista que practica el mahayana desearía tomarlos. En cierto sentido, reflejan la esencia del ideal del bodhisatva, en tanto que si uno toma con seriedad ese ideal, intenta de verdad actuar en esas cuatro formas. Podría afirmarse que esos votos están implícitos no sólo en el ideal del bodhisatva sino en el mismo budismo, ya que definen la manera en que todos los budistas deberían tratar de comportarse de tiempo completo.

Sin embargo, no hay que tomar a la ligera tales afirmaciones. Si alguien declara: "hago voto de liberar a todos los seres", eso significa todos los seres. Parecería que es mejor no incluir este tipo de expresiones en una puya que se recita con regularidad o habitualmente. La perspectiva cósmica del mahayana es muy valiosa pero no se presta a la recitación casual. Si uno expresa los votos como parte de su práctica particular, individual, se supone que lo está tomando en serio, mas hacer que todos los que en un momento dado estén presentes en un recinto digan que hacen votos de ayudar a todos los seres (por no decir más) no puede menos que devaluar ese voto.

Los cuatro grandes votos abarcan las aspiraciones espirituales de mucha gente, pero nadie está obligado a adoptar esta serie en especial. Las escrituras dejan claro que cualquier bodhisatva, de manera individual, tiene la libertad de formular una serie de votos que vayan de acuerdo con sus propias aspiraciones, dentro del marco general del ideal del bodhisatva. La consideración principal es que los votos no deben referirse a objetivos banales o inmediatos, sino trascendentes y que lo incluyan todo. La gran característica de los votos del bodhisatva

---

81 Vea, por ejemplo, "The Sutra of Hui-Neng", en la traducción de A.F. Price y Wong Mow-Lam a *The Diamond Sutra and the Sutra of Hui-Neng*, Shambhala, Boston 1990, pp. 102-103.

es su universalidad. La dimensión altruista de la vida espiritual no tiene límites. Cuando uno se vuelve consciente de las implicaciones altruistas del propio compromiso espiritual se da cuenta que no puede imponer un límite a esas implicaciones. No se puede decir: "haré un tanto por los demás, pero sin pasar de cierto punto". Puede suceder que en este momento no seamos capaces de hacer mucho pero, en principio, no reconocemos limitaciones a lo que nuestro compromiso puede demandar que hagamos por los demás, siempre que estemos en la posición de ayudar.

De modo que cuando, en la formulación tradicional de este primer voto del bodhisatva, uno declara: "hago el voto de salvar a todos los seres vivientes", lo que en realidad se afirma es: "no pongo límites a lo que estoy preparado para hacer por otros seres vivos, siempre que se presente la ocasión y yo esté listo". Nadie sabe al final qué forma tomará nuestra aspiración ni qué necesitará hacer. Tan sólo permanecemos abiertos para ayudar a la gente en cualquier manera que podamos. En la medida en que no haya límites para deshacerse de nuestro ego, no habrá límites para el altruismo. Así como uno puede pensar en liberarse de su ego hasta cierto punto, pero no más, no puede haber límite, en principio, para lo que se está preparado a hacer por otros. Una vez que alguien se compromete con la vida espiritual deja de reconocer límites, ya sean subjetivos u objetivos. De eso se trata el voto del bodhisatva, trascender las limitaciones.

En el texto mahayana denominado la *Perfección de la sabiduría en ocho mil líneas* hay muchos puntos acerca de cómo se puede reconocer a un bodhisatva. Una de esas formas, al parecer, es que cuando se le formula una pregunta sobre el nirvana, en su respuesta siempre hay compasión.[82] Traduciéndolo en

---

[82] Vea la traducción de Edward Conze, *The Perfection of Wisdom in Eight Thousand Lines and its Verse Summary*, Four Seasons, San Francisco 1995, pp. 226-227.

términos más generales, diremos que si, cuando se nos hace una pregunta sobre la vida espiritual, solamente hablamos del desarrollo personal y no mencionamos el aspecto altruista, eso indica que en realidad aún no estamos en el sendero espiritual. Tenemos que entender que nuestro trayecto por la vía espiritual no puede reducirse a nosotros mismos, tiene que ver también con otros e incluso nos impone responsabilidades con respecto a los demás. Dicho de otra manera, debemos darnos cuenta que la compasión se coordina con la sabiduría. Es muy significativo que el Mahayana tomara a su cargo resaltar dramáticamente las implicaciones altruistas de la vida espiritual, así como es lamentable que, debido a desarrollos históricos, esas implicaciones llegaran a verse como parte de un sendero alternativo y no como la reformulación del camino original.

En los círculos del mahayana la gente suele hacer votos muy específicos. Por ejemplo, alguien puede expresar el voto de publicar el Tripitaka completo, asumiendo todos los gastos y distribuyéndolo gratuitamente. Eso significaría una labor de toda una vida. Otra persona podría decir: "yo construiré cien estupas"[83] o "conseguiré que este y aquel gran maestro ofrezcan una serie de conferencias". Muchos votos adquieren así formas prácticas. La idea es fortalecerse, ir ejercitando una espina dorsal espiritual. Un voto es algo a lo que hay que ceñirse, para estar protegido y no perderse en una maraña de vagas aspiraciones supuestamente espirituales.

Pero si uno ya es un bodhisatva o aspira a serlo, ¿necesita esos votos para lograr ceñirse a la práctica de los paramitas? Digamos que, si hasta este momento no se tiene más que la convicción intelectual acerca del bodhichita, aunque se trate de una convicción sincera y acorde con lo que uno intenta vivir,

---

83 La estupa, originalmente una estructura que contenía las reliquias de un buda, se ha convertido en uno de los principales símbolos de la iluminación y se les encuentra en todos los países budistas, con diversos estilos arquitectónicos. Vea p. 81.

en efecto, sí necesita los votos. Si todavía no surge el bodhichita como una experiencia real, paralela a la visión trascendental, es necesario apoyarse en los votos. Ya una vez que surja el bodhichita, los votos se volverán más una expresión de él que un apoyo. Es importante no hacer una distinción demasiado rígida entre el bodhichita y los votos a través de los cuales él se expresa. No es que el bodhichita surja y luego uno considere que ha llegado el momento de tomar los votos. Éstos son la expresión natural del bodhichita que ha surgido, las diferentes perspectivas que uno ve abrirse ante sí ahora que el bodhichita emerge.

Según la tradición, cuando el bodhisatva hace su voto como consecuencia del surgimiento del bodhichita, el buda ante el cual lo hace predice su iluminación y, quizá, menciona el nombre con el cual se le conocerá como buda y también el nombre de lo que será su tierra o dominio de buda. Si no lo tomamos de manera literal, aunque podría ser que lo interpretáramos literalmente en cierto nivel, hemos de entender su significado como un mito. Alguien dirá, acaso, que ese buda que predice la suprema iluminación del bodhisatva representa un eco que procede del universo entero como respuesta a su voto. El universo queda dentro de lo que el voto abarca. Lo que se ha expresado le atañe y, seguramente, si se trata de un universo moral y espiritual, tendrá "conciencia" de ello. El voto del bodhisatva es materia pública. Puesto que es parte de la realidad pública y le afecta a ésta, tiene lugar una respuesta.

De alguna manera, la predicción representa el hecho de que el universo en su conjunto apoya e, incluso, avala ese voto. Es en esta clase de universo donde se hace posible la realización de ese voto. Incluso, ya que se ha declarado se vuelve inevitable. El Buda no hace más que darle expresión. Desde su perspectiva más allá del tiempo, el Buda mira la eternidad y predice el futuro, mas ese pronóstico no significa que el bodhisatva ya tiene ganada la iluminación. Es semejante a la dificultad que se muestra en la teología cristiana de reconciliar el libre albedrío de una persona con la omnisciencia de Dios. Una cosa es que el Buda prediga la iluminación del bodhisatva y otra que a partir de ese momento el bodhisatva pierda su libertad. El Buda, desde fuera del tiempo, puede ver que el bodhisatva llegará a la iluminación, pero éste no puede darlo por hecho sólo por que lo dijo el Buda. A partir de su propio punto de vista temporal aún tendrá que realizar un esfuerzo definitivo hacia esa meta.

Podemos plantear esta idea de un modo más sencillo, por ejemplo, como ir a refugio en las tres joyas. No porque uno vaya a refugio ante la sangha que se encuentra reunida ya adelantó algo en su progreso espiritual, pero sí cuenta con el apoyo. Uno comprende que no está solo, hay una respuesta. Al regocijarse en nuestros méritos, la sangha en efecto respalda nuestro progreso.

Así es, aunque suene demasiado elevado, el primero de los cuatro grandes votos, "que pueda liberar a todos los seres de sus dificultades" y entendamos que nos referimos a dificultades mundanas. Es un punto de partida pragmático. Es como si el que enmarcó estos votos estuviera diciendo al aspirante a bodhisatva: "por lo pronto, olvídate de ayudar espiritualmente a los demás". Son pocos los que pueden auxiliar en ese nivel y ni siquiera para ellos es tan sencillo ayudar a la gente de la manera adecuada. Son muchos los que piden una guía espiritual pero muy raros los que pueden recibirla y actuar en consecuencia. El *Sutra de cuarenta y dos secciones* dice: "es difícil ayudar a otros a llegar a la iluminación, a partir de sus diversas necesidades".[84] Parece que incluso para un buda es difícil detectar las verdaderas necesidades de una persona. El Canon

---

84 Vea la traducción de J. Blofield (Chu Ch'an), *The Sutra of Forty-two Sections and Two Other Scriptures of the Mahayana School*, Buddhist Society, London 1977, sección 13, p. 15.

Pali relata que, en una ocasión, el Buda enseñó a unos monjes la recapitulación de la muerte, tras lo cual ellos se suicidaron.[85] Una regla general útil es ayudar en cosas sencillas y básicas. No puede haber un gran error en dar de comer a alguien o en pagar su boleto de autobús (a menos que sepamos que va a cometer un crimen), pero meternos a algo más complicado puede ser problemático.

Por otra parte, aunque deberían atenderse primero las necesidades humanas prácticas, de algún modo pueden ser más difíciles de resolver que las necesidades espirituales básicas. Podemos estar bien seguros de que la meditación le hará bien a cualquiera, si convencemos a alguien de que la practique y nosotros estamos calificados para enseñarle. En cambio, puede ser muy difícil determinar si fuese bueno para la señora Pérez mudarse a otra colonia o que el señor Gómez se case otra vez. Es interesante notar que en la mayoría de los países budistas, en especial en los que siguen el theravada, sólo se permite, en general, que sean los bhikkhus de mayor tiempo y experiencia en las órdenes monásticas quienes den consejo a los legos con respecto a sus asuntos mundanos.

Después de todo, ¿qué significa ayudar? Lo cierto es que no es nada más decir a las personas qué deberían hacer, aunque hay quienes lo creen así. En realidad, podría no implicar una interacción directa con la gente. Con frecuencia, si somos sencillamente nosotros, si somos positivos e inspirados y llevamos adelante nuestra vida espiritual, eso podría ayudar a los demás sin que nos demos cuenta.

Si escuchamos podríamos ser de mucha utilidad. Eso ayuda a otros a aclarar sus pensamientos, hacerse conscientes de

---

85 Vea *Vinaya* vol. 1 (*Suttavibhanga*), sección 3, en la traducción de I.B. Horner, *The Book of the Discipline*, primera parte, Pali Text Society, London 1983, pp. 116-123. Vea también el *Ananpana Samyutta* (*Samyutta-Nikaya, Mahavagga*, libro 10). También aparece este relato en Ñanamoli, *The Life of the Buddha, op. cit.*

sus deseos y considerar todos los factores que intervienen en el asunto que les ocupa. A veces, después de estar oyendo un rato a alguien, cuando terminan de hablar es común que digan, con toda sinceridad, "me sirvió mucho hablar contigo". Quizá nosotros no hayamos dicho ni media palabra pero para ellos es como si hubieran recibido un buen consejo. El hecho de que los hayan escuchado les ayudó a despejar su mente.

Lo mejor es comenzar de un modo que ayude a poner los pies sobre la tierra. Todos podemos contribuir, por lo menos, de algún modo material, tangible. Por eso se dice, bajo el encabezado de este voto en particular, que el aspirante a bodhisatva tiene que ser compasivo y acomedido en las cosas de la vida cotidiana, en cualquier ocasión, y que su amistad no ha de limitarse al género humano sino incluir también a los animales.

Si uno muestra falta de consideración hacia los demás debe ser porque no aprecia sus sentimientos ni la situación o el predicamento en que se encuentran. A menudo, estamos tan inmersos en nuestro negocio, nuestros intereses y preferencias que olvidamos las necesidades y sentimientos de los demás. Por eso, para cultivar el hábito de percibir lo que otros sienten, es necesario ejercitar la atención consciente, la imaginación y la voluntad para ponerse en los zapatos del otro.

Tomemos un ejemplo de la vida diaria. Si alguien nos visita es importante asegurarnos de presentarlo adecuadamente con quienes se encuentran presentes y procurar que se sienta cómodo. En terrenos desconocidos, uno puede sentirse un poco inseguro y desear que alguien lo respalde. Asimismo, supongamos que hemos recibido una carta. ¿Qué pensará el que nos la envió si no le respondemos? ¿Será que no la recibimos? Podríamos tener una muy buena razón que nos impide contestarle, pero eso él no lo sabe en absoluto.

Así como es importante *compartir* el sentimiento de la gente, también hay que sentir *lo que pasa por ellos*, apreciando sus cualidades y reconociendo sus limitaciones. No podemos pensar sólo en lo que ellos deberían cambiar. Es muy común que no seamos lo suficientemente amables con los demás. Puede suceder que en nuestra cultura nos hayamos vuelto muy interesados en nosotros mismos, en lo que queremos, lo que merecemos, lo que son nuestros derechos, a un grado en que nos olvidamos de la gentileza humana más elemental.

Así que, para empezar, podemos dejar a un lado las preocupaciones que tengan que ver con el desarrollo espiritual de los demás. Tampoco necesitaremos pensar en llevar a cabo grandes obras heroicas, aunque podría haber circunstancias que nos lo demanden. Podemos comenzar por poner atención en los detalles de la vida. Si se nos quema el arroz, o tardamos en hacer la comida, si tomamos prestado el libro favorito de alguien y olvidamos decírselo o si azotamos la puerta, todas esas cosas hacen que la vida de los demás sea menos placentera. En cambio, si nos ocupamos de prepararle la comida a alguien, le regalamos un libro o procuramos andar por ahí sin hacer ruido provocaremos un efecto positivo. Necesitamos practicar la amabilidad y la atención en cada cosa, cuidando que no por estar observando nuestros estados mentales perdamos la conciencia de lo que sucede alrededor de nosotros.

Claro está que no sólo nos ocupamos de nuestros estados mentales. Con frecuencia, sucede que lo que más nos interesa es ver qué podemos conseguir de otras personas. Cuando el Buda preguntó a los demás monjes por qué no atendían al que estaba enfermo de disentería,[86] ellos respondieron que él ya no estaba siendo útil. ¡Qué terrible afirmación! Qué seguido ocurre que ésa es la razón por la que no somos amables con la gente: no nos sirven en ninguna forma ni obtenemos nada de ellos. Está muy bien que hablemos del Dharma, practicar la

---

86 Vea Nota 15.

meditación, llevar a la iluminación a todos los seres y todo eso pero podríamos comenzar por ser amables unos con otros. Auden habla de ser amables "con diez personas",[87] lo cual ya sería un verdadero logro, pero no hay que detenerse ahí. Debe haber un elemento de amabilidad en nuestra actitud con cada persona que nos encontremos. Al menos, deberíamos tener buena voluntad hacia ellos y ayudarlos en algunos detalles.

Dicho esto, habrá que tener cuidado de tampoco ser una especie de bodhisatva demasiado prematuro, revoloteando por ahí para "ayudar a la gente". Podríamos acabar como ese boy scout que, para hacer su buena obra del día, ayudó a una señora ya grande a cruzar la calle. Cuando le contó a su preceptor lo que había hecho, éste le respondió: "está bien, pero esa no es precisamente una gran obra. Es algo fácil de hacer". A lo que el joven repuso: "No, no fue nada fácil. Ella no quería cruzar la calle". Cuidémonos de ejecutar filantropías de naturaleza forzada, como esa.

Aun cuando se trate de "animar" a la gente hay que tener precaución. Quizá lo mejor sea sencillamente ser uno mismo y actuar de manera positiva, con tanta habilidad como podamos. Eso animará a otros a proceder hábilmente sin que creamos que es nuestra responsabilidad aconsejarles lo que conviene. Podemos ayudar mucho a la gente si somos positivos al considerarlos y desarrollamos metta para ellos. A veces, podemos ser de mucha ayuda con tan sólo quitarnos de su camino o, quizá, no entrometiéndonos en sus cosas. En ocasiones, la gente necesita espacio y les ayudamos más si se lo damos o simplemente no se lo quitamos.

Pero quienes toman con seriedad el voto del bodhisatva no tendrán suficiente con ayudar en los asuntos cotidianos, por mucho que eso sea útil y necesario. Deberán estar listos para ir

---

87 W.H. Auden, "A Summer Night".

más allá. Incluso, para salirse un poco de su camino y auxiliar a quienes se hallan en dificultades. Acaso tengan que prepararse para soportar incomodidades. Es a este tipo de situaciones a las que el *Bodhisatvabhumi* se refiere cuando describe que el bodhisatva "se coloca su ardorosa armadura". El entusiasmo que uno tiene por la visión que ha recibido le permite ignorar, e incluso le pasan desapercibidos, no sólo las pequeñas incomodidades sino el dolor. Si se es un bodhisatva o se aspira a serlo, el deseo de ayudar a otros es tan intenso que no le importan las dificultades que deba afrontar.

Esta actitud se transmite a cualquier cosa que uno deba hacer por los demás cuando ello implica aguantar algunas molestias. No es posible hacer algo por otras personas si no hay por lo menos un poco del toque del ideal del bodhisatva alentándonos a seguir adelante. De otra manera, tarde o temprano habrá una reacción. Cuando uno siente que ya lo dan por hecho aparece el resentimiento. Habrá quien comience a detestar a la gente a la que está ayudando. Por lo menos surgirá una tensión, pero un bodhisatva no siente tensiones porque actúa sobre la base del bodhichita que se manifiesta.

El *Bodhichitavivarana* dice: "aquel que comprende la naturaleza del bodhichita lo ve todo con un corazón amoroso, puesto que el amor es la esencia del bodhichita... Todo bodhisatva encuentra su razón de ser... en este gran corazón amoroso".[88] Es el bodhichita el que hace al bodhisatva. Por mucho que uno sea altruista o intente serlo, si esa dimensión trascendental no ha penetrado en su ser no es aún un bodhisatva. Podría llegar a decirse que sólo cuando ya surgió el bodhichita es cuando de verdad uno se encuentra en el camino espiritual. Antes de eso, simplemente está preparando el terreno.

---

88 Vea D.T. Suzuki, *Outlines of Mahayana Buddhism, op. cit.*, pp. 297-298.

Sin embargo, ya sea que el bodhichita surja o no, lo cierto es que existe muchísima gente que requiere ayuda y no deberíamos retrasarnos más en ofrecérsela. Hay algunos grupos en particular que la esperan ya. Ante todo, están los ancianos. Muchos de ellos viven solos y, por lo mismo, se sienten abandonados o relegados. Si está en nuestras manos ofrecer a algún anciano en nuestra localidad un poco de calor humano, contactándolo con regularidad, es seguro que aportaremos algo valioso a su vida.

También tenemos a los enfermos, no sólo a los que están en cama con gripe durante un par de días, si bien ellos necesitan ayuda, sin duda, pero hablamos sobre todo de los que están confinados por un largo tiempo en un hospital, en ocasiones, con enfermedades graves y dolorosas. Por lo general, sucede que hasta sus familiares más cercanos comienzan a dejar de visitarlos, pensando: "vaya, igual puedo ir la próxima semana o la que sigue. Después de todo, el viejo está ahí todo el tiempo. No va a ir a ninguna parte". Al final, un día dejan de ir a verlo. Muchos pacientes en los hospitales, en especial los que llevan mucho tiempo ahí y los ancianos, no tienen parientes o amigos que los visiten. Tenemos ahí algo práctico que podríamos hacer.

¿Y qué de los que están encerrados en una prisión por la razón que sea? Quizá a ellos no podamos visitarlos pero les podemos escribir. Muchos presos se reaniman enormemente cuando la gente les escribe y les ayuda a mantener contacto con lo que sucede en el exterior. Eso les hace sentir que aún son parte del mundo al cual un día regresarán.

Asimismo, necesitan ayuda y apoyo los que están sufriendo mentalmente de una u otra manera. Muchas personas que tienen un desequilibrio mental requieren la asistencia de un experto. En verdad, no deberíamos intentar más de lo que estamos calificados para hacer, pero con la simple amistad podríamos estar aportando bastante. Mucho de las enfermedades mentales se debe a una falta de comunicación con otras personas, a la falta de oportunidades para expresarse. En esos casos, al entablar amistad con alguien y ofrecerle la posibilidad de hablar de lo que trae en la cabeza puede resultarle de gran alivio.

Alguna vez leí acerca de un paciente catatónico en un hospital mental, quien no respondía a nada ni nadie en absoluto. Sin embargo, en la sala había una joven enfermera que estaba convencida de que él podría responder. Cada día, ella le tomaba la mano y la sostenía durante media hora. Así pasó medio año aunque no había una respuesta pero, por fin, una mañana, el paciente le apretó la mano y ése fue el momento clave. Transcurrieron algunos meses, durante los cuales ella pudo establecer una especie de comunicación con él, hasta que el paciente logró salir de su estado catatónico. Esas cosas pueden suceder. En la psicoterapia, uno de los factores principales que contribuyen a ayudar al paciente es que el terapeuta lo está escuchando. Lo mismo les ocurre en ocasiones a los médicos comunes. La persona que los viene a ver con una supuesta dolencia sencillamente está desesperada por hablar con alguien. Nunca hay que subestimar el valor de la simple comunicación.

También, a veces, la asistencia de los expertos no resulta de gran ayuda. La psicoterapia puede ser útil para la gente en muchas maneras pero cuando hay síntomas de algún trastorno existencial más profundo, en un sentido médico común, dicha técnica puede no ser muy exitosa. La eficacia de un sistema psicoterapéutico depende mucho de las ideas en las que se basa, sobre todo, sus ideas de lo que es un ser humano. Si se tiene una visión limitada de lo que es un ser humano no se puede ayudar, ya que la visión de la enfermedad mental también será limitada y, por lo tanto, se tendrá una visión limitada de la psicoterapia. Hay una gran diferencia entre alguien que contempla al ser humano como un buda en potencia y quien lo ve como un mero animal racional o, incluso, irracional.

En la actualidad, las escuelas de psicoterapia están cada vez más conscientes de la necesidad de ayudar al paciente a confrontar los problemas existenciales. De manera última, somos seres espirituales y si se frustra nuestra necesidad de una vida espiritual puede venir un desequilibrio mental. Siempre habrá personas cuyos problemas psicológicos requieran más de la terapia que de la meditación. Sin embargo, al final de cuentas no existe lo que se llama una solución psicológica. A la larga, la clave de la salud mental no es psicológica sino espiritual. En todo caso, la comunicación será siempre el factor decisivo y toda vez que nuestra amistad pueda ayudar a quien manifieste problemas psicológicos, no deberíamos dudar en ofrecérsela.

Por supuesto, quedan aún muchas otras personas a quienes podemos brindar nuestra ayuda: los refugiados, los que no tienen hogar, los que tienen hambre y todos los menos afortunados que hay en el mundo. No es fácil ayudar de manera directa. No cualquiera puede ir sencillamente a África o la India pero podemos ayudar a través de una organización. Hay tanto que se puede hacer cuando se tiene el corazón y la voluntad. Tal es lo primero que el bodhisatva acomete, ayudar a los seres vivos, humanos y animales, a salir de sus dificultades materiales, prácticas e inmediatas. En esta etapa, nadie se cree que está conduciendo a otro a la iluminación. Para empezar, ya bastante bueno es ayudarlos en sus asuntos cotidianos, de acuerdo con nuestras posibilidades.

No obstante, estemos o no preparados para ofrecer ayuda y guía espiritual, eso es lo que más necesitan muchas personas en el hemisferio occidental hoy en día. Si nosotros mismos no les podemos ayudar de esa manera directamente, lo podemos hacer de forma indirecta, auxiliando a quienes sí pueden, ya sea liberándolos de ciertas responsabilidades o con alguna otra aportación. Por ejemplo, un buen autor o un buen maestro de meditación o del Dharma necesitarán a menudo apoyo financiero para hacer útiles y accesibles sus cualidades.

Si alguien encuentra el modo de expresar este voto, debe tener cuidado y evitar sentir que ese modo es la única opción. Hace años, cuando trabajaba entre los budistas socialmente más desfavorecidos en la India, comúnmente tratados como intocables, conocí en el tren a un hombre que me manifestó, de manera clara, que yo estaba perdiendo el tiempo. Según él, los que necesitaban ayuda eran los leprosos y era a ellos a quienes debía dedicarme. Entendí su punto de vista pero él no comprendía el mío. Por supuesto, no sentí que él estuviera equivocado si decidía trabajar con los leprosos, tampoco creí que él, en cambio, debería estar trabajando con los neobudistas. Mas él no pudo apreciar que el trabajo con los neobudistas podría ser tan valioso como dedicarse a los leprosos. Lo cierto es que la única manera en que podemos hacer que se expanda el alivio del sufrimiento en este mundo es poniendo interés en las áreas que otros no han cubierto.

El segundo gran voto es: "Que pueda erradicar las pasiones". ¿Pero qué son las pasiones y cómo se les puede erradicar? El término abarca todas las impurezas mentales, es decir, todas las emociones negativas, los condicionamientos psicológicos, los prejuicios y las preconcepciones. Existen diversas listas tradicionales de estas pasiones. Primero, tenemos las tres raíces nocivas: la avidez, el odio y la ignorancia, que en el centro de la rueda de la vida tibetana se simbolizan con el gallo, la serpiente y el cerdo. En cualquier ilustración de la rueda, con todos sus círculos y subdivisiones, en el mero centro, en el meollo de nuestras propias vidas, se encuentran esas tres criaturas, cada una mordiendo la cola de la que tiene delante. Ésas son las fuerzas que manejan nuestra existencia.[89] Otra lista de pa-

---

[89] Estas tres "raíces kármicamente nocivas", también llamadas a veces los tres fuegos, fueron identificadas por el Buda, según los textos del Pali, durante su experiencia de iluminación y con frecuencia se refería a ellas, así como también a las "raíces saludables", que son sencillamente la falta de aquéllas: no avaricia, no aversión y no autoengaño.

siones es las cinco *nivaranas*, que son los cinco obstáculos de la meditación: deseo de experiencias sensoriales; malicia; inquietud y ansiedad; letargo y pereza; y duda e indecisión.[90]

Tenemos luego los cinco venenos: distracción, ira, deseo, arrogancia e ignorancia.[91] La palabra veneno es muy adecuada. Las emociones negativas son literalmente ponzoñosas y cuando somos indulgentes con ellas estamos intoxicando nuestro sistema. En ocasiones, cuando alguien está embargado por una fuerte emoción negativa, en especial por la ira o el odio, siente un dolor punzante en el estómago o el corazón. Es el veneno que carcome sus órganos vitales.

El mejor modo de erradicar las pasiones es atacarlas en su origen, como quien detiene las actividades de una banda de asaltantes destruyendo su escondite, por usar una imagen tradicional. Tenemos que encontrar el centro donde operan las pasiones, el cual, por supuesto, es la mente. Es ahí donde tenemos que arrancarlas de raíz y tal es uno de los efectos de la meditación. Hay cinco ejercicios básicos de meditación en la tradición budista y ellos actúan como antídotos para los cinco venenos.

El primer veneno que trataremos es la distracción, la tendencia de la mente a brincar de una cosa a otra. Es lo que se dice tener una mente como mariposa, que no puede estar fija en algo durante un buen rato. En un famoso verso de T.S. Eliot dice que: "una distracción nos distrae de otra distracción".[92] El antídoto para este estado mental es la práctica de meditación denominada seguimiento de la respiración, que implica observar la inspiración y espiración para llegar a una

---

[90] Vea, por ejemplo, *Anguttara-Nikaya* i. 2; v. 193; ix. 40.
[91] Vea, por ejemplo, *Udana* iv. 1; *Anguttara-Nikaya* ix. 3.
[92] En "Burnt Norton", sección 3.

concentración enfocada en un punto del proceso de la respiración.[93]

El segundo de los cinco venenos es la ira y se dice que es la más antibodhisatva de las pasiones. Uno puede dar rienda suelta a la avidez y los deseos, puede robar y mentir y muy en el fondo seguir siendo un bodhisatva, pero quien pierde la cabeza disipa toda bodhisatveidad y tiene que empezar todo de nuevo. La razón es que la ira se contrapone directamente al espíritu de la compasión. Parafraseando a Shantideva en su *Siksa-samucchaya*: "Y bien, aquí estás, prometiendo liberar a todos los seres de sus dificultades y ser amable y compasivo con ellos, ¿y qué es lo que haces? ¡Vas y te enojas con uno de ellos! No habrá mucho peso en tu voto de bodhisatva".[94] Se le aconseja al Bodhisatva que evite la ira a toda costa.

El antídoto para la ira es asimismo muy sencillo, se trata de la metta bhavana, el desarrollo de amor universal. Esta meditación es una de las cuatro prácticas conocidas como *brahmaviharas*, las moradas sublimes. Las otras tres se emplean para cultivar la compasión, la alegría compartida y la ecuanimidad. El primero que enseñó la práctica de metta fue el Buda, según muestra el bellísimo *Metta Sutta*. Budaghosha ofrece una descripción más completa de esta práctica en su libro *Visuddhimagga* (*El camino de la pureza*).[95]

La práctica comienza desarrollando un sentimiento de amor incondicional hacia uno mismo, deseando que esté bien, que

---

93 El Buda describe esta práctica en el *Maharahulovada Sutta*, sutra 62 en la traducción de Bhikkhu Ñanamoli y Bhikkhu Bodhi, *The Middle Length Discourses of the Buddha (Majjhima-Nikaya)*, Wisdom, Boston 1995, pp. 529-532.

94 Shantideva, *Siksa-Samucchaya*, traducción de Cecil Bendall y W.H.D. Rouse, Motilal Banarsidass, Delhi 1990, p. 183.

95 El *Metta Sutta* es el octavo sutra de "El capítulo de la serpiente" en el *Sutta Nipata*. La descripción que Budaghosha hace de la práctica se localiza en su libro *Visuddhimagga (The Path of Purity)*, traducido por Bhikkhu Ñanamoli, Buddhist Publication Society, Kandy 1991, pp. 288-290.

sea feliz y que esté libre de sufrimiento. Después, ese sentimiento se extiende hacia un buen amigo. Luego a una persona que se pueda visualizar pero a la cual no se conoce bien, quizá alguien en el lugar de trabajo o alguien a quien suele encontrarse en la parada del camión. A continuación, se extiende hacia alguien con quien se tienen problemas. En el quinto y último estadio de la práctica se lleva esa metta a las cuatro personas por igual (uno mismo, un buen amigo, la persona "neutral" y el "enemigo") para después dejar que el sentimiento irradie a quienes nos rodean, cada vez con mayor amplitud, hasta que nuestra metta fluya por todos los seres, humanos y animales, donde quiera que se encuentren en este mundo o en el universo.

La metta bhavana es una hermosa práctica, aunque a mucha gente le parece demasiado difícil. Sin embargo, si se persevera, puede confiarse en que la ira y el odio se disiparán poco a poco mediante el deliberado y atento desarrollo de amor y buena voluntad hacia todos los seres vivos.

En tercer lugar tenemos la avidez. No se trata tan sólo de un deseo sino de un deseo neurótico. Hablemos, por ejemplo, de la comida. Todos sentimos este deseo, es natural tener un apetito sano, pero el deseo se torna neurótico si nos encontramos tratando de satisfacer otras necesidades por medio de la comida. Es demasiado evidente que la avidez es un gran problema. Crea adicción a las drogas, alcoholismo y muchos otros conflictos. La vasta industria de la publicidad gira en torno a estimular la avidez e intenta convencernos, nos demos cuenta o no, de que debemos tener esto, aquello y lo de más allá.

Hay diversas prácticas diseñadas para reducir la avidez. Quizá la cantidad de prácticas sea un reflejo de la escala que alcanza este problema. Algunos de los antídotos, hay que decirlo, son bastante drásticos. Por ejemplo, está la contemplación de las diez etapas de descomposición de un cadáver. Ésta sigue siendo una práctica común en algunos países budistas. Se dice que resulta especialmente buena como antídoto para el deseo sexual neurótico.[96] No describiré la práctica en sí misma, eso pondría un tanto macabra nuestra lectura, pero diré que hay una versión más ligera que consiste simplemente en meditar solo, de noche, en un terreno de cremación.

Los terrenos de cremación en la India no son lugares muy bonitos. Hay fragmentos de telas y huesos carbonizados por todos lados y, por lo general, flota un hedor de carne humana quemada. Sin embargo, meditar ahí puede ser una experiencia benéfica e, incluso, vigorizante. Puede lograr el efecto de apaciguarnos, casi como si se hubiera llevado a efecto nuestra propia cremación. Lo cierto es que en la tradición hindú se acostumbra representar simbólicamente el funeral de sí mismo, hasta el punto en que uno por fin abandona la vida en el hogar. Uno se convierte en un sannyasin, un renunciante que deja el mundo y vive sin posesión alguna, exclusivamente para realizar su liberación. La idea es que cuando un sanyashin renuncia al mundo ya no existe más, por lo que al mundo respecta, de modo que lo último que hace antes de partir envuelto en su túnica amarilla es dirigir la ceremonia de su propio funeral. Es la misma relación de la muerte con la renunciación y la erradicación de los deseos mundanos que se realiza en la meditación sobre la descomposición de un cadáver.

Pero si visitar ocasionalmente un terreno de cremación también fuera ya demasiado (después de todo, nuestra versión occidental de estos lugares, los cementerios, por lo general no es tan elemental) podemos encontrar una forma aún más suave de esta práctica si sencillamente meditamos sobre la realidad de la muerte. Podemos reflexionar y ver que es algo inevitable. A todos les llega en su momento. Nadie puede escapar de ella. Así

---

[96] Vea *Visuddhimagga, ibid.*, pp. 173-190.

que, ya que ha de venir, ¿por qué no hacer el mejor uso posible de nuestra vida? ¿Por qué, y aquí llegamos al principal punto de la reflexión, por qué nos entretenemos en deseos miserables que no nos reportan ninguna satisfacción ni a la larga nos traen la felicidad?

Del mismo modo, podemos meditar acerca de la impermanencia. Todo es impermanente. Ya sea el sistema solar o nuestra respiración, de un instante a otro todo cambia, fluye, todo es pasajero. Cuando recordamos esto podemos ver las cosas como nubes que surcan el cielo. No hay nada a lo que podamos asirnos con mucha determinación si sabemos que tarde o temprano deberemos renunciar a ello.

Cada día, los periódicos vienen repletos de noticias de accidentes fatales y ello ofrece una oportunidad para reflexionar, así como también para practicar la compasión. La vida humana es susceptible de terminar de una manera inesperada. Siempre es posible que no alcancemos la madurez de la tercera edad. Como dijo Pascal, basta un grano de polvo para destruirnos si consigue colarse en el sitio inadecuado.[97] La vida es muy precaria. Reflexionar sobre ello puede ser muy provechoso y llevarnos a la cordura, pero igual puede resultar contraproducente si lo que nos causa es una especie de timidez neurótica. Hay que ser sensibles a nuestra propia naturaleza en este respecto.

Un cráneo o algunos huesos, de preferencia humanos, pueden también ser útiles para invitar a la reflexión. Puede sonar extraño o incluso chistoso, ya que estamos acostumbrados a

---

[97] "Cromwell estaba a punto de arrasar con todo el cristianismo, la familia real había sido derrocada y él habría colocado a la suya en el poder para siempre, de no haber sido por un grano de arena que se le formó en la vejiga. Roma se hubiese estremecido bajo su dominio, pero una vez que apareció ese pequeño cálculo, él murió, su familia cayó del poder y reinó la paz. El Rey volvió al trono". Blaise Pascal, *The Pensées*, traducción e introducción de J.M. Cohen, Penguin, Harmondsworth 1961.

reírnos de la muerte para encubrir el miedo que nos da, pero ésa es una práctica estándar entre los budistas tibetanos (y, por supuesto, sí, en la tradición occidental tenemos un precedente en la contemplación que hace Hamlet del cráneo de Yorick, en la obra de Shakespeare). De hecho, los tibetanos tienden a rodearse de todo tipo de cosas hechas con huesos humanos: rosarios, trompetas hechas con fémures, tazas hechas de cráneos. Sacan partido de una percepción con sentido común acerca de la muerte. No piensan que haya algo morboso o macabro en ello.

En cambio, en Occidente, la simple palabra muerte parece mandar un escalofrío que recorre la espina dorsal. No es que la tradición cristiana evite las evidencias concretas de la muerte. Muchas lápidas antiguas llevan representaciones de esqueletos o cráneos. En algunos cementerios se exhiben los huesos a los visitantes y los monjes practican el constante recuerdo de la muerte. Los difuntos se colocan para que quienes fueron sus amigos y parientes los puedan ver y, claro, está la tradición de velarlos. La verdad es que si soslayamos a la muerte en nuestra cultura moderna quizá se deba, en parte, a que la tradición cristiana es hoy menos importante de lo que solía ser. El problema con nuestra cultura no es tanto la negación sino la tendencia a identificarse totalmente con el cuerpo, aun cuando el alma ya se haya ido. Según ciertos tipos de cristianismo popular, la doctrina de la resurrección del cuerpo significa literalmente la resucitación del cadáver. De ahí que cuando se entierra a una persona se crea que los gusanos se la están comiendo, no a su cuerpo sino a ella. Esta identificación del cuerpo en descomposición con el difunto da a la muerte una mezcla de horror y fascinación.

Pero no es así como el budismo ve a la muerte (tampoco es la percepción que se tiene en el hinduismo o el islamismo). Después de todo, la muerte es tan natural como la vida. Tagore, el gran poeta moderno bengalí, dice: "Sé que amaré a la muerte, porque he amado la vida".[98] La vida y la muerte son lados opuestos de la misma moneda. Si amas a la vida, amarás a la muerte; si no puedes amar a la muerte es que en realidad no has amado a la vida. Suena paradójico pero es profundamente cierto.

Cuando se trata de contrarrestar la avidez, cada quien debería elegir el ejercicio que mejor se ajuste a su necesidad. Para muchos, ver un cadáver en descomposición sólo daría lugar a sensaciones de disgusto y repugnancia. Acaso les afecte mucho físicamente pero el espíritu siga igual. Hay que tener suficiente madurez espiritual para poder asimilar la lección, para que el hecho de la impermanencia nos cause una profunda impresión y no se quede en un simple sobresalto o un mal trago. Si somos lo bastante sensibles, hasta una hoja que cae de un árbol nos remitirá a la impermanencia. Habrá quien necesite experimentar un poco. ¿Tendrá suficiente con una hoja seca o requerirá un cráneo en su habitación (algo común entre los budistas tibetanos) o buscará acaso un método más fuerte? Quizá alguien necesite probar otro antídoto tradicional contra la avidez, la "contemplación de lo asqueroso en la comida". Tampoco entraré en detalles aquí, ya que son cierta y deliberadamente desagradables.[99] Tan sólo diré que suele ser un poderoso antídoto contra la adicción a la comida.

El cuarto veneno es la arrogancia, a veces también traducido como orgullo, aunque arrogancia parece ser un término más adecuado. Se dice que la arrogancia se relaciona particularmente con la realidad humana y no tanto con las otras cinco esferas de la existencia que se ilustran en la rueda de la vida

---

98 Rabindranath Tagore, *Gitanjali* (Song Offerings), núm. 95.
99 Vea *Visuddhimagga*, *op. cit.*, pp. 337-343.

tibetana.[100] La esfera humana se caracteriza por que existe la conciencia de sí mismo y cuando alguien tiene la experiencia de sí mismo como algo que está separado de los demás puede suceder que no sólo se sienta aparte sino aislado y no sólo aislado sino superior.

Parece claro que resulta poco probable que se dé la arrogancia en los otros reinos que se ilustran en la rueda de la vida. Es difícil la posibilidad de hallar a un animal arrogante, aunque hay ciertos perros que, quizá por la influencia del contacto humano, aparentan un aire de arrogancia. Un *preta*, o fantasma hambriento, simplemente tiene tanta hambre que no se pone a pensar en compararse con los demás. Cuesta trabajo imaginar a un preta pensando: "estoy más hambriento que tú" o, ya que estamos en esto, a un ser infernal pensando "estoy sufriendo más que tú". El sufrimiento es cosa seria. Cabe pensar que los asuras y los dioses puedan ser arrogantes porque ellos, como los humanos, tienen conciencia de sí mismos, pero quizá los dioses estén demasiado pagados de sí mismos y no están tan ansiosos como para ponerse a hacer comparaciones con los demás, mientras que los asuras están demasiado ocupados peleando. De modo que la arrogancia es una debilidad muy humana.

Según el Buda, pensar en cuál es nuestro estado con respecto a los demás *en cualquier aspecto*, ya sea que concluyamos que somos superiores, inferiores o iguales, es una forma de

---

100 La rueda de la vida tibetana representa seis reinos o esferas de la existencia: la de los seres humanos, la de los dioses, la de los asuras o dioses celosos, la de los animales, la de los seres infernales y la de los fantasmas hambrientos. Según la tradición, podemos renacer en cualquiera de esas esferas paro nadie está condenado a permanecer en una de ellas para la eternidad. Una vez que se agota el karma que dio como resultado nuestro nacimiento en esa esfera podemos renacer en otra. Algunos budistas toman esta enseñanza de manera literal, mientras que para otros el significado es metafórico o psicológico.

arrogancia.[101] Es posible que, en principio, resulte sorprendente que el Buda haya dicho esto, pero si reflexionamos un poco entenderemos que el igualitarismo, es decir, la insistencia en que todos somos iguales, así como la humildad autoconsciente o la insistencia en que los demás son superiores a uno, son formas inversas de la misma arrogancia. Alguien podría presentarse como amante de la igualdad cuando lo que en realidad busca es rebajar a los otros hasta que alcancen el nivel que él tiene. Es una gran debilidad y una gran pérdida. Si nadie está sobre nuestro nivel, en términos espirituales, a nadie habrá que admirar ni de quien aprender, de modo que sería muy difícil progresar en ese aspecto. En el otro caso, si adoptamos una postura fija de inferioridad, negamos nuestro potencial y negarse la posibilidad de tener un desarrollo espiritual es algo muy grave.

El antídoto tradicional contra la arrogancia es meditar sobre los seis elementos: tierra, agua, fuego, aire, espacio y conciencia (en orden creciente de sutilidad).[102] Para propósitos de meditación, los seis elementos pueden representarse, de manera simbólica, con formas geométricas que se visualizan una sobre otra, creando una imagen mental del símbolo y forma arquitectónica budista conocido como *estupa*. La tierra se representa con un cubo, que se coloca como la base de la estupa. El agua

---

[101] "Esos ascetas y sacerdotes brahmines que, apoyados en la naturaleza impermanente, insatisfactoria y transitoria de la corporalidad, los sentimientos, las percepciones, las formaciones mentales y la conciencia fantasean: 'yo soy mejor', o 'yo soy igual', o 'yo soy peor', todos ellos se imaginan eso al no entender la realidad" (*Samyutta-Nikaya* xxii. 49).

"La arrogancia de la igualdad (mana), la arrogancia de la inferioridad (omana) y la arrogancia de la superioridad (atimana), estos tres tipos de arrogancia tienen que ser erradicados porque se dice que el monje, al erradicar estos tres tipos de arrogancia, toda vez que ha observado totalmente dentro de ella ha puesto fin al sufrimiento" (*Anguttara-Nikaya* vi. 49).

[102] El Buda describe la práctica de los seis elementos en el *Maharahulovada Sutta*, sutta 62 de *The Middle Length Discourses of the Buddha (Majjhima-Nikaya)*, op. cit., pp. 528-529.

es una esfera y aparece sobre el cubo. El fuego es un cono que se pone sobre la esfera. El aire toma la forma de un tazón, representando el firmamento. El espacio es una flama que arde dentro de ese tazón y la conciencia es el espacio donde se integra todo el conjunto. Éste es un modo de meditar acerca de los seis elementos. Además de tener una forma geométrica, cada elemento en la práctica se visualiza de un determinado color. El cubo es amarillo, la esfera blanca o azul.

Podemos entrar de manera alternativa en una serie de reflexiones. Lo primero que hace uno es meditar sobre el elemento tierra. Reflexionamos: "en mi propio cuerpo existe la tierra, el elemento sólido, carne, hueso, etc. pero, ¿de dónde viene? Viene del elemento tierra, la materia sólida en el universo. Después muero, mi cuerpo físico se desmorona, se disuelve, vuelve a la tierra, las cenizas a las cenizas y el polvo al polvo".

A continuación, reflexionamos sobre el elemento agua. Pensamos: "dentro de mí hay sangre, lágrimas, sudor... es el elemento agua. ¿De dónde viene? No me pertenece. Es tan sólo parte del elemento agua que hay en el universo, como la lluvia, los ríos, los lagos, los mares. Algún día tendré que devolverlo. Un día, el elemento liquido que habita en mí fluirá para reencontrarse con el elemento líquido del universo".

En tercer sitio, meditamos acerca del elemento fuego: "Dentro de mí hay calor, hay tibieza pero, ¿de dónde procede? ¿Cuál es la gran fuente de calor para todo el mundo? Es el sol. Sin el calor del sol el sistema solar entero sería oscuro y frío. También la tibieza que hay en mí viene de esa fuente y cuando yo muera ha de volver al universo. La he tomado prestada por un tiempo mas, en su momento, tendré que regresarla".

Consideramos después el elemento aire. "¿Cuál es el elemento aire que hay en mí? Es el aire en mis pulmones. Lo tomo y lo expulso, lo devuelvo, a cada instante. En realidad no me pertenece. Al igual que lo demás que me conforma, la parte sólida, la líquida o la ígnea, el elemento aire no es mío. Lo tomo prestado un momento y lo tengo que regresar. Algún día, cuando expire, ya no volveré a respirar. Habré devuelto por fin mi aliento y así como entonces ya no me pertenecerá el elemento aire, lo cierto es que ahora no es de mí propiedad".

En quinto lugar, meditamos sobre el espacio. Reflexionamos en que nuestro cuerpo físico ocupa un cierto espacio. "Éste es el espacio que ocupo. Me identifico con él, pero cuando se desintegre el cuerpo físico, ¿qué sucederá con el espacio que he estado ocupando? Se fundirá con el vasto espacio que le rodea y así desaparecerá".

Y después, ¿qué hay de la conciencia? Pensamos: "hoy, parte de mi conciencia depende de la vista, parte del oído y así pero, cuando no haya ojos ni oídos ni cuerpo físico, ¿dónde quedará esa conciencia? Cuando mi individualidad actual, tal como la experimento, deje de existir, ¿a dónde irá a parar la conciencia que relaciono con esa individualidad?" Reflexionando de esa manera intentamos sustraernos de los diferentes niveles de conciencia relacionados con el cuerpo físico para, así, llegar a otros niveles de conciencia cada vez más elevados.

Este proceso se da de manera muy natural durante las etapas previas de la práctica de los seis elementos. Una vez que hemos visualizado los cuatro elementos que conforman nuestro cuerpo físico y que lo hacen ocupar un espacio entendemos que esos elementos acabarán por no estar presentes y ese espacio dejará de delinearse. Hay una determinada conciencia que se relaciona con el cuerpo físico. Al desaparecer el cuerpo físico y el espacio que ocupaba, la conciencia ya no se puede asociar con ellos. Si deja de haber un espacio demarcado con el que se pueda relacionar a la conciencia, ésta ya tampoco se puede asociar con un espacio indefinido, es decir, con un espacio infinito. No le queda otra que continuar adelante de manera infinita, al no encontrar una línea que la demarque o un cuerpo material con el cual se identifique. Cuando se practica este tipo de meditación uno culmina, esencialmente, con una especie de muerte espiritual en la que la conciencia individual cesa y se funde con la conciencia universal. Así, en cierta forma, logra su identidad eterna con ella. Como dicen los tibetanos, la luz engendrada retorna y se funde con la luz madre.[103]

La oportunidad clásica para la transición hacia una experiencia de conciencia universal es el momento de la muerte pero, a menos que se haya tenido la experiencia de este tipo de meditación, es poco probable que uno pueda sostenerla por más de un instante después de morir, si es que en realidad sucede, puesto que no es una parte automática del proceso de la muerte.

Lo cierto es que, ya sea vivos o muertos, es casi imposible que imaginemos cómo puede ser esa experiencia. Una manera de aproximarnos a ella al hacer la meditación de los seis elementos es llevando la conciencia universal a un plano poético. Para muchos resulta útil la imagen tradicional de la gota de rocío que se desliza y entra en un mar brillante.[104] De un modo más prosaico, podemos pensar en que le quitamos todas las limitaciones a la conciencia, de manera que se vuelva infinita en todas direcciones. Lo esencial es tener la experiencia de una expansión infinita de la conciencia. No deberíamos tomar demasiado literalmente la imagen de la pequeña conciencia que se funde en la grande, la gota de rocío que se funde con el mar, brillante o como sea, es, al fin y al cabo, una metáfora.

La expansión infinita de la conciencia es muy difícil de describir, porque si pudiéramos percibirla totalmente significaría

---

103 La práctica budista tibetana que se refiere a la muerte tiene su descripción más conocida en el *Bardo thodol* (*el Libro tibetano de los muertos*), del cual hay muchas traducciones disponibles.

104 "¡La gota de rocío se desliza y entra en el mar brillante!", así dice el último verso del poema épico de Sir Edwin Arnold acerca de la vida del Buda, *The Light of Asia*, Windhorse, Birmingham 1999, p. 174.

que hemos alcanzado la iluminación. La conciencia infinita es el estado iluminado. Además, como añadirían precavidamente los madhyamikas, esta conciencia infinita es una conciencia *vacía*, o lo que es lo mismo, no se trata de una entidad o de una cosa.

El universo físico no queda excluido de esta conciencia infinita, pero tampoco le significa una barrera. Es como si nuestra propia conciencia pasara a través de ella. No es que literalmente no haya algo ahí que antes sí hubiera, sólo que ya no se le ve como un obstáculo. Es como si se volviera transparente, por decirlo así. La práctica de los seis elementos, al conducirnos hacia esta percepción de la realidad, es una forma directa de contrarrestar nuestra tendencia habitual a aferrarnos, basada en el ego. Nos ayuda a disolver la idea de la propia individualidad, en el sentido obtuso de la palabra y, así, se elimina el veneno de la arrogancia.

El quinto veneno es la ignorancia. Nos referimos a la ignorancia espiritual, la inconciencia de la realidad. De alguna manera, este veneno es el que se encuentra en la base de todos, es la materia prima de la cual están hechos los demás. El antídoto tradicional contra la ignorancia es la meditación sobre los *nidanas*, eslabones, de la coproducción condicionada. Esta formulación nos da una forma de reflexionar acerca de la verdad de la condicionalidad, es decir, que en dependencia de A surge B.[105] Esto nos pide observar cómo de nuestra ignorancia fluye toda una cadena de eventos. Se podría afirmar que se trata de una reflexión sobre el funcionamiento de la ley del karma.

La tradición budista enumera diversas listas de esos eslabones. Entre las mejor conocidas se encuentra la cadena de los doce eslabones que se ilustra alrededor de la rueda de la vida tibetana. Esta cadena "inicia" (en lo que es un inicio sin prin-

---

[105] Vea nota 58.

cipio) con la ignorancia y termina con la decadencia y la muerte. Así como hay los doce nidanas correspondientes a la existencia condicionada y que se representan en la rueda de la vida, hay también otros doce nidanas, los que corresponden o, por lo menos, conducen a la existencia incondicionada, o sea, el nirvana. Los doce nidanas mundanos representan el tipo cíclico de condicionalidad: la rueda de la vida, así como la mente reactiva, en tanto que los doce nidanas espirituales representan el tipo espiral de condicionalidad: las etapas del camino, además de la mente creativa.[106]

Estos cinco venenos y sus antídotos nos dan sencillamente un esquema para considerar los estados mentales negativos que debemos vencer y cómo podemos hacerlo. Sin embargo, como novicios bodhisatvas necesitamos, en esencia, todos los métodos que haya a nuestro alcance y la tradición budista nos ofrece una gran cantidad para trabajar en la erradicación de las pasiones, de modo que podamos cumplir con el segundo gran voto del bodhisatva.

El tercer gran voto es: "Que pueda dominar todos los dharmas". Aquí, *dharmas* significa principalmente las enseñanzas del Buda tal como se conservan en las escrituras, así como también todas las demás enseñanzas de las demás escuelas budistas. Un bodhisatva no pertenece a tal escuela sí y a tal otra no. Ni siquiera se puede decir que pertenezcan al mahayana y no a algún otro yana. A lo que pertenecen, lo que estudian, lo que dominan, son las enseñanzas de todas las escuelas, todas las sectas y todas las tradiciones. Y no sólo eso, se dice que los

---

[106] Los doce eslabones que se refieren a la rueda de la vida son mucho más conocidos que los doce eslabones de la espiral. Fue la señora C. A. F. Rhys Davids quien llevó primero la atención, en los tiempos modernos, a la existencia de la espiral y Sangharákshita ha dado a esta enseñanza una importancia primordial. Para más sobre estos dos tipos de condicionalidad véase Sangharákshita, *What is the Dharma?*, *op. cit.*, capítulo 7, "The Spiral Path" (el sendero espiral).

bodhisatvas deben, incluso, estudiar y dominar los otros sistemas religiosos y filosóficos, aparte de los budistas. Algunas escrituras añaden que también deberían estudiar las artes y ciencias seglares, en especial retórica y prosodia (que estaban muy
en boga durante la Edad Media india), de modo que desarrollen su poder de comunicación. Asimismo, hay sutras que llegan a afirmar que los bodhisatvas deben manejar diversas técnicas, como la de los alfareros. La idea es que al conocer el
vocabulario y el modo de ver la vida de los artesanos obtenemos un nuevo marco de referencia. Si sabemos qué tipo de
lenguaje utiliza la gente, literal o metafóricamente, podremos
comunicarles nuestras opiniones, actitudes, ideales y aspiraciones, llegando con mayor eficacia a muchas más personas.

Cuando uno está involucrado en la tarea de comunicar el
Dharma se da cuenta que necesita todas las herramientas. Por
ejemplo, para dirigir un centro budista se requieren personas
que, además de estar comprometidas con el ideal del bodhisatva, sean buenas administradoras y sepan algo de contabili-
dad y de leyes. Para dirigir una comunidad residencial se
necesita gente que sepa algo de construcción, reparación, de-
coración, electricidad, plomería, jardinería y cocina. La lista
puede ser interminable. En resumen, el compromiso con el
ideal del bodhisatva implica poner nuestras habilidades al servicio de ese ideal.

Para enseñar el Dharma también pueden ser necesarias
otras habilidades. Puede ser importante aprender a hablar clara y eficazmente, no sólo si uno se encuentra en un puesto en
el que quizá tenga que hablar para un público, sino además para conversar. Asimismo, pueden desarrollarse habilidades para
comunicar el Dharma en otras maneras: escribiendo artículos,
reseñas, libros u ofreciendo entrevistas para radio o televisión.
Uno puede desarrollar sus cualidades artísticas para pintar cua-
dros o frescos de budas y bodhisatvas, o esculpir imágenes de

budas o, bien, alguien se desempeñara en el campo editorial, desarrollando su gramática y ortografía y demás. Así podría abocarse a la producción de libros o revistas o como fotógrafo o traductor. Incluso, habrá quien aprenda un segundo idioma. Otros adquirirán experiencia académica para obtener influencia y buscar en nuevas áreas de investigación y aprendizaje.

Dominar todos los dharmas implica ganar amplitud y profundidad de experiencias. Es de utilidad tener experiencia laboral en diversas materias pero debe haber al menos una o dos cosas, ya sean prácticas o teóricas, que de verdad domine uno. No importa a dónde nos lleven nuestros intereses, habremos de llevar con nosotros los principios budistas elementales, de modo que tengamos con qué relacionar ese conocimiento que estamos ampliando. De otra forma no será más que una colección de curiosidades y retazos de información, aunque entre ellos se encuentren los principios budistas ocupando un lugar de honor. Al principio es como armar un rompecabezas, uno no ve con claridad dónde pueden ir las piezas, pero con el tiempo se va descubriendo todo un panorama. Una colección de piezas de información sin relación entre ellas no es conocimiento. El conocimiento es la capacidad de relacionar las cosas con sus principios, creando una especie de cosmos a partir del caos de la experiencia humana.

Decir que un bodhisatva debe dominar todas las enseñanzas del Buda, todos los innumerables sistemas religiosos y filosóficos, así como el estudio de las ciencias y artes seglares, además de otras técnicas es, evidentemente, pedir mucho. ¿Qué podemos hacer nosotros con tamaña ambición? En un nivel mítico, la trayectoria del bodhisatva, como ya vimos, se dice que abarca tres asamkhyeyas o kalpas, por lo cual tendría tiempo suficiente para aprender todo lo que se requiere. Pero ubicándonos en nuestro momento, el principio general aquí es que, si deseamos ayudar a otras personas y, sobre todo, si deseamos establecer una conexión dhármica con ellas, mientras más medios de comunicación tengamos a nuestro alcance más eficaz resultará nuestro intento.

El cuarto gran voto es: "Que pueda conducir a todos los seres a la budeidad". Éste es el objetivo último y el bodhisatva trabaja en ese sentido al enseñar, al ser un ejemplo y al comunicar su influencia en silencio. Quizá eso sea todo lo que podemos saber y todo lo que necesitamos saber por ahora.

Juntos, estos cuatro grandes votos constituyen el corazón del mahayana e, incluso, del budismo mismo y en la expresión práctica del bodhichita en términos de la vida y obra del bodhisatva individual crean las bases para su consiguiente y completa carrera espiritual.

CAPÍTULO 4

ALTRUISMO E INDIVIDUALISMO EN LA VIDA ESPIRITUAL

Algo hay de poético en la idea de que los bodhisatvas no están preocupados por su propia iluminación sino ocupados en la iluminación de los demás. Sin embargo, tampoco debemos extraviarnos tanto con la belleza de ese ideal que comencemos a distorsionarlo. En realidad, ése es el efecto que produce la idea tan recurrida en la imaginación popular de un bodhisatva que mira, por decirlo así, a las puertas del nirvana que relumbran a la distancia y dice: "¡No! No cruzaré esas puertas yo solo. Quiero ayudar a que los demás lo hagan primero".[107]

Esta imagen de caballería trascendental no hace justicia al ideal del bodhisatva. Tampoco la imagen que se encuentra en el pseudotradicional arte budista popular de un bodhisatva que se retuerce las manos, impotente y desesperado o, sencillamente, con una sonrisa sentimental, mirando como el mundo se hunde en sus penas. No es fácil encontrar verdaderas imágenes de la belleza y la poesía que hay en el ideal, mas una que sí lo expresa es la sublime figura del bodhisatva Padmapani, una de las pinturas que hay en Ayanta, en la India.[108]

Así como reflejan al bodhisatva como un perfecto caballero o una especie particular de trabajador social sentimental, algunos relatos del budismo mahayana propician un contraste con

---

[107] La idea del bodhisatva que pospone su iluminación se menciona por primera vez en el Canon Pali, en el *budavamsa* del *Khudaka-Nikaya*.

[108] Padmapani ("el loto en la mano") es una de las representaciones del bodhisatva Avalokiteshvara. Su imagen pintada en una de las paredes de las cuevas de Ayanta, en Maharashtra, India, data del siglo V de nuestra era.

fuso entre el bodhisatva y el arahat, el individuo iluminado de la tradición theravada. Se dice que el arahat sólo se ocupa de su propia emancipación y, por lo tanto, se supone que el ideal del arahat es egoísta, en tanto que el del bodhisatva es todo lo contrario.

Claro está que, en efecto, el Buda mismo alcanzó el nirvana. No parece que haya dudado en posponer su iluminación, de manera que el mahayana tuvo que buscar alguna justificación para esto. En el *Sutra del loto blanco*, se representa al Buda (por supuesto, al del mahayana) diciendo que su parinirvana es sólo un medio adecuado, por lo que no es un parinirvana como literalmente lo comprenden los theravada.[109] Algunas escuelas de pensamiento sostienen que lo que entendemos como bodhisatva es ese aspecto de un Buda que en el momento de su "parinirvana" no accede a la suprema iluminación. Se dice que el bodhisatva Avalokiteshvara opera de esa manera, en el "interregnum" entre la desaparición de Shakyamuni y la aparición de Maitreya, el futuro Buda. No es que una personalidad aparte o distinta haya surgido en la escena. Lo que permanece en la forma de Avalokiteshvara es ese aspecto de la personalidad (para no utilizar un término budista) del Buda Shakyamuni que no desapareció en el parinirvana. Estas consideraciones sugieren, al menos, que no se puede debatir este tema tomándolo demasiado al pie de la letra.

Sin embargo, éste es el modo en que los mahayanistas explican que el Buda haya seguido adelante y alcanzara la iluminación. Este argumento no imputa al Buda el tipo de egoísmo que señalan en los arahats. Para entender el énfasis en el altruismo que conlleva el mahayana debemos recordar sus orígenes. Para cuando se hubo desarrollado por completo el concepto del ideal del bodhisatva, el acto de ir a refugio había perdido

---

[109] Vea *The Threefold Lotus Sutra, op. cit.*, p. 251.

su importancia central en la vida espiritual budista, en cuanto a lo que implicaba convertirse en un monje.[110] En cierto grado, el mahayana fue un movimiento de reacción en contra de ello, por lo cual, los mahayanistas enfatizaban el aspecto altruista de la vida espiritual, sólo que en vez de restablecer la ida a refugio en su sitio primordial y limitarse a señalar su dimensión altruista formularon lo que se convirtió en un ideal totalmente nuevo. De manera última no era nuevo, porque evocaba el espíritu de las enseñanzas originales del Buda, pero sí era novedoso en lo que se refería al modo de ver la vida espiritual. El ideal del bodhisatva, junto con el concepto del surgimiento del bodhichita, la práctica de los paramitas y la formulación de los votos tenían, en parte, la intención de acentuar la importancia del aspecto altruista en la vida espiritual, un sentido que muchos habían perdido dentro del movimiento budista.

En su libro *Esbozo del budismo mahayana*, D.T. Suzuki dice:

> Los bodhisatvas nunca se cansan de trabajar para lograr la salvación universal, ni se desesperan por la gran cantidad de tiempo que requiere esta labor trascendental. Tratar de alcanzar la iluminación en un periodo más corto y ser autosuficiente sin prestar atención al bienestar de las mayorías no es la enseñanza del mahayanismo.[111]

Claro que tampoco es la enseñanza del theravada. En las escrituras del Pali se representa al Buda recomendando a sus discípulos que vayan y enseñen: "para la felicidad y bienestar de mucha gente".[112] Lo cierto es que en las fuentes del theravada se dice que hasta los *pacchekabudas*, es decir, los budas que no hacen el intento de enseñar, practican las *brahma-viharas*, que

---

[110] Vea Reginald A. Ray, *Buddhist Saints in India: A Study in Buddhist Values and Orientations*, Oxford University Press, Oxford y Nueva York 1994, pp. 402 en adelante.

[111] D.T. Suzuki, *Outlines of Mahayana Buddhism*, *op. cit.*, pp. 63.

[112] Vinaya Pitaka i. 20-21.

incluyen el cultivo de la compasión.[113] De modo que la idea se conserva en la tradición theravada, pero no se enfatiza ni se le da una justificación intelectual como en el mahayana.

Todo recae en el asunto de la compasión. El ideal del arahat, según sus detractores, excluye la idea de compasión pero resulta imposible imaginar la verdadera iluminación sin compasión, Con seguridad, aunque esto va en contra de la enseñanza del Abhidharma dentro de la tradición theravada, cualquier experiencia de iluminación debe incluir una dimensión compasiva.

Acaso la pregunta en realidad deba ser si hay alguna diferencia práctica discernible que se derive del reclamo exclusivo del mahayana acerca de una motivación altruista o no. Los budistas theravada no son apreciablemente menos amables, dispuestos y amistosos que los mahayanistas. Si existe alguna diferencia entre las tradiciones a este respecto sólo podríamos mencionar que en la enseñanza mahayana hay una especie de halo o calor espiritual que no se encuentra en la theravada. En ésta, la amabilidad y la amistad se hallan más a un nivel humano, por decirlo así, y también son muy bienvenidas. Sin embargo, en el budismo tibetano, por tomar algún ejemplo de una tradición inspirada en el mahayana, se obtiene la impresión de una amabilidad y una compasión más definitivamente espirituales e, incluso, trascendentales. Podríamos afirmar que se trata de la diferencia entre metta, el amor universal incondicional, que es maravilloso y el bodhichita, que es aún más maravilloso.

Se puede decir que los practicantes del theravada tienden a presentar su enseñanza de una manera formal, insistiendo en

---

113 Las cuatro *brahma-viharas*, los cuatro estados sublimes: amor universal (*metta*), compasión (*karuna*), alegría compartida (*múdita*) y ecuanimidad (*upeksha*), se cultivan a través de una secuencia de prácticas de meditación que describió el Buda y aparecen, por ejemplo, en el *Digha-Nikaya* 13.

el modo correcto de hacer las cosas, mientras que los mahayanistas auténticos sencillamente intentarán ser de ayuda toda
vez que surja una oportunidad, sin por ello perder su dignidad. Recuerdo a una monja que conocí, ella me platicaba acerca de una temporada que permaneció en un templo japonés en
la India. En una ocasión, tenía que tomar el tren y llevaba una
maleta muy pesada, de manera que un monje del templo la
acompañó a la estación para ayudarle. Cuando estaban por llegar, apareció el tren y parecía claro que lo iban a perder. Entonces, el monje japonés, quien era director del templo, puso
la maleta sobre su cabeza y *corrió*. Así, mi amiga no perdió su
tren. Ése es el espíritu mahayana. Habría sido muy raro ver a
un bhikkhu theravada hacer lo mismo. Para empezar, no habría cargado la maleta de ella. Le habría deseado que le fuera
bien y le habría ayudado, pero en la medida en que su dignidad de bhikkhu no se viera comprometida. También un mahayanista puede guardar la formalidad del mismo modo, claro
está, pero si en verdad tiene el espíritu del mahayana nunca se
detendría por eso.

Todo esto de ninguna manera significa que nosotros, mucho menos en nuestro estado no iluminado, estemos en posición de mirar con desprecio a un arahat. Si el estado del arahat es menor al de la suprema budeidad, lo es tan sólo en la
misma forma que el monte Kanchenjunga es menos alto que
el monte Everest. De hecho, lograr la entrada a la corriente,
que es en realidad el primer paso decisivo hacia el estado del
arahat, es el objetivo más valioso al cual puede aspirar una persona espiritualmente comprometida en este mundo y, sin importar qué tan alto parezca, es una meta que podemos alcanzar durante nuestra vida.

En algunas de sus formulaciones más populares, el mahayana a veces perdía de vista el aspecto que se refiere a *uno mismo* en la vida espiritual, con lo que parecía sugerir que uno po-

día ayudar a los demás sin haber puesto atención antes al propio desarrollo espiritual. El bodhisatva no se convirtió exactamente en un trabajador social budista pero hubo, en ocasiones, un gran énfasis en lo que el bodhisatva hacía por otros y casi no se mencionaba lo que estaba haciendo por sí mismo en su práctica espiritual personal.

Ésta, al menos, era la respuesta de los theravada. Los seguidores del ideal del arahat siempre han afirmado, en efecto, que la caridad empieza por la propia casa. Querer ayudar a otros a alcanzar la iluminación sin haberla alcanzado uno mismo, dicen, es como tratar de ayudarlos a salir de un foso cuando uno mismo se encuentra dentro de él. En otras palabras, es imposible. Primero, uno tiene que salir y entonces podrá ayudar a que los demás salgan también.

Al parecer, no siempre se recordaba que el aspecto altruista de la vida espiritual no significa ni hacer a un lado el desarrollo de uno mismo ni alternar ambos. La idea no es que uno siga el camino del arahat y de vez en cuando se dé un tiempo para realizar labores altruistas, así como tampoco lo es seguir el sendero del bodhisatva y, en ocasiones, volver a sí mismo para revisar su meditación y su desarrollo personal. Se debe hacer un esfuerzo por integrar los dos aspectos todo el tiempo, porque uno se da cuenta que existe un sendero, el cual tiene un aspecto de atención a sí mismo y otro de atención a los demás y que ambos se complementan.

El ideal del bodhisatva no representa al altruismo contrastado con el individualismo. Tampoco significa salvar a los demás y no a sí mismo. Como ya vimos, reúne los opuestos. Ayudar a los demás y a sí mismo. Compasión y sabiduría. Altruismo e individualismo se sintetizan, en particular, a través de la práctica de las primeras dos de las seis perfecciones: *dana* y *sila* o generosidad y ética.

La tensión e, incluso, el impacto que se da, entre ver por los demás y ver por sí mismo, no se limita, claro está, a la vida espiritual. Ocurre en cualquier nivel de la existencia humana. Existimos como individuos pero también como miembros de una sociedad, es decir, en relación con otros individuos. Tenemos necesidades propias, algunas son materiales: alimento, ropa, calor y techo, otras son psicológicas, emocionales o espirituales y, por supuesto, deben tomarse en cuenta. Mas los otros también tienen sus necesidades, de la misma clase que nosotros y, asimismo, debemos considerarlas ya que tenemos que vivir con otras personas dentro de una sociedad. Con frecuencia sucede que nuestras propias necesidades entran en conflicto con las de los demás y esto puede suceder tanto en la amplitud de la vida en comunidad como en nuestra vida personal.

El altruismo no es simplemente un espíritu de cooperación. Un famoso anarquista llamado Peter Kropotkin, en su libro *Mutual Aid*, el cual tenía la intención de contravenir de alguna manera a la teoría pseudo-darviniana de la supervivencia de los mejor adaptados, sostenía que la ayuda mutua entre los seres humanos era necesaria para sobrevivir y que por lo tanto tenía una función decisiva en el proceso evolutivo.[114] Puesto que nuestra mera supervivencia siempre ha dependido de una cierta cantidad de ayuda mutua no es posible pensar que los humanos sean absolutamente individualistas.

Sin embargo, se puede cooperar con otros seres humanos a partir de los intereses propios sin sentir necesariamente un impulso altruista hacia ellos. Si aceptamos la opinión de Kropotkin tenemos que aquellos grupos de humanos o protohumanos que no entablaron una mutua cooperación no pudieron sobrevivir, de manera que esa tendencia ha estado presente en la naturaleza humana durante mucho tiempo. No obstante, el altruismo es harina de otro costal. En esencia, la cooperación

---

[114] P.A. Kropotkin, *Mutual Aid: A Factor of Evolution*, P. Sargent, USA 1982.

se basa en ver para sí mismo, en tanto que el altruismo es interesarse en que los demás estén bien.

Más aun, a pesar de que la ayuda mutua pueda haber sido un factor para la supervivencia de la humanidad, no por ello se puede afirmar que el altruismo forme parte de la naturaleza humana. Es algo que se tiene que aprender. Ésta es una afirmación psicológica, no metafísica. Puede ser que en el fondo de la naturaleza humana haya una naturaleza de buda completamente dotada de altruismo pero, haciendo a un lado los planteamientos metafísicos y tomando a los seres humanos tal como los conocemos, el altruismo va a contrapelo de la naturaleza humana y es algo que en definitiva se tiene que aprender, a veces, incluso, con dolor.

Después de todo, ¿qué tan genuinamente altruistas somos? Cuando hacemos algo por los demás, ¿acaso nuestros actos no suelen tener un dejo de sutil interés por algo que aquello nos reportará? ¿Podemos alguna vez estar seguros de que hemos obrado por puro altruismo? En ocasiones nos parece claro que alguien más sí ha actuado de esa manera. Por lo general, se considera que lo más altruista que uno puede llegar a hacer es dar su vida por otro. A no ser que uno esté esperando alcanzar la fama tras su muerte, o la recompensa del cielo o algo parecido, no hay nada en ello que sea para sí mismo. Pero lo más común es que el altruismo que observamos esté matizado con factores de interés propio.

En *La guirnalda preciosa*, Nagaryuna dice:

La intención revestida de anhelo es un deseo
de ayudar a los demás motivado por el anhelo.[115]

Aquí "anhelo" sugiere que uno obtendrá algo por ayudar a los demás aunque no lo reconozca de esa manera. Es, básicamen-

---

[115] *The Precious Garland, op. cit.*, verso 427.

te, una satisfacción egoísta. Quizá nos guste ser reconocidos como alguien que ayuda a los demás o sentirnos superiores a aquellos a quienes ayudamos. Uno se identifica como el que ayuda, como la persona a la que los otros admiran, el que da buenos consejos. Es difícil que haya un deseo de ayudar a los demás totalmente desinteresado, una motivación completamente pura. Casi siempre hay algo que esperamos para nosotros, aunque se trate de algo intangible como acumular méritos o la promesa de una recompensa en el cielo.

Por supuesto, no significa esto que no haya que hacer nada por otras personas mientras no sintamos que nuestra motivación es completamente pura. Debemos hacer lo que podamos para ayudar a los demás y, al mismo tiempo, intentar cambiar las motivaciones por las cuales actuamos. Si lo hacemos con atención consciente ya estaremos empezando a purificar nuestras razones.

¿Será posible desarrollar el altruismo sin tener noción alguna de lo que es la vida espiritual? No parece muy probable, aunque hay quienes son capaces de vivir de una manera ética a pesar de no tener creencias o principios explícitos. De hecho, hay quienes han sido capaces de sacrificar sus vidas por los demás y no lo hicieron por alguna razón metafísica aparente.

Así es como muchos veían al Buda cuando se empezó a conocer en Occidente. En aquellos días, se creía que la ética dependía de la religión y que ésta, por supuesto, dependía de Dios. T.W. Rhys Davids, uno de los primeros admiradores occidentales del Buda, dijo de él: "No hay nadie tan ajeno a Dios ni nadie tan semejante a Él". Para Rhys Davids y para otros era una gran paradoja que alguien que no creyera en Dios demostrara tantas cualidades espirituales.

Claro está que el Buda tenía una idea muy definida, aunque no teísta, de la vida espiritual. En contraste, hay gente que parece capaz de llevar una vida espiritual por puro instinto, sin guiarse por alguna filosofía. No leen la Biblia, no les interesa el budismo, no se consideran religiosos pero parecen tener una bondad innata. No es gente común y lo cierto es que deberíamos dudar de contarnos entre ellos.

Es debido a sus circunstancias que mucha gente se detiene de participar en actividades altruistas. Poniéndolo en términos aparentemente cínicos, para ser altruista hay que tener tiempo y dinero. Cuando uno está tratando de sobrevivir, cuando no sabe de dónde vendrá el próximo alimento, es muy difícil sentir alguna inclinación altruista. Es verdad que el altruismo implica dar no sólo dinero o cosas materiales sino tiempo, energía e interés. Sin embargo, si uno está pensando en su propia supervivencia no podrá actuar así. Dicho esto, tenemos que, a veces, quienes menos tienen son los más generosos y, por el contrario, nadie es precisamente un alma de generosidad sólo porque tiene a su disposición todos los recursos.

Para cualquiera de nosotros, el verdadero altruismo implica cuidar de sí mismo. Está muy bien que uno se cuente dentro de lo que hay que satisfacer en una situación objetiva. Es bueno pensar en los demás y olvidarse por un rato de sí mismo pero es importante no ser negligente con nuestras propias necesidades, no sólo por nosotros sino por el bien de los demás también. Si no estamos bien descansados y en buenas condiciones no podremos hacer mucho por los demás. Si nos permitimos desgastarnos quizá suceda que lo que llamamos altruismo está un tanto fuera de foco. En ocasiones, las necesidades que existen en una situación objetiva implican poner un poco de tensión en nosotros mismos pero siempre con clara conciencia y con la convicción de que, a la larga, ese esfuerzo se verá justificado. Podemos vernos atrapados en una emergencia, una situación en la que la vida de otras personas corra peligro y es natural, en esas circunstancias, no reparar en uno mismo pero, en general, es muy sensato mantenerse en óptimas condiciones para poder ser de mayor eficacia y utilidad a los demás.

Es fácil decirlo pero, en la práctica, puede ser difícil saber con seguridad cuándo estamos a punto de rebasar el límite. De las experiencias deducimos lo que podemos y debemos hacer y lo que no. Es importante no consentirnos demasiado pero tampoco descuidar nuestra salud y seguridad, ni siquiera en nombre del altruismo.

En cierto modo, es muy peligroso pensar en aceptar alguna responsabilidad mientras se tiene la sensación de que no va a ser muy bueno para el propio desarrollo espiritual. Incluso si para empezar uno no está muy dispuesto, debería poder asumir esa responsabilidad de una manera en que también sea un medio para su desarrollo espiritual personal. Si lo puede hacer, eso demuestra que ha tenido éxito en unificar ambos aspectos del sendero: el altruismo expresado a través de la aceptación de una responsabilidad y el "individualismo" de la práctica espiritual personal. Esta unificación es necesaria cuando uno realmente decide seguir el camino.

El trabajo puede ser considerado como un gran guru tántrico, como un gran maestro espiritual. Por lo general, parece cierto que la gente tiende más a crecer espiritualmente cuando hace cosas que en un principio no deseaba acometer que cuando hace lo que tiene ganas de hacer. Con frecuencia pensamos que si hay algo que tenemos un gran deseo de hacer, seguramente será bueno para nuestro desarrollo. Sin embargo, es importante distinguir con cuidado entre lo que *necesitamos* hacer por nuestro desarrollo personal y lo que *queremos* hacer. El objetivo a largo plazo es no caer en distinciones entre hacer algo como respuesta a las necesidades de una situación objetiva y hacer algo en beneficio de nuestro propio desarrollo. Lo ideal es que sean ambas cosas a la vez, de manera genuina.

Podría decirse que la tensión entre el yo y los demás, de la cual se deriva el surgimiento del bodhichita, es típica del largo proceso de desarrollo. Es muy semejante al movimiento dialéctico de la filosofía de Hegel, donde la antítesis se opone o contradice a la tesis. Ambas tienen validez, de manera que no podemos escapar a ninguna de ellas. No es una postura cómoda pero no podemos evitarlo. Mas, después de un lapso, observamos que ha habido un gran avance. De pronto, uno aparece, por decirlo así, mirando las cosas desde un punto de vista más elevado, desde donde puede contemplar que tanto la tesis como la antítesis tienen su propia validez. En esta etapa, ambas pueden integrarse en una posición más alta, la síntesis.

Lo mismo sucede en gran medida en la vida espiritual. En un nivel relativamente inferior es inevitable que uno atraviese por ciertas contradicciones. Esa dolorosa experiencia fuerza a la persona a levantarse no sólo a un punto de vista más elevado sino incluso a un nivel de experiencia más alto, un nivel en el que las contradicciones dejan de serlo. El surgimiento del bodhichita es así. Cuando se da el paso de un cierto nivel de experiencia a otro, por lo general, es el resultado de un doloroso dilema, un problema que no podía resolverse de manera intelectual. El mejor ejemplo de esto es el koan del zen, una situación paradójica, autocontradictoria, que sólo puede resolverse cuando uno se eleva a un nivel de experiencia o de percepción en el que la contradicción deja de existir.

El bodhisatva es una contradicción viva, una latente unión de opuestos en el nivel más alto que pueda haber, toda vez que representa la síntesis del nirvana y el samsara. Esta síntesis no se puede expresar de manera conceptual. En tanto que pensemos en términos conceptuales siempre habrá una contradicción y cualquier intento de resolverla con conceptos dará pie a un nuevo concepto con su respectivo opuesto, de tal forma que se hará necesaria otra síntesis. La síntesis de conceptos sólo se puede dar en la vida del individuo para el cual esos conceptos tengan un significado. Dicho de otro modo, la vida trasciende a la lógica.

Tenemos entonces que el bodhisatva es la síntesis de las contradicciones inherentes al sendero, la contradicción entre dana y sila e, incluso, las contradicciones al parecer inherentes en el supuesto objetivo, como las que se dan entre la sabiduría y la compasión o entre samsara y nirvana. Debemos tener cuidado, sin embargo, en no hacer del bodhisatva un concepto. En caso contrario, el concepto del bodhisatva se opondría al del arahat y sería necesario un nuevo concepto u otro ideal espiritual para unificarlos.

Mientras nosotros mismos no estemos aptos para alcanzar el punto de síntesis esas contradicciones tenderán a presentársenos como diversos dilemas existenciales. Por lo común, nuestra estrategia (inconsciente) es darnos cuenta de un aspecto del dilema y bloquear el otro pero, tarde o temprano, nos veremos obligados a considerar ambos aspectos a la vez. Sólo entonces podremos resolver ese dilema. Por supuesto, la vida y la muerte se presentan como el dilema último. Deseando la vida y temiendo a la muerte tratamos de aferrarnos a la primera y cerramos los ojos a la segunda pero, un día, llega el momento de confrontar a la muerte, ya sea la nuestra o la de alguien más. Únicamente podremos resolver el problema de la vida si estamos preparados para encarar el de la muerte. En efecto, será sólo cuando veamos la vida y la muerte como los dos lados de la misma medalla.

Asimismo, sólo podemos resolver nuestros propios problemas cuando tomamos en cuenta los de los demás. En otras palabras, la práctica de *sila* debe siempre estar acompañada de la de *dana*. Ésta, que literalmente significa dar o generosidad, es el aspecto práctico y altruista de la vida y es la actividad del bodhisatva, además de ser el primero de los seis paramitas, las seis perfecciones o virtudes trascendentales.

Dana se encuentra al principio de la lista de las perfecciones por una muy buena razón, puesto que nuestra tendencia natural no es dar sino tomar. Si surge cualquier nueva propuesta, ya sea con respecto al trabajo o al hogar, la actividad profesional, el deporte o el entretenimiento, nuestra reacción común, al menos semiconsciente, es preguntarnos: "¿qué obtengo yo con ello?" Siempre hay esta tendencia autorreferencial, esta forma de verlo. El hecho de que se le ubique justo en el centro de la rueda de la vida es ya un reconocimiento de que la avidez, no el simple deseo común y sano sino la avidez, ocupa un lugar preponderante en nuestra vida y nuestras actividades. Lo cierto es que domina nuestra vida, por lo menos en un nivel inconsciente. Todos estamos atrapados por la avidez, derribados, impelidos por esa sed. Todo lo que hacemos, todo lo que nos interesa, tiene un elemento de referencia a uno mismo.

Si queremos aproximarnos a la iluminación debemos poner reversa a esa tendencia. La generosidad es el primer paramita porque dar es el opuesto directo de tomar. Es como si la enseñanza nos dijera: "puede ser que no seas moralmente escrupuloso, puede ser que no consigas meditar ni siquiera durante cinco minutos, puede ser que de un año al otro dejes de leer las escrituras pero, si aspiras a llevar algún tipo de vida más elevada, lo menos que puedes hacer es dar". Si te resulta difícil desprenderte de cosas o percibir lo que otros necesitan no vas a llegar muy lejos, en términos espirituales. Por otra parte, si eres aunque sea un poco desprendido, entonces, sin importar a qué te dediques, hay alguna esperanza para ti desde el punto de vista espiritual. Tal es el mensaje del mahayana.

No se trata tan sólo de dar lo que poseemos. La generosidad es, sobre todo, una actitud de corazón y de mente. De hecho, es una actitud integral. Dice Walt Whitman, "cuando doy, me doy a mí mismo"[116] y ésta es, en gran parte, la acti-

---

116 Walt Whitman, *"Canto a mí mismo"*, parte 40.

tud del bodhisatva. Dejando a un lado las definiciones tradicionales por un momento, quizá podríamos definir sencillamente al bodhisatva como alguien que se da todo el tiempo, a todo el mundo.

Las escrituras budistas tienen mucho que decir sobre dana, el cual, por cierto, es un tema muy popular en Oriente. Las escrituras lo consideran bajo distintos encabezados, como suelen hacerlo con cualquier tópico, dividiendo y subdividiendo y sub-subdividiendo el material. A veces es fácil perderse en ello, sin embargo, ese acercamiento sistemático es de gran ayuda para un estudio formal. Aquí quisiera seguir esa tradición, recordando que estamos tratando con el espíritu de entrega y no sólo con los detalles técnicos. Las escrituras acostumbran tratar el tema de dana considerando: 1) a quién se le da, 2) qué se da, 3) cómo se da y 4) por qué se da.[117]

Para empezar, ¿a quién debe dársele? En principio todo ser vivo, cualquiera que sea, ha de ser objeto de la generosidad del bodhisatva y es importante mantener en mente ese ideal, aun cuando en la práctica sean muy pocas las personas que se encuentren en una posición desde la cual puedan beneficiar a toda la humanidad. Tratando de ser más específicos, las escrituras mencionan tres clases de beneficiarios en los que un bodhisatva ha de poner particular atención. Tenemos que él debe dar, ante todo, a sus amigos y parientes. De nada sirve ser amable y amistoso con los extraños si se es una persona tosca y, quizá, hasta cruel con la que resulta difícil e incómodo vivir. La caridad en verdad comienza por la propia casa. Mas no debe o no debería terminar ahí. En la meditación de la metta bhavana se empieza por desarrollar un sentimiento de amor y

---

117 Har Dayal ofrece referencias textuales para las diferentes categorías de *dana*. Vea Har Dayal, *The Bodhisattva Doctrine in Buddhist Sanskrit Literature, op. cit.*, p. 173.

amistad hacia uno mismo. Luego, nos extendemos para llegar con ese sentimiento a todos los que se encuentran presentes en el recinto, después a quienes habitan en esa ciudad, en el país, en el continente, en el planeta y, finalmente, en el universo. Abarcamos con nuestro sentimiento de metta no sólo a la humanidad sino también a cualquier ser vivo. Del mismo modo, la generosidad debe comenzar por nuestros zapatos pero luego debe extenderse tan ampliamente como nos sea posible.

El segundo tipo de personas que han de ser objeto de la generosidad del bodhisatva son los pobres, los enfermos, los que sufren y los desamparados (y entre estos últimos, la tradición incluye a todos los animales). En tercer sitio, se exhorta al bodhisatva a ser generoso con quienes se dedican a llevar una vida religiosa de tiempo completo. El budismo, tradicionalmente, considera que es deber de la sociedad sostener a quienes están comprometidos en cualquier actividad de un nivel espiritual más elevado: monjas, lamas, maestros espirituales y demás. Aunque, de manera ideal, este principio podría extenderse para abarcar a quienes se dedican a alguna labor creativa que exprese altos valores: pintores, músicos, escritores. A la vez, el tipo de sociedad ideal que asumiera tal deber no trataría de obligar ni al religioso ni al artista para que se acomodara a sus ideas o ideales. La condición (por lo menos implícita) de ser sostenido por la comunidad es, en general, retribuir apoyando al mantenimiento del *status quo*. Sin embargo, desde un punto de vista budista, esto sería no entender en absoluto la naturaleza y el sentido de la vida espiritual y creativa. El sostenimiento debe darse de manera gratuita, sin poner condiciones.

A continuación tenemos la pregunta, ¿qué debe darse o qué se puede dar? Potencialmente, todo lo que uno posee lo puede dar, pero para ayudarnos en esto hay también una clasificación de seis categorías de cosas que pueden darse como dana. La lista comienza con lo básico: alimento, vestido y cobijo.

En los países budistas de Oriente, como en la mayoría de las sociedades tradicionales, la generosidad y la hospitalidad son rasgos normales cotidianos. La gente practica la generosidad cada día, sólo por mantener esa costumbre. Todos tomamos algo diariamente, así sea sólo aire y comida. ¿Por qué no habríamos de dar algo también? Las familias budistas acostumbran dejar algo para los mendicantes o los monjes, a quienes ofrecen comida o para algún indigente, al cual darán unas monedas o un poco de arroz. El regalo puede ser pequeño pero, al menos, mantienen el hábito de dar, de modo que la generosidad forma parte de su vida diaria. Hay un dar constante que equilibra el constante tomar, el cual se da de manera tan natural.

La segunda cosa que podemos dar es de un orden más psicológico y quizá resulte sorprendente. Se trata de la serenidad, la confianza. Mucha gente padece de preocupación y ansiedad, está tensa y estresada, nunca se siente en paz. Por lo tanto, este regalo es algo precioso. Aquí, "dar" no se puede tomar demasiado literal. La serenidad no es tanto algo que se da sino, más bien, que se propaga. Lo mismo vale para cualquier cualidad positiva y hábil que uno haya desarrollado, ya sea amistad, metta, valor, energía, inspiración o confianza. Lo que uno posee lo puede dar o propagar en los demás (y del mismo modo, es incuestionable pensar en que uno pueda estimular o inspirar a otro si carece de ese valor o esa inspiración). ¿Pero a qué se debe que la tradición budista mencione de manera especial el regalo de la serenidad?

No hay mucho debate sobre este punto en las fuentes tradicionales. Uno podría pensar que fue particularmente relevante en los tiempos del Buda, cuando la gente se encontraba con amenazas e incertidumbres mucho más inmediatas que las que nos acechan en la actualidad, pero el temor a la muerte, la enfermedad y la pérdida de quienes nos rodean y nuestros seres queridos son universales. Incluso hoy la gente teme ser atacada por bestias salvajes, las inundaciones, los terremotos, el hambre, los incendios, los robos, los asaltos, la injusticia y la corrupción. En tiempos del Buda la gente estaba, en cierto modo, menos protegida ante todo ello de lo que estamos en la actualidad. Por otra parte, nosotros vivimos con el gran temor que se relaciona con la era nuclear, un miedo que nunca antes conoció la humanidad. Es posible que en la era moderna y postmoderna exista una mayor necesidad de liberarse del temor.

Un amigo que tuve en Kalimpong, un gran tibetólogo ruso, regresaba en una ocasión después de visitar los Estados Unidos y describió su experiencia al llegar ahí. Al parecer, acababa de desembarcar cuando se detuvo y pensó: "¡Qué extraño! Hay una sensación peculiar, como una neblina, algo como viscoso, pegajoso. ¿Qué demonios es esto?" Era una persona muy sensible. Reflexionó: "no es algo físico, no se trata del humo que sale de las chimeneas de las fábricas ni del escape de los autos. ¿Qué es entonces esta atmósfera gris, pesada y abrasiva?" De pronto cayó en la cuenta de que era miedo, ese vasto continente exudaba miedo.

Cuando toda una nación vive bajo la influencia del miedo hay una especie de veneno psíquico en el aire, como una nube opresiva sobre la tierra. Como dice Keats, un palio mortuorio que cubre nuestro espíritu.[118] El sentido de preocupación e inseguridad es algo que caracteriza a nuestra época, llamada, con razón, la era de la ansiedad y, en medio de esta nube, de esta oscuridad en pleno día, la gente vive y trabaja y trata de respirar. Se tiene poca confianza en los demás, poca confianza en la vida misma y, ciertamente, poca confianza en uno mismo.

---

[118] Keats, "Endymion": "...sí, a pesar de todo, / una sombra de belleza quita el palio mortuorio / que cubre nuestros oscuros espíritus".

La falta de una auténtica confianza en sí mismo, tan común en nuestra gente es, a menudo, el resultado de una fuerte emoción que nadie quiere experimentar pero que lucha por salir a la superficie (así lo indican los estudios psicológicos). Semiconscientes de que hay algo que se revuelve en nuestro interior todos batallamos por no permitir que se haga consciente y cuando uno percibe que eso está a punto de surgir experimenta la incómoda sensación que llamamos ansiedad. Como cualquier forma de temor, la ansiedad es una emoción torpe y hay que resolverla. Para ello hay que reconocer y confrontar la emoción que subyace, no importa de qué se trate. Es aquí donde uno puede necesitar el apoyo de sus amigos espirituales, para identificar lo que amenaza con surgir a la conciencia y para que le den la confianza de que puede manejar la situación y de que, en cierto sentido, no hay nada que temer. Una vez que se enfrenta el problema esas emociones pierden su poder y algunas, incluso, se vuelven positivas. Pero sin importar que sean positivas o negativas, la energía que se invirtió en ellas debe integrarse a nuestra vida consciente y nuestra personalidad.

Quienes practican la meditación sabrán que de vez en cuando surge una experiencia de temor profundo. Al principio puede ser algo que viene desde la niñez o aun antes de ella pero llega un momento, al menos para algunos, en que aparece un miedo más elemental, primordial. No es miedo a algo en especial sino un miedo que va directo a las profundidades de nuestro ser, a la raíz de nuestra existencia. También este miedo tiene que ser enfrentado y vencido.

En los sutras del mahayana se representa al bodhisatva como alguien que no sólo ofrece serenidad sino también autoconfianza, valor e inspiración. En *La guirnalda preciosa*, Nagaryuna dice:

Así como se alegran los granjeros
cuando se acumula una gran nube cargada de lluvia,

es bueno aquél que alegra a los seres corpóreos
cuando con ellos se encuentra.[119]

Aquí se hace referencia a la llegada del monzón indio. Si el
monzón se tarda en llegar, así sea unos pocos días, significa que
la cosecha será mala, de modo que los granjeros esperan con
ansias su llegada y se regocijan cuando llega a tiempo. En el
budismo, en especial en el mahayana, se hace continuo énfasis
en que uno debe hacer felices a los demás, no de una manera
frívola sino haciendo surgir una alegría genuina, lo que implica ayudarles a superar sus miedos y ansiedades. Si alguien disfruta creando miedo en los demás, eso manifiesta que le mueve un deseo de tener poder sobre ellos, pero si lo que uno
quiere, sencillamente, es hacerlos felices, lo que demuestra es
lo contrario, uno se está dando a los demás en vez de intentar
controlarlos con propósitos egoístas. El bodhisatva, al ser gozoso, esparce confianza y felicidad por donde quiera que va.
En cierta forma, es deber de uno ser feliz y gozoso. Nadie que
no esté contento consigo mismo puede alegrar a los demás.

El efecto que nuestra positividad e inspiración pueden cau-
sar es de largo alcance. En *La joya de la liberación*, Gampopa
cita el sutra Varmavyuhanirdesha:

El Bodhisatva se pone una armadura
para que en torno a él se reúnan todos los seres.
Puesto que los seres son infinitos
su armadura también lo es.[120]

La "armadura" del bodhisatva es la motivación y la idea de que
"en torno a él se reúnan todos los seres" sugiere que él se encuentra en el centro de un mandala, congregando gente a su
alrededor, en lo que los budistas llamamos una sangha, una co-

---

119 *The Precious Garland*, op. cit., verso 173.
120 *The Jewel Ornament of Liberation*, op. cit., p. 184.

munidad espiritual. Visto así, podemos pensar que una comunidad espiritual es un mandala y que en su centro están el Buda o el bodhisatva.

De modo que el bodhisatva causa un efecto armónico y creativo. Así tenemos a una masa de seres humanos, todos peleando y discutiendo, tratando de someter unos a otros, intentando amasar una fortuna. El bodhisatva llega y se sitúa entre ellos, transformando poco a poco el caos en un cosmos, la confusión en un bello mandala y la sociedad en una comunidad espiritual. Es como si en cuanto uno decidiera que va a tratar de alcanzar la iluminación en beneficio de los demás, se afinara una especie de vibración y la gente que se encuentra en su ambiente más próximo formara un mandala en torno a él.

Es lo que sucede en menor escala cuando uno organiza, por ejemplo, un retiro. Aparece mucha gente, todos con diversas ideas y expectativas y con muy diferentes temperamentos. Con tan sólo decidir el programa del retiro ya uno comienza a actuar como un factor de integración y armonía. De hecho, si uno está resuelto a llevar una vida espiritual, llegará a ejercer, por lo menos un poco, algo de esa influencia armónica y creativa donde quiera que se encuentre, ya sea su hogar, su lugar de trabajo o cuando vaya de paseo. Claro está que también intervendrán otra clase de factores y fuerzas que, asimismo, tendrán sus efectos y que pueden contrarrestar esa influencia, sin embargo, no la anularán.

Más adelante, en el capítulo 7, volveremos a tratar las consideraciones sobre la comunidad espiritual como una jerarquía. Por lo pronto sólo añadiré que podemos pensar en esa jerarquía y en el lugar que ocupamos dentro de ella en la forma de un mandala, donde podemos ser los guardianes de su entrada o una deidad que hace alguna ofrenda o desempeñar alguna otra función, de acuerdo con el mito que pudiéramos estar dispuestos a cumplir en esta vida. En tanto que realicemos un esfuerzo espiritual tendremos un sitio en el mandala.

El tercer regalo que el bodhisatva aspira a dar es educación y cultura. Adonde quiera que llegó el budismo en Asia influyó, no sólo en la vida religiosa, sino también en el arte, la ciencia y el conocimiento en todos los ámbitos. Lo cierto es que no hay una verdadera distinción que marcar entre la religión y la cultura. A través de las artes y las ciencias se refinan el corazón y la mente, así se llega a estar más estrechamente entonado con las realidades espirituales.

Aún queda por ver cuál ha sido el efecto que provocó el encuentro del budismo con la cultura occidental pero, hasta hoy, persiste una brecha considerable entre los dos. Muchas de las grandes obras de arte en la cultura occidental expresan directamente valores cristianos, al menos en el sentido en que ilustran pasajes bíblicos o sucesos de la vida de Cristo. Con frecuencia nos conmueve la belleza de la forma mientras que nos inquieta el contenido, en especial cuando se muestran escenas de violencia extrema. Por el contrario, cuando vemos obras tradicionales del budismo sucede que nos sentimos inspirados y profundamente afectados por su contenido, pero la forma en que se expresan nos resulta bastante ajena y por eso no respondemos a ellas plenamente. El arte occidental y la tradición budista nos nutren por igual. Sin embargo, en tanto que no se exprese el Dharma en nuestra propia cultura de maneras tan sublimes como las que se ven en las antiguas tradiciones occidentales, nuestras respuestas necesariamente serán ambiguas y, en cierto sentido, no estarán integradas.

No obstante, podemos encontrar dentro de la cultura occidental obras de arte ostensiblemente cristianas pero que consiguen hacernos reaccionar con total sinceridad. Ante la imagen de una crucifixión salpicada de sangre no queda más que voltearse horrorizado, mas hay varias pinturas en el arte cristiano de Occidente que, aun a los budistas, nos transmiten algo valioso. Por ejemplo, las imágenes de la anunciación no tienen por qué levantar polémica acerca del tema teológico de la virgen que dará a luz. Si uno se limita a contemplar el cuadro, ¿qué ve en él? De un lado aparece una bella figura angelical, alada, sosteniendo un lirio en la mano y, del otro, una joven que hace media reverencia ante el ángel, con respetuosa actitud. Entre ambos hay algunos rayos de luz y una paloma. La respuesta del observador no tiene que limitarse al episodio del evangelio del cual nos habla. Puede verse también como una imagen arquetípica de la receptividad del alma humana ante una influencia más elevada, un mensajero que viene de otro plano. Lo mismo sucede con el cuadro de Tobías y el Ángel, del estudio de Verrocchio. De todos los que han visto esa pintura, ¿cuántos se han tomado la molestia de leer el Libro de Tobías, del cual está claro que se deriva el tema? Sin embargo, la imagen, el ángel que lleva a un niño de la mano y un perrito que los sigue, expresa amistad espiritual y como tal puede apreciarse.

En varios casos uno sospecha que el artista, por mucho que haya vivido en la era del Renacimiento, no estaba expresando nada particularmente religioso sino que trataba de complacer a su cliente y, quizás, a sí mismo a la vez. De tal manera que en la práctica no encontramos el problema que parecía haber en la teoría. Con frecuencia, por ejemplo en el caso de piezas rotas de esculturas góticas, sucede que no sabemos qué representan esas figuras de tan dañadas que están. Si son San Mateo o San Marcos o el profeta Jeremías, eso ya nadie lo sabe pero poco importa, se trata de la fastuosa cabeza de un anciano, de la cual cuelgan rizos y una luenga barba y muestra una expresión intensa. Uno puede admirarla y sentir algo sin necesidad de saber quién se supone que es.

En cambio, en el arte budista de Oriente hay imágenes que no nos provocan nada debido a su pobre ejecución. No toda pieza que exhibe un tema budista es una obra maestra. No obstante, aquí y allá encontramos imágenes llenas de significado, en pinturas o talladas en madera. Es parte de la actividad de un bodhisatva promover la creación y apreciación de obras de arte, así como expandir y diseminar el conocimiento en otras áreas del saber para llevarnos al descubrimiento y la expresión de la verdad y la belleza.

En cuarto lugar, tenemos que el bodhisatva puede verse en la necesidad, a veces, de ofrendar su propia vida. Esta forma de dar es el tema principal en muchos relatos de las yatakas (historias acerca de las vidas anteriores del Buda). Algunos de esos relatos pueden parecer sensacionalistas, melodramáticos o simplemente raros. Está, por ejemplo, la historia del príncipe Vessantara, en la que se describe al bodhisatva (quien, en este contexto, es aquel que habrá de convertirse en el Buda) dando como ofrenda a su esposa y su hijo.[121] Al leer esto podemos sentirnos molestos y hasta indignados, quizá pensando en sucesos acaecidos en nuestra propia sociedad. ¿Acaso su esposa y su hijo eran de su propiedad como para que los estuviera regalando, como si fueran utensilios domésticos? Por supuesto, sabemos que en nuestra sociedad los hombres (y en ocasiones, las mujeres) han renegado de sus familias y no por razones nobles o altruistas, sino al perseguir con egoísmo su propia felicidad.

Pero la historia del príncipe Vessantara (que, después de todo, pertenece a otro contexto cultural, distinto al nuestro) tiene la intención de ilustrar cómo los bodhisatvas pueden tener que renunciar, incluso, a quienes por naturaleza le son más cercanos y queridos. Habrá a quienes siga pareciendo que se trata de un sacrificio aun más difícil que el de la propia vida,

---

121 Vea la traducción de E.B. Cowell, *The Jataka Book XII, Jataka Stories*, vol. V y VI, Pali Text Society, Londres 1973, núm. 547, *Vessantara-jataka*. Vea también Har Dayal, *The Bodhisattva Doctrine in Buddhist Sanskrit Literature, op. cit.*, p. 185.

el cual, también, lleva a cabo el bodhisatva, héroe de muchas yatakas. Por ejemplo, en otra ocasión, él sacrifica su cuerpo para que una tigresa hambrienta pudiera alimentar a sus crías.[122]

Es poco probable que alguna vez nos encontremos en una situación como ésa, pero jamás deberíamos olvidar que, si en verdad tomamos con seriedad el budismo, puede haber ciertas circunstancias que nos exijan efectuar grandes sacrificios en nombre de nuestros ideales. En Occidente, hoy en día, nadie nos puede impedir que practiquemos el budismo si eso deseamos. Podemos estudiar textos, meditar, practicar dana, participar en ceremonias de devoción. Podemos hacer lo que queramos y somos afortunados en este sentido. Pero no es así en algunas partes del mundo. Incluso ahora. Debemos reconocer la suerte que tenemos de vivir donde hay libertad de cultos.

Si fuera necesario, hay que estar preparados para sacrificar nuestras vidas por nuestros principios. En las circunstancias actuales puede ser bastante fácil asistir a una clase de meditación pero, supongamos que tuviéramos que hacerlo al abrigo de la oscuridad, cuidando que no nos vea la policía o algún soplón. Si nuestra vida corriera peligro porque decidimos meditar o porque queremos leer un libro que trate de budismo o porque hablamos frente a un grupo acerca del Dharma, lo cual ciertamente sucede en algunos países de nuestro mundo actual, ¿qué haríamos? ¿Preferiríamos pensar, "¡ni modo! Ya seré budista en mi próxima vida, pues que en esta resulta tan complicado?" ¿Cómo saberlo? No es la intención aquí sugerir que lo más virtuoso sería arrojarse al peligro de una manera precipitada y presuntuosa. Sin embargo, sí es importante que nos hagamos la pregunta. Si fuera necesario el sacrificio, ¿estaríamos preparados para llevarlo a cabo?

---

122 Este relato aparece en el *Yataka-mala* y también en un sutra del mahayana, traducido por R.E. Emmerick, *The Sutra of Golden Light, op. cit.*, pp. 90-96.

El siguiente punto de dana es ofrecer nuestros méritos. En el theravada se tiene la idea de que si hacemos alguna buena obra estamos acumulando una cierta cantidad de méritos en nuestra cuenta, por decirlo así, de tal manera que, con el tiempo, se junta una suma considerable.[123] Esta idea es buena en tanto que anima a la gente para que sus acciones sean hábiles pero también tiende a estimular el individualismo. Algunos llegan a ver la vida espiritual como un ejercicio de acumulación de méritos en una cuenta personal que los hará ricos. Una vez me encontré con el ejemplo de un mendicante jainista quien cumplió austeridades durante años. No creo que haya dormido en una cama de clavos pero sí ayunó y llevó una vida muy difícil, gracias a lo cual recaudó una respetable cantidad de méritos (al parecer, tenían unidades de medición para ello). Sin embargo, un día decidió renunciar a ser más un mendicante y retornó a la vida laica para establecer un negocio. Entonces conoció a otro mendicante que no tenía mucho mérito acumulado pero que tenía algo de dinero. Sucedió que el primero le vendió al segundo todo su mérito y con las ganancias pudo poner su negocio. Ésas son las cosas que suceden cuando se toma tan al pie de la letra la idea del mérito.

De modo que los mahayanistas llegaron y decidieron que no estaba bien sostener lo que parecía una idea absurda e individualista. No obstante, la gente estaba muy acostumbrada a la idea del mérito. Creían en ella como una posesión que se adquiere a través de las buenas acciones. "¡Está bien!", parecen haber dicho, "digámosles que renuncien a su mérito o que, por lo menos, lo compartan". De ese modo, el mahayana contrarrestó el individualismo del enfoque anterior. No hay que afe-

---

[123] El pasaje típico para ilustrar este punto es el *Sutra Nidhikanda*, la octava sección del *Khuddakapatha*, primer libro del *Khuddaka-Nikaya*, que dice: "...con prudencia, debes crear mérito, la reserva que te seguirá a todas partes. Es esa reserva la que da todo lo que desean a los seres humanos y divinos".

rrarnos a nuestra virtud como si fuera nuestro hijo consentido, en el cual ciframos todas nuestras esperanzas. Dijo Francis Bacon que el dinero es como el estiércol, bueno para esparcirlo. Lo mismo podríamos decir también del mérito.

Finalmente, llegamos al Dharma como algo que también puede darse, el regalo de la verdad. Es el mayor de los regalos. Podemos obsequiar cosas materiales, seguridad psicológica, educación y cultura. Podemos sacrificar nuestras vidas o partes de nuestros cuerpos y hasta compartir nuestros valiosos méritos, pero el regalo más precioso que podemos dar es compartir la verdad que hemos comprendido, quizá después de muchos esfuerzos, dolores y dificultades. Este regalo, que consiste en dar la enseñanza, mediante la palabra, el precepto o el ejemplo es, por tradición, el deber especial de los monjes, los lamas, etc. Sin embargo, el mahayana hace énfasis en que todos podemos participar en esta gran responsabilidad. Lo cierto es que no podemos evitarlo. Todos estamos dando siempre. Algo viene de nosotros, algo irradiamos todo el tiempo. Si alguien se halla embebido de budismo es inevitable que lo exprese en su trato con los demás.

Esto no quiere decir que debamos ostentar nuestro budismo en cada ocasión que se nos presente (o forzarla para que se presente). Hay que tener cuidado de no convertirse en un pesado y aburrido budista. Nos puede suceder como al ferviente católico romano del cuento de G. K. Chesterton, quien no perdía la oportunidad de introducir el tema de la iglesia en cualquier conversación, de manera que si, por ejemplo, se trataba de una plática sobre pesca, no tardaba en sacar a colación los méritos del famoso pescador San Pedro. Podemos comunicar nuestra sensibilidad espiritual de un modo mucho más sutil y natural que ése.

Si uno está dedicado a enseñar el Dharma tiene que investigar constantemente si los métodos que se recomiendan como medios de desarrollo personal están sirviéndoles a quienes se les está proponiendo. No es bueno que alguien establezca un programa de cursos de meditación, puyas y conferencias y luego dé por hecho que eso les está ayudando a otras personas a crecer espiritualmente. Siempre hay que evaluar si los métodos empleados están surtiendo buen efecto. Nada debe darse por descontado.

Cuando algunos dicen que les interesa el budismo, con frecuencia sucede que no es en su desarrollo espiritual en lo que están realmente interesados, sino que buscan otra cosa, ya sea compañía, solución a sus problemas psicológicos o algún sitio a dónde ir. Por otro lado, hay quienes declaran que no tienen ningún interés en el budismo y que bien podrían interesarse en lo que de verdad es el budismo. Un aspirante a bodhisatva que sienta el compromiso de transmitir el Dharma se saldrá, incluso, de su ruta para pasar un rato con esas personas aunque ellas digan que no les importa el budismo. No todos los que afirman: "me interesa el budismo" en realidad lo desean. Del mismo modo, no es cierto que carezcan de interés en el budismo todos los que dicen que no les importa el asunto. Es por ello que cuando se trata de dar el regalo del Dharma se requiere mucha sensibilidad y discernimiento.

Una vez que hemos considerado qué es lo que vamos a dar necesitamos pensar en cómo lo vamos a dar. La tradición ofrece varios consejos al respecto.[124] Lo primero que se nos dice es que debemos dar con cortesía. Me temo que en Oriente la gente suele romper con este precepto, al menos en lo que se refiere a dar a los mendigos. Cuando ven a alguien pidiendo a la orilla del camino son capaces de arrojarles una moneda mientras esbozan una mueca de desprecio. Sin embargo, de acuer-

---

[124] Vea Har Dayal, *The Bodhisattva Doctrine in Sanskrit Literature*, *op. cit.*, pp. 175-176.

do con el budismo, cuando uno da no importa si es a un men-
digo o a un animal, tiene que hacerlo con cortesía. Además, ha
de hacerlo con alegría. ¿Qué caso tiene que uno dé si lo hace
con el ceño fruncido? Eso le quita la mitad del efecto al hecho.
Aún más, si uno va a dar, debería hacerlo con prontitud. No
es algo trivial, a veces la vida de una persona depende de que
la generosidad de otros llegue con rapidez.

También es importante que cuando uno dé lo haga sin arre-
pentirse más tarde, que se sienta feliz de haber dado y no que
se la pase agonizando después, mucho menos *hablando* de lo
que hizo. Para algunos es difícil resistirse a dejar que los demás
se enteren de lo generosos que son. Algunos ni siquiera lo di-
funden con *exactitud*. Recuerdo una vez en que asistí a una
reunión en el sur de la India, durante los primeros días que pa-
sé ahí. Antes del evento, alguien había enviado una pequeña
cantidad de dinero como contribución. De pronto, a mitad
del programa, esa persona se levantó y preguntó en voz alta al
organizador: "¿Recibió usted mi donativo?" Por el contrario, el
espíritu de la verdadera generosidad es muy silencioso y nunca trata de llamar la atención.

A continuación, los sutras del mahayana aconsejan dar del
mismo modo al amigo y al rival. Si nuestro enemigo necesita
ayuda deberíamos ofrecérsela igual que si se tratara de nuestro
amigo. Además, no debemos discriminar entre lo que supuestamente es una buena persona y una mala. Incluso, nos dicen,
deberíamos dar todo el tiempo y en todo lugar: "observando
una adecuada proporción", es decir, dando a los demás de
acuerdo con sus verdaderas necesidades y no con las aparentes.

Ya que consideramos qué podemos dar, a quién y cómo,
nos queda una cosa todavía por tomar en cuenta: ¿por qué dar?
A algunos, lo que les motiva a ser generosos (y a veces en gran
escala) es hacer crecer su reputación. En India podemos encontrar, a veces, que los multimillonarios apoyan con grandes

cantidades de dinero a los hospitales y dispensarios, con la idea de que, a cambio, esas instituciones dejarán muy claro, de preferencia con letras grandes junto a la entrada, a la generosidad de quién se debe la realización del proyecto.

Otros son generosos sobre la base de que se están "construyendo un terrenito en el cielo". Sin embargo, de acuerdo con el budismo, esta idea no tiene nada de noble. El Buda enseñó que si uno lleva una vida llena de virtud cosechará los frutos de ello, pero que no es ésa la razón por la cual uno deba vivir con virtud. Es más adecuado considerar que si algo hemos de obtener en lo personal al ser generosos, es que esas acciones nos ayudan a superar nuestra codicia y, por lo tanto, nos acercan más a la iluminación, no sólo por nuestro provecho sino en beneficio de todos los seres sensibles.

La cuestión del motivo nos lleva desde el tema de dar, de una manera común, al de *dana paramita*, la *perfección* del dar. La palabra *paramita* significa, literalmente: "lo que conduce a la otra orilla" y esa otra orilla es el nirvana. La tradición habla de seis o de diez paramitas, aunque en cierto sentido sólo hay uno: *prajña paramita*, la perfección de la sabiduría, la percepción directa de la realidad. *Dana paramita* es la práctica de dar que se conjunta con la experiencia de la realidad.

Por esta razón, con frecuencia, se dice que *dana paramita* es *trimandalaparisuddha*, un "círculo de pureza en tres aspectos". Tres aspectos porque en el acto de dar no existe la idea del yo, "yo estoy dando", no existe la idea de que hay un receptor y no existe la idea de que hay un acto de dar. No es que se dé en una forma hueca o inconscientemente, todo lo contrario, hay una conciencia clara y perfecta, sólo que el dar sucede de manera natural, espontánea e inacabable. Se da desde lo más profundo de la propia experiencia de la realidad, la propia unidad con el espíritu de la compasión y de acuerdo con las necesidades de los seres sensibles.

Sila, el segundo paramita, comprende el aspecto que más tiene que ver consigo mismo en la vida del bodhisatva y tiene conexión con la idea de la autopurificación. Sila se puede interpretar no sólo como "vida ética" sino como "inmerso en una vida de Dharma", un estilo de vida sano. La palabra sugiere que se tiene una actividad habitualmente hábil. Ya no es la acción hábil ocasional sino un desempeño regular y congruente de acciones hábiles.

"Honestidad" es más o menos el significado literal de la palabra. A veces se le traduce como "moralidad" pero para muchas personas esta palabra tiene connotaciones desagradables, ya que se le relaciona con actitudes morales convencionales y discutiblemente anticuadas, en particular, en el campo de la ética sexual. Ideas e ideales cristianos ortodoxos, que no son necesariamente los que vienen en los evangelios sino algunos que se sustentan en la doctrina del pecado original, han sido la causa por la cual muchas personas generaron sentimientos intensos de pecaminosidad y culpabilidad, al grado de arruinarles la vida. Todos los que hemos crecido en Occidente recibimos, en cierta medida, una educación bajo la influencia de esas actitudes. Incluso quienes rechazan de una manera consciente el cristianismo, ya sean ateos, humanistas, agnósticos o, claro, budistas, con frecuencia se hallan todavía bajo una profunda influencia de suposiciones éticas cristianas. Es algo que los budistas debemos entender. De otra forma, acarrearemos inconscientemente algunas actitudes cristianas en nuestra vida budista y, como resultado, habrá confusión, sobre todo en la esfera de la ética.

Aunque hasta cierto punto ha venido a menos el viejo orden moral todavía no se establece uno nuevo. Ni siquiera se ha puesto en claro cuál es el terreno que pisamos. En todo caso, no podemos abolir por completo el antiguo orden moral y partir de cero para establecer el nuevo. Siempre se traslaparán ambos entre sí.

Además, podemos obtener inspiración del pasado, no del más reciente pero sí del difuso y distante pasado precristiano, el de los tiempos paganos. Podemos mirar atrás, remontándonos a 1,500 años de historia religiosa, pasando por el Movimiento de Oxford, en el siglo IX, el resurgimiento metodista anterior a ello, el puritanismo anterior a ello, la iglesia medieval, los inicios de la Iglesia, hasta llegar a la introducción del cristianismo. Pero antes de eso nada, sólo un oscuro abismo en el cual notamos formas horrendas que pululan errabundas, un abismo del cual hemos aprendido a retroceder espantados, el tenebroso abismo precristiano del paganismo. No podemos percibir nuestras propias raíces en lo hondo de esas tinieblas. No sentimos ninguna continuidad con el pasado. Es impresionante un sitio como Stonehenge, ese gran círculo de piedras que permanece altivo en la planicie de Salisbury desde hace cuatro mil años. Sin embargo, para nosotros puede no ser más que un monumento arqueológico. No sucede en realidad que sintamos una auténtica continuidad con la vida religiosa y cultural de aquel pueblo que colocó así esas enormes piedras.

Por lo general, no estamos conscientes de que nos hemos visto privados de esa continuidad, pero podríamos verlo así si comparamos nuestra situación con la de los hindúes modernos. Ellos pueden volver la vista atrás, miles y miles de años, pasando por los grandes santos y reformistas del siglo XIX, los místicos medievales, los filósofos del medioevo temprano, el budismo, el hinduismo de los brahmines, el hinduismo védico, los cultos primitivos que antecedieron a eso, retrocediendo y retrocediendo, todo un proceso ininterrumpido, hasta llegar a los albores de la historia, las penumbras del pasado. Los hindúes modernos pueden sentir su continuidad con los rishis védicos que vivieron cientos y hasta miles de años antes de Cristo. Seguro que se trata de un sentimiento maravilloso, poder percibir que sus raíces religiosas son tan profundas como las de una planta floreciente que está bien arraigada en lo más hondo de la tierra.

Pero en cualquier país cristiano la gente es más semejante a una flor sin raíces, una flor en un vaso con agua, incluso como una flor artificial, porque se ha perdido la continuidad con el pasado, con nuestro propio pasado religioso. La continuidad de la vida religiosa occidental fue interrumpida por la llegada del cristianismo. A donde quiera que éste llegó, empezando por las entrañas del Imperio Romano y siguiendo con los alrededores del mismo, el paganismo fue destruido sin miramientos. Se destrozaron las imágenes paganas, se dañaron círculos de piedras, se talaron arboledas sagradas, se asesinaron sacerdotes. Virtualmente, nada del paganismo sobrevivió en territorio británico. Todo fue destruido por completo. Si algo quedó se ha conservado de un modo distorsionado. Tal es el caso de lo que popularmente se conoce como brujería. El cristianismo oficial ya casi no incluye nada de lo que se considera de alguna manera pagano o étnico. Es posible que hayan quedado rastros de algo en las iglesias de la zona mediterránea, donde se desarrollan ciertas prácticas en nombre del cristianismo pero que, en realidad, son remanentes de primitivos tiempos paganos, del mismo modo que algunos santos han surgido del bautizo de dioses y héroes paganos.

Sin embargo, se perdió la esencia de nuestro sello especial de paganismo. Nuestro vínculo con el pasado desapareció y es un vínculo que debe restaurarse. La gente está comenzando a reconocer que es importante estudiar los viejos mitos y leyendas, las creencias y prácticas, no sólo como granos para el molino académico sino de manera que podamos percibir lo que nos liga al pasado en lo que se refiere a los mitos y leyendas de nuestra tierra natal. Es importante que todos, incluso los budistas, establezcamos contacto con nuestro pasado precristiano. De hecho, a veces he pensado que el budismo sólo podrá difundirse ampliamente en Occidente tras un resurgimiento del paganismo. Quizás el budismo deba echar raíces en este hemisferio antes de que pueda florecer.

¿En qué consistiría ese paganismo renovado? Primero que nada debemos tener cuidado en no romantizar la cultura pagana. Hubo muchos elementos positivos en ella, de los cuales podemos extraer algo, pero cometeríamos un error al pintarla como un brillante y noble paganismo en contraste con una imagen oscura del cristianismo medieval. No sería justo ni históricamente correcto. Además, aunque sería agradable pensar que en cuanto la gente se liberara de sus actitudes éticas inútiles brotaría, sin más, su humanidad honesta natural, sería ingenuo suponer que el fin del cristianismo nos dejaría con una humanidad pura, limpia y fragante. Los nazis eran paganos, en cierto sentido. Algunos de ellos profesaban el retorno a los antiguos dioses paganos e, incluso, revivieron festivales de esa índole pero, ¿qué clase de paganismo fue ése?

De todos modos, los paganos anteriores al cristianismo no fueron, en absoluto, perfectos. Leemos cosas verdaderamente atroces sobre las costumbres de la Roma antigua. Quizá no deberíamos dar tanta importancia a las *Sátiras* de Juvenal. Él estaba dando su particular punto de vista, con mano dura, si bien es cierto que no todo era dulzura y claridad antes del advenimiento del cristianismo. No todo en la cultura pagana fueron bellas estatuas griegas y gente caminando con sus ondeantes vestiduras blancas. Siempre acontecieron cosas terribles, como la esclavitud y los torneos de gladiadores en el Coliseo. En algunos aspectos, el cristianismo definitivamente trajo mejorías (y claro está que los mismos romanos también fueron responsables, en gran medida, de la casi total destrucción del paganismo celta).

De tal forma, si contemplamos la posibilidad de un resurgimiento del paganismo, no estoy pensando en algo con un sentido de culto específico, no un paganismo clásico o uno teutónico, sino en algo más bien de una "naturaleza humana sin mancillar" o de una "naturaleza humana sana y feliz". No obstante, por lo que a nosotros respecta, esto es algo que se tiene que cultivar, se debe desarrollar. El individuo humano, sano y feliz, que vive libre e independiente de las actitudes de la sociedad que lo rodea es un producto de la imaginación. Nunca nos encontramos con alguien que no tenga ninguna clase de condicionamiento, positivo o negativo, transmitido por la sociedad en la que ha crecido.

En el siglo XVIII a la gente le gustaba especular acerca de lo que sucedería si pusiéramos a un niño en una isla desierta y lo dejáramos desarrollarse por sí mismo. ¿En qué clase de ser humano se convertiría? Quizá nunca lo sepamos porque no podemos criar a un niño de esa manera. El concepto del individuo humano que jamás haya sido condicionado por alguna cultura no deja de ser un planteamiento hipotético. Sin embargo, lo cierto es que uno puede *convertirse* en un ser humano feliz y sano como resultado de una vida espiritual y de un entrenamiento.

En lo personal, yo sería feliz si viera una combinación de paganismo celta y budismo, el primero para la mayoría y el segundo para la minoría y ver que ambos fueran tolerantes entre sí, de modo que se pudiera pasar de uno al otro. De alguna manera así era en tiempos del Buda. La mayor parte de la gente seguía los antiguos cultos étnicos pero el Buda era libre de recibir a quienes se interesaran de entre aquéllos.

No podemos regresar el tiempo. Es difícil escapar a las influencias del cristianismo en Occidente. Hay quienes crecen sin que el cristianismo les afecte mucho. Sin embargo, no hay un substituto de paganismo saludable, no tenemos un paganismo instantáneo para utilizarlo como alternativa ante la falta de un elemento étnico en el cristianismo. No se ha desarrollado, hasta ahora, una verdadera actitud pagana en nuestra cultura occidental postcristiana, aunque hay quienes quisieran creer lo contrario.

Entonces, ¿cómo podemos traer a nuestra vida budista esos elementos del paganismo que nos serían especialmente benéficos? Existen dos aspectos fundamentales del paganismo que son de particular importancia para tener una vida humana sana y feliz: primero, un sentido de conexión con la naturaleza y, segundo, una moralidad más natural.

Una característica del paganismo es el sentido de conexión con la vida de la tierra. El cristianismo oficial enseña que sobre la tierra descendió una maldición a consecuencia de la caída del hombre. Si vemos a la tierra a través de los lentes del cristianismo, en efecto ha caído, al igual que la humanidad. La tierra es mala porque la naturaleza es mala, coligada con el diablo. Ésta es la actitud cristiana ortodoxa, aunque suele no aparecer formulada: todo lo que es natural pertenece al diablo. Dios creó buena a la tierra pero se ha corrompido a causa de la caída del hombre. La gente puede argumentar que ya no da crédito a esa doctrina pero ese tipo de sentimientos acerca de la naturaleza aún prevalece, así como la idea de que la naturaleza está para ser explotada, lo cual también viene del Antiguo Testamento.

El paganismo, por el contrario, es un sentimiento de unidad con la naturaleza, un sentimiento de que uno es parte de la naturaleza y de que ésta es sana y buena, "natural", en una palabra, inocente. Y dado que somos parte de ella cada uno es, también, natural, sano e inocente. Tal es la esencia del paganismo y si el estudio de las religiones étnicas antiguas o de la mitología pagana nos ayuda a experimentarlo así, vale la pena dedicarse a ese estudio. De otro modo tendría poco valor espiritual.

Podríamos obtener una experiencia más directa por medio de celebraciones y rituales. Podríamos celebrar las estaciones, por ejemplo. Podríamos tener un festival de mediados de invierno y uno de primavera. Podríamos sentirnos conscientes de nosotros mismos para empezar, que ya pronto nos acostumbraríamos: fogatas, bailes alrededor de un poste decorado con flores, todas esas cosas. Hay algo semejante en la tradición tibetana, en sus festejos del año nuevo. Ellos lo celebran en grande. Le dan un colorido budista pero lo cierto es que proviene de sus raíces prebudistas paganas. Los caballos, por ejemplo, fueron de suma importancia para los pueblos nómadas tibetanos anteriores al budismo. Aún hoy, la carrera de caballos es parte fundamental de la celebración del año nuevo y la interpretación es que se está tratando de acelerar la llegada de Maitreya, el buda del futuro.

La segunda esfera en la que nos beneficiaríamos al revivir el paganismo es la de la moralidad que, ciertamente, es el tema que estamos tratando aquí. Tener una actitud más pagana y desechar las actitudes éticas cristianas que no nos ayuden mucho no debe significar, por supuesto, una total ausencia de códigos éticos, sino una moralidad más natural, algo que se acerque más a las realidades de la vida y la experiencia humana.

En este punto podemos considerar una diferencia que data de los primeros días del budismo: la distinción entre la moralidad natural (en pali *pakati-sila*) y la moralidad convencional (*pannati-sila*). Con moralidad natural nos referimos al comportamiento que está directamente relacionado con los estados mentales, en tanto que la conducta moral convencional es materia de costumbre y tradición y no se basa en la psicología, ya que no tiene relación con algún estado mental específico. Por ejemplo, el que no debamos tratar de hacer cosas sobre la base de un estado mental ávido, en especial cuando es en sus formas más neuróticas, es un asunto de moralidad natural, mientras que si uno ha de tener uno o dos cónyuges... o cuatro, es cuestión de moralidad convencional.

La moralidad convencional comprende también costumbres de etiqueta y comportamiento, tales como si uno ha de quitarse o no el sombrero en un sitio sagrado. No necesariamente hay una conexión entre que uno esté usando un sombrero o no y el grado de reverencia que siente. Simplemente es una norma social o cultural mostrar reverencia, en algunos sitios dejándose el sombrero puesto y en otros lugares quitándoselo. El sentimiento de reverencia es cuestión de moralidad natural y cómo se demuestra es asunto de moralidad convencional, en la mayoría de los casos, aunque podría afirmarse que hay una conexión psicológica entre ciertos estados mentales y determinadas actitudes corporales.

En la tradición budista hay algunos preceptos, en particular los que deben practicar los monjes, que nada tienen que ver con la moralidad natural. Que un monje use hábitos amarillos, se afeite la cabeza y demás costumbres son sólo una convención. Esto se ve muy claro en la tradición theravada, en la teoría, aunque con frecuencia en la práctica y, ciertamente, en lo que respecta a la opinión pública, donde se le concede una gran importancia a cuestiones de moralidad convencional, casi tanto como, incluso, a los preceptos más importantes de un orden de moralidad natural, lo cual resulta poco afortunado.

Igualmente desafortunado es que, algunas veces, las personas se sientan muy culpables por no observar asuntos de moralidad convencional, en especial si la sociedad en la que viven deposita en esas costumbres una gran importancia, como si de plano fueran cuestiones de moralidad natural. Por ejemplo, para algunas sociedades trabajar es algo moral y, por lo tanto, es inmoral no trabajar. De manera que quienes no trabajan, en el sentido de ser productivos y tener un empleo, son vistos de modo despectivo, considerados como ligeramente inmorales y se les hace sentir culpables por ello. De hecho, es posible que ellos mismos se sientan culpables, como si hubieran hecho algo incorrecto, cuando sucede que no han cometido ninguna ofensa a la moralidad natural, sólo que han ido contra la costumbre y la convención. En cierto sentido ésta es la diferencia entre virtud y respetabilidad. A veces ambas coinciden pero con frecuencia no es así. Uno puede ser virtuoso y respetable a la vez. Sin embargo, es posible ser muy respetable y nada virtuoso o ser muy virtuoso y nada respetable.

Únicamente las cuestiones de moralidad natural tienen relación directa con la cuestión del karma. No hay que revolver asuntos de una virtud real y sustancial, asuntos de moralidad natural, con nuestros prejuicios de lo que está bien y está mal, que pueden estar basados en simples costumbres locales y nada tengan que ver con estados mentales hábiles o torpes.

Es importante que uno mismo esté seguro si en verdad está llevando una vida moral o sólo está respetando los prejuicios del grupo en el que se desenvuelve. La vida moral es, en esencia, un asunto de estados mentales hábiles que se expresan en una conducta y una forma de hablar hábiles. Los preceptos de moralidad natural son aquellos que nos previenen de cometer acciones torpes, es decir, acciones basadas en avidez, aversión e ignorancia y que nos ayudan a realizar acciones basadas en estados mentales hábiles, como la generosidad, el amor y la sabiduría.

Ésa es la naturaleza de los preceptos tradicionales del budismo, los cuales nos guían para poner en práctica ciertos principios éticos en todos los aspectos de nuestra vida. Hay una serie de cinco preceptos donde uno "asume los principios de entrenamiento", como lo dice la tradición, de no quitar la vida a otros seres, no tomar lo que no se nos haya dado libremente, no tener una conducta sexual dañina, no mentir y no ingerir intoxicantes. Una serie de diez preceptos, que son una elaboración mayor de los cinco anteriores, incluyen una purificación, en tres etapas, del cuerpo, el habla y la mente. Ade-

más, hay sesenta y cuatro preceptos especiales para bodhisatvas. Podría decirse aún más sobre la práctica de estos preceptos pero quiero concentrarme en la ética budista aplicada a tres
esferas básicas de la vida humana: el alimento, el trabajo y la
pareja.

La más elemental de éstas tres es, por supuesto, la comida.
No hace mucho que ustedes hicieron una, lo mismo que yo.
Comer es parte de la vida diaria. Hay gente, en algunas partes,
a la que sólo le alcanza para comer una vez al día o un día sí y
uno no, pero la mayoría de nosotros comemos varias veces al
día. La comida ocupa una parte muy importante en nuestra
existencia y requiere muchas horas de ella. Tratándose de una
actividad a la cual dedicamos tanto tiempo, energía y dinero y
para la cual requerimos tener provisiones especiales en nuestras
casas, tales como cocinas, comedores y utensilios, es definitivo
que necesitamos llevar a ella la influencia de nuestros principios budistas.

El principio más importante aquí es el de la no-violencia, la
reverencia hacia la vida. Esto significa, entre muchas otras cosas, vegetarianismo. Algunos sutras del mahayana dicen que el
bodhisatva no puede ya pensar en comer la carne de otros seres vivos, así como una madre no puede pensar en comer la
carne de su hijo. Si hemos de practicar sila está claro que debemos encausarnos decididamente hacia el vegetarianismo. A
veces las circunstancias en el hogar nos lo ponen difícil. Puede
parecer imposible ser estrictamente vegetariano pero, al menos, cabe hacer el intento, quizá dejando la carne y el pescado
ciertos días de la semana o en ciertas ocasiones. Nadie observa
una no-violencia perfecta. Siempre hay algún grado de ella pero deberíamos reverenciar a la vida tanto como nos sea posible. Por supuesto, éste es un aspecto de la conexión pagana con
la naturaleza, de lo cual hemos hablado. El vegetarianismo, si
se practica en alguna medida, constituye una aplicación direc-

ta del principio que guía la vida del bodhisatva: el principio de la compasión.

Hay que decir que, ciertamente, el Buda no insistió en el vegetarianismo. Él consideró más importante que los mendicantes procuraran no ser quisquillosos con lo que comían sino que aceptaran lo que se les ofrecía (siempre y cuando estuvieran seguros que si les daban carne no fuera de algún animal sacrificado en especial para ellos). Sin embargo, parece sorprendente que tan pocos budistas en Oriente se hayan animado a aplicar, consecuentemente, este principio básico siempre que pudieran. En el difícil clima del Tíbet la comida vegetariana es, en verdad, escasa. No obstante, muchos de los budistas tibetanos que viven en la India siguen comiendo carne aunque ya no la necesitan. No son sólo los tibetanos. Los budistas tailandeses y birmanos se destacan, también, por comer mucha carne y la mayoría de los monjes y laicos singaleses tampoco son vegetarianos. Mas, acaso el no ser vegetariano sea particularmente extraño entre los budistas mahayana, como los tibetanos, si consideramos el énfasis que el mahayana hace en la compasión. El *Sutra Lankavatara* contiene todo un capítulo que habla de lo inadecuado de comer carne,[125] aunque parece que la gente no lo toma muy en serio.

Con relación a esto tienen algo que ver las enseñanzas tántricas, mal interpretadas. Los lamas tibetanos suelen decir que cuando se sacrifica a un animal, si se recitan determinados mantras, su conciencia se libera de inmediato y se va a una especie de cielo. Algunos llegan, incluso, a decir que el hecho de que la carne de un animal pase a través de su sistema asegura la salvación de esa criatura. No es posible probar ni desmentir tal aseveración, eso está claro, pero tiene todas las señales de ser una racionalización.

---

125 D.T. Suzuki (traductor), *The Lankavatara Sutra*, capítulo 8, "Sobre comer carne", Motilal Banarsidass, Delhi 1999, pp. 211-221.

Los bhikkhus tailandeses que conocí en la India decían que los laicos les ofrecían carne y que ellos no la podían rehusar, eso era lo que caía en sus cuencos. Sin embargo, aquellos laicos eran budistas y así lo habían sido durante cientos de años y los bhikkhus les habían enseñado a hacer todo tipo de cosas como, por ejemplo, ingeniarse maneras muy elaboradas para que las mujeres hicieran ofrendas sin tener que establecer contacto físico con los bhikkhus. Si pudieron enseñar a los laicos cosas así, ¿por qué no iban a poder enseñarles a no ofrecerles carne? Después de todo, tenían la capacidad de explicarles que ciertos tipos de carne estaban prohibidos y que, de acuerdo con el vinaya theravada, no debería de ofrecérsele: carne humana, carne de tigre, etc.[126] ¿Acaso no podrían pedir a la gente que mejor no les ofrecieran carne de ningún tipo?

Una vez que me quedé con algunos amigos bhikkhus de Tailandia, justo en el sitio de la iluminación del Buda, Bodh Gaya, vi que todos los platillos que comían tenían alguna mezcla con carne. En ocasiones, cuando comía con ellos lo único que podía elegir era arroz. Sin embargo, no resultaron tan solidarios conmigo. Era obvio que pensaban que era una torpeza de mi parte y que no era su obligación ayudarme a resolver ese problema que yo mismo me estaba creando.

Los singaleses fueron mucho más compasivos. Algunos bhikkhus singaleses son vegetarianos y los laicos budistas de Sri Lanka los consideran en ese aspecto. Cuando se les expone este caso a los tibetanos con frecuencia dicen, "sí, sabemos que deberíamos ser vegetarianos pero en el Tíbet eso es muy difícil". Lo cierto es que hacen una excepción cuando participan en alguna puya o práctica espiritual que tenga que ver con los bodhisatvas Tara y Avalokiteshvara. Entonces sí observan un vegetarianismo aunque las puyas duren hasta diez días, puesto

---

[126] *Vinaya Mahavagga* vi. 23. 9-15.

que Avalokiteshvara y Tara tienen especial relación con la compasión.

Además de ser vegetariano, uno debería de practicar el amor incondicional consigo mismo comiendo alimentos puros y saludables (con "puros" no me refiero a que estén tan refinados que no quede nada de bueno en ellos). Asimismo, deberíamos comer sólo lo necesario para mantener una buena salud. A veces olvidamos que la finalidad de alimentarse es conservar el cuerpo en buen funcionamiento. Cuando uno realiza una dieta de subsistencia, como hace mucha gente en otras partes del mundo, comprende esto bastante bien pero en occidente no resulta tan obvio, porque aquí llevamos una dieta óptima, por decir lo menos.

Tampoco debemos comer de manera neurótica. No deberíamos usar el alimento para tratar de satisfacer otras necesidades. Deberíamos comer tranquilos y en silencio. Ahora se usan mucho las comidas de negocios, durante las cuales la gente trata de arreglar algún convenio y alimentarse al mismo tiempo. Es una conducta demasiado incivilizada. La comida debería hacerse en silencio, en paz, casi como una meditación. Comer en un restaurante o en un café, donde hay tanto ruido y alboroto y conversaciones en voz alta, no es algo bueno para una persona sensible y concentrada. Aquí el principio es que uno debería comer con atención consciente, concentrado en lo que está haciendo. No debería uno desayunar mientras lee el periódico o discute con la familia, ni siquiera para hablar sobre la solución de cuestiones prácticas.

Para poner un ejemplo de lo que es la atención consciente en este sentido nada más bello que la ceremonia del té de los japoneses. Un pequeño grupo se reúne en un rincón callado, quizá dentro de una cabañita rústica del jardín y todos se sientan alrededor de una estufita de carbón. Escuchan el agua que hierve en la tetera. Entonces, lentamente, con movimientos llenos de gracia y delicadeza alguien vierte el té en las tazas y las pasa a los asistentes. Éstos sorben la bebida así, sentados juntos y en paz, participando en la común y cotidiana actividad de tomar el té.

La ceremonia japonesa del té muestra hasta qué grado de perfección pueden llevarse, incluso, las actividades cotidianas si se realizan con atención consciente. En verdad, aunque esta afirmación puede prestarse a malos entendidos, se podría decir que es mejor comer un bistec encebollado con atención consciente que ingerir hamburguesas vegetarianas de manera distraída. El punto es que, incluso la comida, una actividad tan común, puede efectuarse como si fuera un arte, un método, un *do*, para utilizar la palabra japonesa. Alguien que comiera y bebiera con atención consciente cada día, año tras año, podría ganar mucho en el aspecto espiritual, casi tanto como si llevara una práctica regular de meditación. Para recordarnos de tener atención consciente en esta manera podríamos, quizá, colocar en el vaso o el plato algún verso o refrán que vaya a propósito con este objetivo.

Otra área de la ética particularmente importante en Occidente tiene que ver con el trabajo. Tendemos a pensar que todo el mundo debería trabajar, es decir, ganar dinero. Consideramos que es erróneo, incluso pecaminoso, no tener un empleo remunerado. Ya pusimos un ejemplo de esto como moralidad convencional. No hay duda que se trata de un legado del protestantismo. Hay quienes no pueden tomarse unos días libres o ni siquiera quedarse un rato más en la cama sin sentirse terriblemente culpables por ello. En general, creemos que deberíamos estar haciendo algo. A veces, si vemos que alguien anda por ahí sin nada qué hacer nos sentimos nerviosos e incómodos y queremos ponerlos a hacer algo, como si el simple hecho de que estén ahí sentados y quietos mientras estamos tan ocupados fuera una afrenta para nosotros.

No es algo nuevo. Podemos encontrar lo mismo en los evangelios, por ejemplo, en el relato de Martha y María. Mientras aquélla anda de aquí para allá, arreglando todo, María simplemente está sentada a los pies de Jesús, escuchándolo, cuando hay tanta comida que preparar y servir y mucho que lavar. Martha estaba muy indignada. Sin embargo, Jesús decía que María había elegido lo mejor. En Occidente tendemos a ser Marthas y no Marías. Tenemos ese sentimiento, casi como una enfermedad, de que deberíamos estar haciendo algo.

Hasta donde sabemos, el Buda nunca trabajó para ganarse la vida. Nació en el seno de una rica familia aristócrata. Tenía infinidad de sirvientes. Según las narraciones, pasaba todo el tiempo en palacios, rodeado de mujeres que cantaban y bailaban y de músicos. Cuando más tarde dejó su hogar y se fue como mendicante, los demás le daban comida y ropa. Jamás hizo otra cosa para ganar su sustento. Claro que enseñó el Dharma pero es algo que habría de hacer de cualquier manera. Ésa era su naturaleza, como la del sol es alumbrar. Nunca trabajó para ganar dinero, ni siquiera por un día.

Hasta aquí me he referido al trabajo en el sentido de tener un empleo, pero también está el trabajo creativo. De hecho, el trabajo creativo es una necesidad psicológica. Puede darse criando y educando a los niños, puede manifestarse en la escritura o la pintura o la cocina o participando en actividades sociales constructivas. Producir, crear, es una necesidad humana. Mas no tiene por qué vincularse con el empleo. En una sociedad ideal nadie tendría que trabajar por un salario. Uno daría a la comunidad lo que estuviera en sus manos y ésta retribuiría dando a cada uno lo que necesite.

Sin embargo, ese estado ideal está ciertamente muy lejos de ocurrir y, mientras tanto, no nos queda más que buscar un empleo remunerado aplicando el principio de la subsistencia perfecta. En pocas palabras, esto significa que nuestros medios de subsistencia no deben implicar la explotación de terceros ni nuestra propia degradación. Además, sin importar cuál sea nuestro empleo, siempre deberíamos procurar tener tiempo para estudiar, meditar, ver amigos y hacer otras actividades positivas y creativas.

Otro aspecto de la vida que afecta prácticamente a todos de una u otra manera, formal o informalmente, es la pareja. El concepto budista de lo que es estar casado es muy distinto del que por tradición se tiene en Occidente. Para empezar, en el budismo el casamiento no se considera ni un sacramento religioso ni un contrato legal forzoso. Según la tradición budista, el casamiento sólo es una relación humana, reconocida por la sociedad a través de la familia y los amigos.

Incluso en Occidente, el vestido blanco, el ramo colorido, las campanas de la iglesia y todas esas cosas no son ya imprescindibles, como antes lo fueron, pero en el Oriente budista nunca ha existido ese tipo de ceremonias matrimoniales. Si acaso, suponiendo que la pareja quisiera resaltar el evento hará una fiesta para sus amigos y familiares y les anunciará que ya viven juntos. Tengo un amigo sikkimés que no hizo ninguna fiesta hasta que él y su esposa llevaban ya veinte años juntos y sus hijos habían crecido, pero nadie consideraba que mientras tanto "vivían en pecado". Si un hombre y una mujer viven juntos, están casados. Así lo ve un budista. El casamiento consiste en vivir juntos, no en un contrato legal, una convención social ni tan siquiera un anuncio oficial. Ante todo, el casamiento es la relación misma. Después de la fiesta con la que se inicia o se celebra, la pareja quizá vaya al templo o al monasterio a pedir bendiciones, pero no es propiamente una ceremonia matrimonial. Los monjes pueden bendecir la relación, mas no la crean, sólo la reconocen y dan sus bendiciones esperando que la pareja viva feliz junta, en comunión con el espíritu del Dharma y ayudándose mutuamente a practicar las enseñanzas del Buda.

Con esos antecedentes no es extraño que en todos los países budistas, desde la antigüedad, jamás haya existido algún problema para disolver un matrimonio, siempre que sus integrantes así lo hayan querido. Asimismo, después del casamiento, la mujer conserva su nombre de soltera. Ésta práctica se está volviendo ya más común en Occidente también, pero aquí es algo nuevo mientras que en Oriente siempre ha sido de ese modo. En los países budistas no hay un patrón de relación matrimonial. En ningún lado dice que la monogamia sea la única manera posible de estar casado. En aquellos lugares se puede encontrar la monogamia, la poligamia y hasta la poliandria, todas muy respetables. Los budistas ponen toda su atención en la calidad de la relación humana que se establece.

De un modo muy breve, es así como el budismo contempla la alimentación, el trabajo y el matrimonio, tres aspectos fundamentales de sila, la cara predominantemente individualista y concerniente a uno mismo en la vida del Bodhisatva. Mas no hay que olvidar que lo que nos interesa es *sila paramita*: sila como una perfección, sila en conjunción con la sabiduría. La honradez, sin importar con cuánto celo se lleve, no es en sí un fin sino un medio para alcanzar la iluminación. De hecho, de acuerdo con el budismo, cuando uno considera que sila es un fin en sí mismo esto se convierte en un obstáculo. Igual sucede con dana. Cuando dana se convierte en un fin, entonces es humanitarismo o filantropía secular. Es bueno pero no va lo suficientemente lejos. La única razón verdadera para practicar dana y sila es como un medio para llegar a la iluminación, por uno mismo y por todos los seres sensibles.

Ya antes hice referencia a la posibilidad de un conflicto entre la práctica de dana y la de sila. Shantideva habla de ello en el *Bodhicharyavatara*:

> Cualquiera, una vez que logre la iluminación, ha de comenzar a actuar. No debe pensar en otra cosa. Si es posible cumplir esto es sólo mediante la total entrega del ser.

Haciéndolo así, todo está muy bien hecho. Si así no fuera, ambos [los intereses en conflicto de dana y de sila] quedarían sin cumplir y la falla de la no-conciencia (asamprayaña) alcanzará un desarrollo ulterior.[127]

Shantideva sugiere que este conflicto potencial puede resolverse si se actúa con atención consciente, con pensamiento, reflexión, cuidado y conciencia. Si nuestra atención consciente es lo suficientemente firme, cualquier conflicto que hubiera entre las respectivas necesidades de dana y sila se resolverán casi de manera automática. Supongamos, por ejemplo, que un monje encuentra a una mujer gravemente enferma. Por supuesto, querrá darle alguna medicina y cuidarla. Eso es dana. Pero es una mujer y si hace algo por ella estará comprometiendo su voto monástico y pondrá en peligro su práctica de sila. De ese modo, surgirá un conflicto en el contexto de su vida monástica. Sin embargo, no deberá preocuparse. Si mantiene una atención consciente todo el tiempo, no importa lo que haga, resolverá el conflicto.

En términos históricos parece que algunos miembros de la sangha experimentaron un grado de tensión entre las demandas de dana y las de sila. Ciertas reglas monásticas eran muy estrictas y uno pensaría que eso restringiría las actividades del bodhisatva. Por ejemplo, hay reglas que hablan de no predicar el Dharma a gente que utilice turbantes o que lleve espadas.[128] El bodhisatva, dada la firmeza de sus sentimientos por entregar la doctrina, bien podría pasar por alto esas reglas. Técnicamente estaría rompiendo ciertos silas de la ley monástica pero, en efecto, Shantideva dice: "Surgirá un conflicto pero no im-

---

[127] Santideva, *Entering the Path of Enlightenment, The Bodhicaryavatara of the Buddhist Poet Santideva*, traducción de Marion L. Matics, Allen & Unwin, Londres 1971, p. 166.

[128] Éstas se indican en las reglas 59 y 66, enlistadas en el capítulo 10, sección 3 del *Patimokkha*.

porta". Mantente atento, consciente, en cada cosa que hagas y todo se solucionará, con respecto a dana y sila y todo lo demás.

Lo cierto es que así me sucedió durante mi estancia en India, en especial cuando iba con mis amigos bhikkhus tailandeses, quienes solían ser muy estrictos en la observación de las reglas monásticas. Con frecuencia, había un auténtico conflicto entre las reglas y las demandas de alguna situación. Imaginen que se organiza una conferencia en la que el expositor debe comenzar a las diez de la mañana y parece poco probable que termine su participación antes de la una de la tarde. ¿A qué hora comerá? Ellos no deben comer nada después del medio día y, para un monje estricto, ésta es una regla muy importante. Nosotros debatíamos acerca de esa situación. ¿Deberíamos cancelar la reunión de modo que pudiéramos cumplir aquella regla? ¿O hacer la reunión e ignorar la regla? ¿O quizá ayunar hasta la mañana siguiente? Algunos monjes estarían preparados para guardar un ayuno, pero a otros, eso no les iba a gustar. Tras platicarlo un rato, a veces acordábamos tomar la comida una hora más tarde. Los bhikkhus decían: "ni modo, es por el bien del Dharma". Aunque eran theravadines estrictos adoptaban una postura más mahayanista. En otras ocasiones teníamos que viajar en carretas de bueyes. Una vez más nos encontrábamos yendo contra las reglas monásticas pero no había otro medio de transporte. De haber caminado, habríamos llegado demasiado tarde a las reuniones para dar las conferencias.

No son pocos los monjes theravadines que en la actualidad experimentan un conflicto entre su deseo de propagar el Dharma y los requerimientos de la regla monástica, que suelen atravesarse en el camino de su labor budista. Esto debe haber sucedido mucho en India conforme fueron cambiando las condiciones y surgió el mahayana y, posiblemente, algunas reglas monásticas se interpretaban con demasiada estrechez. Sin embargo, Shantideva nos reconforta y afirma que, mientras uno esté atento en todo momento, esos conflictos no sólo se resolverán sino que ya no se contemplarán más como conflictos. Todos los aspectos del ideal del bodhisatva nos conducen hacia esa unión de los opuestos.

CAPÍTULO 5

"MASCULINIDAD" Y "FEMINIDAD" EN LA VIDA ESPIRITUAL

En la actualidad, referirse a la masculinidad y la feminidad, en el contexto que sea es, ciertamente, pisar sobre terreno resbaladizo. Es posible que ni siquiera el uso de las comillas sea suficiente para evitar la siempre latente inclinación a ser interpretado de una manera demasiado literal. Como veremos, sin embargo, aún así resulta de lo más apropiado usar dichos términos para caracterizar al tercero y cuarto de los paramitas que debe practicar un bodhisatva: *kshanti* y *virya*.

Kshanti (no confundir con *shanti*, que significa paz) es una de las palabras más bellas en todo el vocabulario budista. Reúne una serie de significados con relación a ella, de modo que no basta con una palabra en nuestra lengua para traducirla. Literalmente, quiere decir paciencia o indulgencia y es el antídoto para la ira (como dana lo es para la avidez). Así como la ausencia de ira y la ausencia del deseo de venganza, kshanti implica diferentes grados armónicos de amor, compasión, tolerancia, aceptación y receptividad.

También incluye gentileza y docilidad. Sugiere, además, humildad, pero no en un sentido de autoconciencia artificial. Parece que cuando Mahatma Gandhi fundó un ashram en la India redactó una lista de virtudes que debían ser practicadas por quienes habitaran ese sitio. Era una lista larga y estaba encabezada por "humildad". Sin embargo, alguien hizo el comentario de que si se practicaba la humildad de una forma deliberada, con conciencia de ello, entonces ya no era humildad sino hipocresía. De modo que el Mahatma tachó la palabra y, a cambio, al final de la lista escribió: "Todas estas virtudes deben practicarse con un espíritu de humildad", lo cual ya era diferente.

Trataremos, a continuación, tres aspectos principales de kshanti: paciencia, tolerancia y receptividad espiritual. Presentaré cada aspecto con un relato, para recordarnos que kshanti no es algo sobre lo que se deba teorizar o especular sino practicarlo, esencialmente, en nuestra vida diaria.

Kshanti, como paciencia, lo podemos ilustrar con una anécdota en la vida del Buda, una historia que se encuentra en el *Sutra de las cuarenta y dos secciones* que, por cierto, fue el primer texto budista que se tradujo al chino. La versión original ya no existe y no sabemos si estaba en pali o sánscrito pero la importancia histórica del sutra es considerable. Sucedió que un día, el Buda estaba dando un paseo cuando, de pronto, se encontró con alguien, quizás un brahmín, eso no lo sabemos pero lo que sí sabemos es que, por alguna razón, esa persona no se sintió muy feliz de toparse con el Buda y de inmediato comenzó a insultarlo de mil maneras. Es algo que a menudo ocurre en las escrituras del pali, el Buda no era ciertamente muy popular en su tiempo. Había quienes se resentían porque, a su parecer, andaba persuadiendo a la gente para que dejara a sus familiares y pensara en el nirvana en vez de hacer dinero.

Así pues, aquel hombre permaneció ahí de pie, insultando al Buda con todas las palabras ofensivas que guardaba en su vocabulario. Mas el Buda no decía nada, simplemente esperó a que el hombre se callara. Por fin, el sujeto se quedó un momento en silencio, acaso recuperando el aliento. Entonces, con calma, el Buda le preguntó: "¿Eso es todo?" Un tanto sorprendido, el hombre repuso: "Sí, es todo", a lo cual el Buda continuó: "Déjeme preguntarle algo. Suponga que un día viene un amigo y le trae un regalo pero usted no quiere aceptarlo. Si usted no lo recibe, ¿a quién le pertenece?" El hombre respondió:

"Pues si yo no lo tomo, entonces le pertenece a la persona que está tratando de dármelo". Estando así la cosa, el Buda dijo: "vaya, pues usted intentó hacerme el regalo de sus insultos, sólo que yo declino aceptarlos. Tómelos, son suyos".[129]

Por supuesto, pocos de nosotros serían capaces de dar una respuesta tan mesurada. Si alguien nos insulta verbalmente tendemos a replicar de una manera mordaz o, bien, retenemos el insulto ardiendo en nuestra mente mientras buscamos la manera de devolverlo más adelante. Pero es posible aprender a responder de un modo diferente. ¿Cómo? El gran maestro Shantideva nos da algunas ideas. Nos pide, por ejemplo, que imaginemos que alguien viene y nos golpea con un palo. Es una experiencia dolorosa pero no justifica que montemos en cólera. Deberíamos, en cambio, tratar de entender lo que sucedió. Si lo analizamos, dice, no es más que la conjunción de dos cosas, el palo y nuestro cuerpo. ¿Y quién es el responsable de que ambas cosas se encontraran? Es verdad que la otra persona llevó el palo contra nosotros, de manera que es, en parte, responsable. Pero nosotros pusimos el cuerpo. ¿Y de dónde vino ese cuerpo? Vino de nuestros previos samskaras, de nuestra ignorancia y de las cosas que, durante nuestras vidas anteriores, hicimos con base en la ignorancia. ¿Por qué habríamos de enojarnos con nuestro enemigo por traer un palo y no con nosotros mismos por traer un cuerpo?[130] En el *Bodhicharyavatara*, Shantideva hace diversas reflexiones semejantes con el fin de ayudarnos a practicar la paciencia.

Claro está que no es sólo cuestión de practicar la paciencia con gente que nos insulte o nos apalee. En la literatura budista

---

[129] Vea *The Sutra of Forty-two Sections and Two Other Scriptures of the Mahayana School*, *op. cit.*, sección 8, p. 13.
[130] Shantideva, *Bodhicharyavatara*, capítulo 6, verso 43.

se clasifican en tres grupos los contextos en los que debe practicarse la paciencia.[131] En primer lugar, tenemos a la naturaleza, el universo material que nos rodea, en especial como condición climática. Por lo general, hace demasiado calor o demasiado frío o hay demasiado viento o demasiada lluvia o el sol no brilla lo suficiente. Todos estos cambios climáticos requieren cierto grado de paciencia. También tenemos lo que en las leyes denominan casos de fuerza mayor: desastres naturales que están fuera del control humano, como los incendios, inundaciones, rayos y terremotos. En ocasiones, tenemos que practicar la paciencia ante esta clase de eventos.

En segundo lugar tenemos que ser pacientes con nuestro propio cuerpo, sobre todo cuando está enfermo o le duele algo. No deberíamos enojarnos con el cuerpo ni con sus dolores y trastornos. No deberíamos ponernos a golpear al "hermano asno", como diría San Francisco. Después de todo, nosotros trajimos el cuerpo a este lugar, somos responsables de él. A la vez que deberíamos tratar de aliviar el sufrimiento siempre, lo mejor posible, ya sea el nuestro o el de los demás, también deberíamos comprender que suele haber un residuo imposible de aliviar y no queda más que sobrellevarlo con paciencia.

Aún si nos mantenemos en buen estado, tarde o temprano llegan la vejez y la muerte. En el Occidente actual mucha gente se niega a envejecer con gracia y eso, a veces, trae consecuencias bastante trágicas. En cambio, en Oriente y quizás en las sociedades tradicionales en general, la gente con frecuencia anhela la ancianidad y en verdad tiende a verla como la etapa más feliz de la vida. Es cuando se calman todas las pasiones y las turbulencias emocionales de la juventud. Uno adquiere experiencia y con ella, posiblemente, un poco de sabiduría. Ya se

---

131 Vea Har Dayal, *The Bodhisattva Doctrine in Buddhist Sanskrit Literature*, *op. cit.*, pp. 209-213.

ha entregado todo a las nuevas generaciones y uno tiene menos responsabilidades y mucho tiempo más para reflexionar e, incluso, para meditar. La muerte es harina de otro costal. Para la mayoría de la gente, donde quiera que sea, se trata de algo muy serio. Sin embargo, nos guste o no, la muerte vendrá y lo mejor es que, en este sentido, practiquemos la paciencia.

En tercer lugar deberíamos ser pacientes con las demás personas. Lo cierto es que esto es mucho más difícil que ser paciente con el clima o con nuestros propios dolores y padecimientos. Las otras personas pueden llegar a ser verdaderamente difíciles. Es muy conocida la expresión de un personaje de Jean Paul Sartre en su obra *A puerta cerrada*: "El infierno son los demás". Podríamos añadir que también la gloria son otras personas, pero eso ya es otra historia.

En la literatura budista, incluso en la vida budista, los altos ideales de la paciencia suelen llevarse a extremos impresionantes. Está, por ejemplo, la parábola de la sierra. Una vez, el Buda reunió a sus discípulos y les dijo: "Monjes, imaginen que un día van caminando por el bosque y unos atracadores los capturan. Supongan que ellos toman una sierra de dos asas bien afilada y les cortan una extremidad tras otra. Si en sus mentes, monjes, surgiera el menor pensamiento rencoroso, no serían ustedes mis discípulos".[132] A tal extremo puede y, como último objetivo, debería llevarse este ideal. No se trata sólo de apretar los dientes y soportar mientras se contienen la ira y el resentimiento. La enseñanza del Buda deja muy claro que la paciencia es, ante todo, una actitud mental positiva, una actitud de amor.

Después de contarles la parábola de la sierra, el Buda continuó. "Por lo tanto, bhikkhus, deberían adiestrarse de este mo-

---

[132] Extraído del *Kakacupama Sutta*, sutra 21 en *The Middle Length Discourses of the Buddha* (*Majjhima-Nikaya*) i. 129, en la traducción de Woodward).

do: si la gente habla mal de ustedes, esto es lo que tienen que practicar: 'nuestros corazones permanecerán resueltos, ninguna palabra rencorosa escapará de nuestros labios y sí, en cambio, mantendremos la compasión por el bienestar de esa gente, lo haremos de corazón, sin resentimientos. A quien hable mal de nosotros lo inundaremos con pensamientos plenos de amor y así hemos de proseguir. Además, ya que establecimos esa postura, bañaremos con pensamientos amorosos también al resto del mundo, llegando cada vez más lejos, abarcando a más seres, sin límite. Lo haremos libres de odio, libres de rabia, así hemos de continuar'. Es así como deberán practicar".[133]

La expresión más sucinta de esta clase de paciencia se puede encontrar en el *Dhammapada*, donde dice: "La paciencia es el ascetismo más grande".[134] La palabra que se ha traducido como ascetismo es *tapo*, que por lo general se refiere a penitencias, austeridades y prácticas de automortificación. Éstas eran muy comunes en la antigua India. Había quienes ayunaban durante meses o reducían su alimento a unos cuantos granos de arroz al día o cada dos días o una vez a la semana. Algunos se colgaban de un árbol, de cabeza, atados por los pies, para meditar de esa forma o mantenían una mano levantada durante varios meses hasta que les quedaba inútil. Hubo una famosa práctica llamada *pañcha agñi tapasya* o ascetismo de los cinco fuegos. Ésta consistía en encender lumbre en los cuatro puntos cardinales y, mientras ardían, uno se sentaba entre ellos, directamente bajo el rayo del sol, el quinto fuego. En el Canon Pali se hacen referencias a todos estos tipos de automortificaciones, tan populares en tiempos del Buda.[135] Mucha

---

[133] *Ibíd.*
[134] *Dhammapada*, verso 184.
[135] Vea, por ejemplo, los sutras 36, 40 y 57 del *Majjhima-Nikaya*.

gente lo veía como un medio para la salvación y creía que mientras más mortificaba su carne su espíritu se volvía más puro, mejor, más sutil y más iluminado.

Pero el Buda no concordaba con eso. Él hablaba desde la experiencia. Había probado todo durante seis años sin descanso y había descubierto que nada de ello daba resultado. Lo cierto es que llegó a ver, como dice en el *Dhammapada*, que la paciencia, la indulgencia, es el *tapo* más grande, el mayor ascetismo. Si uno desea llevar a cabo algún ascetismo no necesita buscar una situación especial. No hay que sentarse entre cinco fuegos. Basta con que vivamos en el corazón de cada día y eso nos dará muchas oportunidades para practicar la paciencia. Si uno va llevando bien las pruebas y los problemas que nos plantea la vida ya está practicando el mejor y el más duro de los ascetismos posibles.

La palabra griega *askein* era un término muy positivo que significaba "adiestrarse". Lamentablemente, en nuestro idioma se ha perdido el sentido original, justo ahora que quizá necesitamos una palabra que tenga una connotación religiosa o espiritual que exprese ese concepto en particular. Si pensamos en el ascetismo como un adiestramiento, todo lo que hacemos como budistas es un ascetismo. Levantarse a las seis de la mañana a meditar no es ascetismo en el sentido negativo del término. Es, sencillamente, un entrenamiento. Asimismo, guardar silencio es un entrenamiento, la ética es un entrenamiento, todo es un entrenamiento.

Sin embargo, quizá sea cuestionable si resulta adecuado utilizar la palabra ascetismo para referirse a ese adiestramiento. En la actualidad, en lo que nos hace pensar es en camas de clavos y no en la destreza atlética. Qué extraño que nos parezca tan difícil deshacernos del sentido que van adquiriendo las palabras, pero es como tratar de deshacernos de la historia. Para mucha gente la palabra "disciplina" también tiene connotaciones negativas. Por una parte, se puede emplear de una manera positiva. Por ejemplo, cuando nos referimos a cierta área de estudios pero, del mismo modo, se utiliza el término al hablar del látigo que usan los monjes cristianos para flagelarse. De manera que aunque, como budista, uno pueda llevar una vida disciplinada en un sentido muy positivo, no todos responderán de forma positiva ante la idea de que la vida budista pueda ser una vida de disciplina. La verdad es que algunos preferirán llevar una vida budista con un estilo caótico y espontáneo.

El segundo aspecto de kshanti es la tolerancia. Podemos ilustrarla con un relato de la historia budista. En el siglo XIII, los mongoles se convirtieron al budismo. El autor de ello fue el gran maestro espiritual tibetano Phagpa, que en aquel tiempo encabezaba la escuela shakya, una de las cuatro grandes escuelas del budismo tibetano. Era un hombre influyente, hábil y prestigioso. Fue el maestro espiritual de Kublai Khan, el gran emperador de China y Mongolia. Éste, como muestra de gratitud por sus enseñanzas, le dio a Phagpa jurisdicción secular sobre todo el Tíbet. De hecho, era tal el entusiasmo de Kublai Khan que quiso dictar una ley para que todos los budistas que moraran en sus dominios siguieran las enseñanzas de la escuela shakya.

Habrá quien piense que Phagpa se sintió muy complacido por ello, pero no fue así. En realidad, disuadió a Kublai Khan de su idea diciéndole que cada cual debería tener la libertad de elegir la forma de budismo que le convenía. Ésa es la antigua tradición budista, señaló. Esta actitud tolerante es típica del budismo tibetano actual. Ciertamente, ha sido la actitud budista en cualquier parte desde sus inicios. Ha habido algunas excepciones, casos graves de intolerancia budista, aunque pocos y de pequeña escala. Nada comparado con la historia de la iglesia cristiana, la cual, en especial durante la Edad Media, incurrió en tantas demostraciones de intolerancia, fanatismo y persecución que ya parecían la regla y no la excepción. Baste con recordar la despiadada destrucción de la cultura pagana en Europa Occidental, la enorme masacre de herejes como los cátaros, los albigenses y los waldenses, la cruel y triste historia de la Inquisición y las Cruzadas y, posteriormente, la quema de brujas. Estas escenas representaban la política oficial del cuerpo total de la Iglesia y todos, desde el Papa para abajo, se vieron inmiscuidos, incluso algunos de los que eran considerados santos. Esta versión de la historia cristiana nos deja la impresión de que en el fondo había algo casi patológico. Hay quienes aseguran que todo ello no representa el verdadero cristianismo y sí, es posible que tengan razón, aunque cabe decir que hasta en los evangelios se hallan trazas de intolerancia. Las evidencias señalan que el cristianismo tendió a la intolerancia desde un principio y que esa actitud ha prevalecido hasta nuestros días. La única diferencia en el presente parecería radicar en que las iglesias cristianas ya no tienen el poder suficiente como para infligir algún daño a quienes no concuerdan con ellas.

Es curioso cómo la intolerancia, la exclusión y la tendencia a la persecución y el fanatismo parecen características de todas las formas de monoteísmo. Si alguien intentara enseñar budismo en un país islámico, aún hoy, probablemente lo pagaría muy caro. Sin embargo, el budismo es no teísta. No enseña que hay que creer en un dios personal o en un ser supremo, como tampoco predica que la religión consista en someterse a ese ser supremo o en tenerle fe. Según la enseñanza budista, cada individuo es responsable de su propio destino espiritual y nadie puede ser responsable si no tiene libertad para elegir la manera en que seguirá ese destino. Por eso hay tantas formas de budismo. Hablando en general, no se trata de sectas o de escuelas rivales que clamen la posesión exclusiva de la verdad budista. Todas ellas representan algún aspecto en particular de la tradición en su conjunto.

Si, bien, el budismo enseña la tolerancia, no sólo hacia todas las formas de budismo sino hacia todas las demás religiones, no se trata de algo indefinido. La tolerancia que expresa no es confusa, no es de la que simplemente desvanece las diferencias. No es una tolerancia pseudouniversalista ya que, a la vez que tiene clara la naturaleza de todas las cosas, no impone su enseñanza de la verdad a los demás. Quizá sea tentador pensar que mientras más confianza tiene uno en la verdad de lo que cree, mayor derecho tiene de imponer su punto de vista a otras personas y más grande será la estupidez de éstas si no aceptan lo que aquél les dice, pero no es así como funciona en el budismo la fe. Todo budista debe manejar una clara comprensión derivada de la reflexión precisa de enseñanzas tales como las cuatro nobles verdades, el noble sendero óctuple, la coproducción condicionada, el shúnyata, etc. Sin embargo, se entiende que cualquiera está en perfecta libertad de pensar de otra manera. Un budista no se enoja ni se siente amenazado o derrotado si ve que otras personas en el mundo, incluso en su propio entorno, no aceptan sus ideas, no creen que el Buda fue un iluminado, no creen que el noble sendero óctuple conduzca al nirvana y rechazan todo eso.

Asimismo, es importante que los budistas puedan expresar sus opiniones con claridad y esto ya suele presentar para algunos un desafío y hasta una amenaza. Nadie aquí pretende atacar las creencias de otro sólo porque sí. Sin embargo, la enseñanza del Dharma tiene dos aspectos tradicionales: difundir la verdad y disipar el error. A veces, ambos están estrechamente relacionados. No es posible expresar un punto de vista no teísta sin rechazar la creencia en un dios personal y ofrecer razones para ello. Claro está que algunas personas considerarán que eso es un ataque a la idea de Dios o a Dios mismo. En Occidente, a veces los budistas tienen temor o, por lo menos, se muestran poco dispuestos a enfatizar en las diferencias.

No podemos dejar de sentirnos decepcionados cuando los maestros budistas evitan tratar el asunto de Dios. Saben perfectamente bien que el budismo es una enseñanza no teísta y que todas las fuentes budistas rechazan la creencia en un Ishvara, un dios creador. No obstante, quizás en aras de llegar a una causa común con el cristianismo, no sólo minimizan la calidad no teísta del budismo sino que dejan que parezca que en realidad esta religión no es no-teísta. Es una pena en verdad. Si insistimos en ello acaso pisemos alguna susceptibilidad pero, como budistas, debemos correr el riesgo. Tenemos que ser completamente honestos con lo que creemos, si no, ¿dónde queda nuestra supuesta libertad de expresión? No es necesario ser agresivos o provocadores. Podemos decir lo nuestro de una manera razonable, positiva y amistosa. No hay que entregarse a la crítica puramente negativa y destructiva pero tampoco hay que ocultar o evitar decir nuestra opinión.

A la gente que tiene un pasado cristiano le resulta difícil asimilar la naturaleza del budismo. No es fácil desechar nuestras tendencias a ver las cosas de cierta manera y es necesario hacer un esfuerzo definitivo para ello. En 1840, Carlyle escribió que, en ese momento, a la gente le costaba trabajo entender o imaginar la seriedad con que tomaban la religión cristiana las personas del siglo XVII y la convicción con la que creían que Dios intervenía personalmente en la política nacional, en las campañas militares y en otras cosas. Habría sido muy difícil para alguien del siglo XVII en Inglaterra imaginar un orden social que no estuviera sólidamente basado sobre la palabra de Dios. Ellos habrían creído con toda honestidad, si se hubieran parado a pensarlo así, que si la gente dejaba de tener fe en Dios (o en la Trinidad o la Encarnación) la sociedad se hubiera colapsado de inmediato.

Los cristianos que se acercan al budismo están en una posición semejante. Incluso si hacen un esfuerzo sincero por entenderlo, lo más probable es que sigan funcionando desde sus propias suposiciones y conceptos y que intenten hacer que el budismo quepa en sus esquemas. Por ejemplo, se plantean el viejo enigma de que cómo es posible que los budistas, que no creen en Dios, puedan adorar al Buda. La gente cree que lo pondrán a uno en problemas haciendo que trate de explicar esta terrible contradicción en su religión. Sin embargo, cuando se les expone el razonamiento paso por paso, por lo general, la explicación les queda bastante clara, aunque representa un punto de vista que sencillamente no se les ocurrió pensar antes.

Lo mismo sucede en el caso contrario. Hay budistas en Tailandia que no pueden concebir cómo un ser humano sensato pueda creer en un dios que creó al mundo. Esto les hace reír. Ni siquiera tienen una palabra en su idioma equivalente a Dios y, por esta razón, a los misioneros cristianos les toma mucho tiempo y esfuerzo explicarles la extraña noción de un dios personal que creó los cielos y la tierra. Tenemos que buscar siempre trascender las limitaciones de nuestros puntos de vista y, por lo menos, tratar de imaginar la posibilidad de que alguien crea en algo que nosotros no. Aún podremos rechazar la idea pero ya no nos parecerá increíble que alguien pueda creer en lo que sea.

Por un lado, es claramente crucial este tipo de tolerancia a la diversidad religiosa que permite a cada persona la libertad de elegir el camino espiritual que desea seguir, pero también es importante señalar las perspectivas que son espiritualmente dañinas u "opiniones erróneas", como las llamaba el Buda (la palabra en pali es *miccha-ditthi*). Una opinión errónea común en la actualidad y que necesitamos mencionar, quizá de manera más urgente que la creencia en un dios personal, por lo general viene ligada y hasta se confunde con la tolerancia: el pseudo-igualitarismo.

Podemos entender al pseudo-igualitarismo, entre otras formas, como la negación de los logros superiores de algunos individuos e, incluso, de determinados grupos. El verdadero igualitarismo es la fe en que todos los seres, donde quiera que se encuentren, tienen una inagotable capacidad de desarrollarse como individuos y de cultivar cualidades particulares, positivas, de su propia humanidad en un grado infinito. El pseudoigualitarismo es la suposición irreflexiva de que todos son iguales, literalmente, y por lo tanto así hay que tratarlos. En cierta medida, ésta se ha convertido en una especie de ortodoxia. Una nueva ortodoxia, dirán algunos.

En la Edad Media y aun después era inconcebible cuestionar doctrinas como la divinidad de Cristo y la Trinidad. Para la gente, aquél que ponía en duda tales cosas a pesar de tratarse de verdades tan evidentes no podía menos que ser un estúpido o un verdadero malvado. Todas las personas decentes y correctas reaccionarían ante él de manera inmediata. Pedirían su encarcelamiento o que lo quemaran en la pira. Ni hablar de sentarse con él y discutir la idea. Tan obvio era su error. Esto es la ortodoxia, la creencia de que alguien está tan claramente equivocado que no se puede razonar con él, sólo cabe eliminarlo. A eso mismo me refiero al hablar de una nueva ortodoxia, no a una creencia en cierta doctrina en especial sino a la actitud de que si otro sostiene determinado punto de vista no tiene caso discutir con él. El hecho es que casi resulta imposible actualmente decir lo que uno piensa, aun dentro de nuestras "democracias" occidentales. No tenemos libertad de expresión. En la práctica, existen algunas cosas "socialmente correctas" que a uno le están permitido decir y otras cosas que no.

¿De qué manera se protegen una creencia, una enseñanza o una organización tolerantes de una intolerante? Es una pregunta demasiado difícil. Por lo regular, quienes creen en la tolerancia también son partidarios de no usar la violencia. Pensar en defenderse de un modo violento está fuera de su perspectiva. ¿Qué pueden hacer entonces? ¿Permitir acaso que les pasen por encima?

Lo único que se nos ocurre, aunque seguramente no nos dejará completamente satisfechos, es que uno tiene que ser precavido, diplomático e, incluso, astuto. Hay que ser capaces de ver el peligro que se aproxima y prepararse a contrarrestarlo antes que sea demasiado tarde y no quede más remedio que recurrir a la violencia. Sin titubeos, hay que aprovechar la ley cuando está de parte nuestra y debemos participar libre y vigorosamente en el debate, presentando y defendiendo nuestro punto de vista, sin abandonar nuestra causa a su suerte. En particular, es importante protestar contra cualquier representación errónea del Dharma. El Buda mismo corrigió toda mala interpretación que se hacía de sus enseñanzas, de eso no hay duda. Podemos protestar y hacerlo sin aspavientos ni en una forma histérica.

El tercer aspecto de kshanti que me gustaría destacar es la receptividad espiritual. La ilustraremos con un suceso que relata el capítulo dos del *Sutra del loto blanco* (*Sadharma Pandarika*). El capítulo inicia con el Buda, sentado en posición de flor de loto y sus discípulos en torno a él: arahats, bodhisatvas y demás, cientos y miles de ellos. El Buda tiene los ojos medio cerrados y las manos sobre el regazo, sumido en una profunda meditación. Así pasa mucho, mucho tiempo. Como los arahats, los bodhisatvas y los otros seres que le rodean tienen un desarrollo elevado no se agitan nerviosamente ni comienzan a toser, les basta con sentarse junto a él en silencio hasta que termine de meditar y, cuando al fin lo hace, tiene un anuncio que darles. Les dice que la verdad esencial es muy difícil de percibir, que aunque intente explicárselas nadie la entendería. Tan vasta y profunda es. A tal grado trasciende toda capacidad humana que nadie podría desentrañarla.

Como es natural, sus discípulos le ruegan que, al menos, trate de comunicarles esa verdad y al cabo el Buda accede. Les dice que proclamará una enseñanza que va más allá, más alto y más profundo de cualquier cosa que hayan escuchado con anterioridad, una enseñanza que hará que todo lo que hubieran aprendido en el pasado parezca pueril. Al decir esto, se oye que todo un grupo de discípulos empieza a murmurar. Según el texto, es un grupo de cinco mil discípulos que comentan entre sí, "¿Algo más allá? ¿Más alto? ¿Algo que jamás hemos entendido? ¿Algo de lo que nunca nos hemos percatado? ¡Imposible!" y que, acto seguido, se levantaron y se fueron. Sí, los cinco mil.[136]

Su acción estuvo motivada por una tendencia muy humana que, en especial, se encuentra más marcada en aquellos que procuran llevar una vida espiritual. Uno llega a creer que no tiene nada más que aprender, que ya todo lo ha resuelto. Claro que no somos tan tontos. Podemos decir, "pero por supuesto que aún me queda mucho por aprender. Entiendo que no lo sé todo", mas en el fondo no lo sentimos así, no nos conectamos de verdad con lo que implica una frase como ésa. Significa que, en realidad, tendríamos que cambiar el modo en que pensamos y cómo nos comportamos. Aprender algo nuevo puede implicar el cambio total de nuestra actitud.

No es nada más adquirir información adicional. No significa que por aprender todo lo que respecta a la escuela madhyamika ya uno tendría que mantener una mentalidad abierta en cuanto a los desarrollos históricos posteriores y al surgimiento de subescuelas. Receptividad quiere decir estar preparado para un cambio radical completo en nuestro modo de ser, de vivir, de entender el mundo. Es a esto a lo que nos resistimos. De esto es de lo que nos protegemos.

El mahayana enseña un aspecto de kshanti que se llama *anutpattika-dharma-kshanti*, el consentimiento en la verdad

---

136 Vea la traducción de Burton Watson, *The Lotus Sutra*, Columbia University Press, Nueva York 1993, p. 30.

de que todos los fenómenos son en realidad ilusorios, inexistentes, no producidos e indiferenciados. El sentido general de esto es que hay ciertas enseñanzas o percepciones que, cuando entramos en contacto con ellas por primera vez, nos parecen profundamente perturbadoras. Nos estremecen hasta la médula, al grado que nos resulta muy difícil aceptarlas. El *anutpattika-dharma-kshanti* consiste, básicamente, en tener una actitud que no ofrezca resistencia alguna a estas verdades más elevadas toda vez que las encontremos o las experimentemos.

Esa verdad más elevada a la que nos referimos aquí, en particular, es la verdad de que los dharmas, los elementos más irreductibles de la existencia, en realidad no existen. La tradición budista temprana decía que los dharmas surgían, se mantenían por un momento y luego cesaban. Sin embargo, la enseñanza mahayana sostiene que no importa con cuánta precisión analicemos nuestra experiencia, no puede decirse que los dharmas en los cuales la analizamos representen ciertamente entidades separables, de modo que los dharmas ni siquiera llegan a existir. Un bodhisatva puede aceptar esta enseñanza sin reservas y es a esta receptividad a la que se hace referencia como un tipo de kshanti.[137] Es evidente que no cualquiera llega a dejar de oponer tal resistencia. De hecho, se trata de una característica que distingue al bodhisatva "irreversible", aquel que ha alcanzado una etapa muy avanzada en el sendero (en el capítulo 7 veremos lo que significa esa "irreversibilidad").

La tendencia natural es pensar que cualquier cosa que no entendamos seguramente es una patraña y, como tal, debemos rechazarla sin pensarlo más. Está claro que kshanti implica la ausencia de semejante orgullo, una humildad intelectual y el

---

[137] Para más información acerca de *anutpattika-dharma-kshanti* vea Sangharákshita, *Wisdom Beyond Words*, Windhorse, Glasgow 1993, p. 267.

reconocimiento de que uno no lo sabe todo porque, en efecto, no sabemos nada de nada. Con una actitud así es mucho más probable que alguien esté abierto a las nuevas experiencias y conocimientos. Todo esto es lo que implica la palabra kshanti.

La receptividad espiritual es sumamente importante. Sin ella, sencillamente, no puede sostenerse un progreso espiritual. Es necesario que nos mantengamos abiertos a la verdad, del mismo modo que una flor se mantiene abierta hacia el sol. Eso es lo que significa la receptividad espiritual, mantenerse abierto a las influencias espirituales más elevadas que fluyen en el universo y con las cuales no estamos acostumbrados a contactar porque nos cerramos a ellas. Deberíamos estar listos, si es necesario, a desechar cualquier cosa que hayamos aprendido, lo cual no es nada fácil, así como también estar dispuestos a renunciar a lo que hemos *llegado a ser*, cosa todavía mucho más difícil.

¿Cómo podemos llegar a ser así de receptivos espiritualmente? Para empezar podemos orar. Un budista no tendría que asustarse ante la idea de rezar. No es preciso que demos al verbo rezar una connotación teísta. Cuando los budistas tibetanos se dedican a lo que ellos llaman "rezar" no se están dirigiendo a la idea un dios creador del cielo y de la tierra. Ese concepto no forma parte del sistema de creencias del budismo tibetano. Sus oraciones van dirigidas al Buda, los bodhisatvas o las dakinis.[138]

En todo caso la oración, en un sentido estricto, no es para pedir cosas materiales sino bendiciones, comprensión elevada, sabiduría o compasión. Lo que expresan nuestras oraciones es la falta de esas cualidades y el deseo de adquirirlas. Cuando alguien quiere algo, de una forma común, basta con que se lo pi-

---

[138] En la tradición tibetana, la dakini ("bailarina celestial") es una figura femenina que representa las energías de la iluminación.

da a otro: "por favor, pásame un pan", "por favor, préstame dinero" o lo que sea. Cuando se trata de budas y bodhisatvas sabemos que ellos tienen sabiduría y compasión y nosotros no, aunque nos gustaría tenerlas también. De manera que nuestra aspiración por desarrollar esas cualidades se expresa mediante una petición a los budas y bodhisatvas para que nos las otorguen. Si somos budistas bien informados sabremos de sobra que nadie nos puede pasar la sabiduría y la compasión como si fueran una charola con pan. No obstante, seguimos recurriendo al lenguaje de la petición. ¿Por qué?

La razón es que la misma naturaleza del lenguaje casi nos obliga a pensar en la sabiduría y la compasión como cualidades que podemos adquirir o recibir. Si usamos el lenguaje de la oración lo hacemos porque contiene cierto valor emotivo y expresa apertura y receptividad. De hecho, eso no refleja una creencia firme en que los budas y los bodhisatvas nos pueden dar esas cualidades. En todo caso, uno comprende que esos budas y bodhisatvas no son algo ajeno a nosotros mismos, en realidad. Podemos considerarlos como símbolo de estados que no hemos realizado en nuestro propio ser y que estamos intentando activar por medio de la oración.

Entendida de esta manera, la oración no está fuera de lugar en el budismo. Es algo muy distinto a la meditación. Tampoco significa que uno esté pensando: "voy a hacer como que pido pero ya sé que soy yo quien lo tiene que hacer". Cuando uno reza, de verdad está *sintiendo* que no tiene lo que desea y que por eso necesita pedirlo. Podemos entender, en un nivel intelectual, que todo depende de nosotros pero no es eso lo que se siente cuando uno reza. Si alguien siente el deseo de rezar no debería detenerse ante la barrera de la pura comprensión racional de que los budas y los bodhisatvas no se encuentran "fuera de nosotros mismos".

No son pocos los que me han dicho, durante todos estos años, que de pronto sienten un impulso de pedirle al Buda o los bodhisatvas pero que inhiben ese impulso de una manera consciente, creyendo que es una debilidad y que nada tiene de budista pensar que ellos podrían escuchar nuestras plegarias. Está claro, dicen, que cualquier objetivo espiritual verdadero sólo se puede obtener mediante los propios esfuerzos.

Siempre les respondo a esas personas que si sienten deseos de rezar lo hagan y que después resuelvan la "teología". Si el sentimiento es genuino no hay que reprimirlo. En el menor de los casos, a través de la oración se concentran las energías emocionales. Además, tan cierto es que los budas y bodhisatvas están fuera de nosotros como en nuestro interior. Como quiera que sea, seguimos funcionando desde la dualidad sujeto–objeto. Pensar que ellos existen en lo profundo de nuestro ser no tiene por qué ser más válido que creer que se encuentran más allá de nuestra experiencia o de lo que podemos concebir. Las dos cosas son igualmente verdaderas o irreales. Si pensamos en esa realidad (que ni es sujeto ni objeto) como una especie de superobjeto fuera de nosotros o un supersujeto en nuestro interior, al final de cuentas es igual.

Algo semejante experimentan muchos poetas. La inspiración poética puede percibirse como algo que brota desde el interior o, bien, como algo que se filtra en uno mismo. Hay poetas que de verdad sienten que las musas los visitan, por decirlo así. Qué más da si la inspiración poética viene de dentro o de fuera. Aquí el lenguaje se topa con serias limitaciones. Nos encontramos tratando de llevar a nuestra experiencia, que se encuentra dentro de la dualidad sujeto-objeto, algo que la trasciende y que se puede creer que surge de nuestras profundidades o que se encuentra fuera, muy lejos, inalcanzable pero que, de una u otra manera, hacia ello debemos dirigir nuestras plegarias y aspiraciones.

Hay varias diferencias entre esta manera de orar y la cristiana. En primer lugar, los budistas no postulan que el Buda ejerza alguna especie de función cósmica como creador, guardián o algo así, aunque se tenga el concepto de que se le puede rezar. Además, para los cristianos, el dios al que ruegan es genuinamente un objeto, es parte del universo objetivo, por decirlo así. En cambio, para los budistas, aunque perciban al Buda como un objeto, en realidad es tan sólo un objeto simbólico. Podría decirse que es un pseudoobjeto. En el momento presente, nuestra experiencia está totalmente dentro del marco del sujeto-objeto y, tan pronto como pensamos en aquello que se encuentra más allá de ese marco, lo hacemos un objeto. Cuando postulamos un objeto, digamos, al Buda, para simbolizar lo que no es ni sujeto ni objeto, ese Buda-objeto lo es nada más en un sentido puramente formal y simbólico, mientras que el dios de la teología cristiana es un objeto en un sentido real. Cuando uno le reza a Dios es un sujeto real rezando a un objeto real pero cuando alguien le reza al Buda es un sujeto simbólico rezando a un objeto simbólico, como para trascender por completo la dualidad sujeto-objeto. Ésa es la diferencia. Mas, como ya dijimos, podemos dejar de lado toda metafísica. Si uno desea orar como una expresión de kshanti o receptividad espiritual puede hacerlo sin complicaciones.

Para lograr el equilibrio de kshanti en cualquiera de sus formas necesitamos *virya*. Este término no debe presentarnos ningún problema. Significa potencia, fuerza conductora, energía, vigor. Viene de la misma raíz indo-aria que nuestra palabra *virilidad* y también *virtud* que, en un principio, quería decir "fuerza". En términos específicamente budistas, como lo define Shantideva, virya es "energía dedicada al bien" y al decir "bien" se refiere a la iluminación en beneficio de todos los seres sensibles.[139]

---

[139] Vea Shantideva, *Bodhicharyavatara*, capítulo 7, verso 2.

De modo que virya no es tan sólo la actividad ordinaria. Correr de aquí para allá haciendo esto y aquello, mantenerse ocupado, tener mucho trabajo no es, necesariamente, practicar virya. En *La joya de la liberación*, Gampopa define la ociosidad como estar constantemente activo, subyugando enemigos y acumulando dinero.[140] Si consideramos que "subyugar enemigos" es lo normal en la política y "acumular dinero" es lo común en los negocios, Gampopa nos dice que si nos dedicamos a la política o a los negocios, aunque lo hagamos con mucha energía, no es más que una simple ociosidad, no importa lo ocupados que podamos parecer.

En cierto sentido, todos los demás paramitas dependen de virya. Para dar necesitamos tener una cantidad de energía. Para practicar los preceptos requerimos energía. Para meditar es necesaria la energía. Hasta para practicar la paciencia y la tolerancia se necesita energía, al menos como resistencia para nuestros impulsos negativos. Para desarrollar sabiduría hay que tener una concentración de energía más profunda que la que se requiere para cualquier otra cosa. De manera que este paramita en particular es crucialmente importante y además nos confronta con lo que bien puede ser el principal problema de la vida espiritual.

Éste es el problema: digamos que tenemos un ideal espiritual, el ideal de un estado o de una experiencia o una meta que queremos alcanzar. Pongamos que nuestro ideal espiritual es el mismo ideal del bodhisatva y que tenemos una comprensión intelectual bastante clara de este ideal. Hemos leído o escuchado acerca de él. Lo hemos entendido y podríamos dar una perfecta relación al respecto si alguien nos lo pidiera. Sin em-

---

[140] Vea *The Jewel Ornament of Liberation*, *op. cit.*, p. 183: "La gran ociosidad consiste en la adicción a prácticas tan malévolas e insanas como subyugar enemigos y acumular dinero. Hay que renunciar a ellas porque son la causa de la verdadera miseria".

bargo, a pesar de nuestro claro entendimiento intelectual del ideal y de nuestra genuina aceptación del mismo, algo sucede que no logramos alcanzarlo. Pasan meses, años y décadas y, aunque el ideal permanece en nosotros, no parece que hagamos un progreso perceptible. A veces, sentimos que estamos donde empezamos.

¿Por qué sucede esto? Tenemos claro el ideal, sabemos qué es lo que debemos hacer. Incluso hacemos un esfuerzo, por lo menos un esfuerzo intermitente de vez en cuando, durante una o dos horas, pero parece que nada adelantamos. Es como si uno se parara al pie de la montaña Kanchenyunga y mirara hacia el pico nevado y, veinte años más tarde, volviera a encontrarse más o menos en el mismo sitio. ¿A qué se debe que no hagamos un avance definitivo? La respuesta es casi evidente: porque no tenemos suficiente virya. ¿Pero esto por qué? ¿Cómo es que no tenemos energía, entusiasmo, para llevar una vida espiritual, para realizar el ideal? Después de todo, lejos de estar bajos de energía, resulta que somos cuerpos de energía, cristalizaciones de energía psico-física, incluso espiritual. Todo nuestro cuerpo está hecho de energía, así como toda nuestra mente. *Somos* energía.

Por lo general, la razón es que nuestra energía se encuentra disipada. Del mismo modo que la corriente de un río que se ha dividido en miles de canales y así ha perdido su fuerza, nuestra energía fluye sobre una cantidad innumerable de objetos, dividida en muchísimas direcciones. Sólo un poco de ella se enfoca en la vida espiritual. El resto lo ponemos en todo tipo de cosas que operan en *contra* de la vida espiritual, por lo que podemos terminar sintiéndonos divididos y agotados. De tal forma, el verdadero problema, el problema central de la vida espiritual es cómo conservar y unificar nuestras energías. Para hacerlo, tenemos que comprender de qué manera se están disipando nuestras energías en este momento. Por lo regular, podríamos decir que están bloqueadas o que hay una fuga y las estamos desperdiciando o, quizá, simplemente estén muy burdas y necesiten refinarse.

Nuestras energías se pueden bloquear por diversas razones. Quizá hemos reprimido emociones por no demostrarlas o expresarlas. A veces, pasamos mucho tiempo ocupados en un trabajo rutinario que no nos da oportunidad de utilizar nuestra energía. Ésta puede también encontrarse bloqueada, sencillamente, porque no tenemos algo positivo y creativo en qué sacarla. En ocasiones, las energías emocionales se bloquean debido a frustraciones, decepciones o por temor a ser lastimado. A veces es a causa de un condicionamiento o una educación poco favorables, en particular, por una educación religiosa demasiado estricta. Cuando sucede esto nuestras energías se coagulan, se endurecen, se petrifican en nuestro interior. Sobre todo, es posible que la energía se vea bloqueada por la ausencia de una comunicación significativa. La verdadera comunicación tiene un efecto energizante, casi electrizante. Dos personas que en verdad se comunican parecería que comienzan a echar chispas.

También solemos desperdiciar nuestras energías emocionales y dejar que se fuguen. Esto pasa de muchas formas pero, en especial, cuando somos indulgentes con nuestras emociones negativas. La negatividad, el miedo, el odio, la ira, la malicia, el antagonismo, los celos, la autocompasión, la culpa, el remordimiento, la ansiedad, todo ello gasta energía de manera catastrófica. No son tan ocasionales los momentos en que caemos en esa indulgencia. Basta con que intentemos recordar lo que hicimos en las últimas veinticuatro horas para ver con cuánta frecuencia hemos dado paso a esos estados mentales, los cuales significan una hemorragia de energía. Asimismo, están las expresiones verbales de esas emociones negativas, quejas, refunfuños, crítica insidiosa, búsqueda de culpas, pesimismo, fatalismo, melancolía, desanimo, chismes, regaños. Por todos estos canales se escapa nuestra energía y ya no la podemos aprovechar para fines espirituales.

En tercer lugar, nuestra energía emocional deja de estar disponible para llevar una vida espiritual debido a que es muy tosca. La vida espiritual requiere energía espiritual. No podemos meditar con los músculos, no importa qué tan fuertes y poderosos sean, la meditación necesita algo más refinado. Nuestra energía, incluso la emocional, puede estar inservible para la vida espiritual simplemente porque se halla en un estado demasiado bruto.

Hay muchas formas de desbloquear, conservar y refinar nuestra energía. Los bloqueos pueden disolverse si se cultiva la atención consciente, en especial la de nuestros estados mentales al ocuparnos de labores verdaderamente creativas o, al menos, productivas, además de intensificar la comunicación. También, por supuesto, algunos bloqueos se resuelven de manera espontánea conforme se practica la meditación.

Para dejar de derrochar energía hay que comenzar por comprender que estamos siendo indulgentes con nuestras emociones negativas y, por lo tanto, debemos tratar de cultivar la emoción opuesta, amor en vez de odio, confianza en lugar de temor, etc. Debemos detener las expresiones verbales de nuestras emociones negativas mediante la voluntad. No hay nada más que podamos hacer al respecto y esas expresiones no merecen ninguna consideración.

Otra manera de conservar energía es dando más lugar al silencio en nuestra vida. Se nos va una enorme cantidad de energía en estar hablando. Si guardamos silencio por un rato, unos minutos, unas horas, quizá pasando un día solos y tranquilos en casa, veremos que la energía se acumula en nuestro interior de una forma maravillosa y nos sentimos calmados, en paz, conscientes, atentos. Es como si un manantial de energía clara y fresca burbujeara por dentro, energía pura e inmaculada porque se encuentra almacenada en nosotros y no se ha expresado todavía.

Las energías emocionales más burdas se pueden refinar con prácticas que desarrollen la fe y la devoción, como la puya de las siete etapas o a través de las bellas artes: música, pintura, poesía... Hay budistas que opinan que las artes constituyen una distracción refinada que nos desvía de la práctica espiritual pero esto es perder de vista el objetivo. Las energías emocionales tienen que refinarse y enfocarse si queremos que se encuentren disponibles para la vida espiritual, para la práctica de las perfecciones que el bodhisatva debe ejercer si desea alcanzar la budeidad.

Cuando todas sus energías fluyen en esa dirección y ya no están divididas, el bodhisatva se convierte en la personificación de la energía. A la vez, ocurre que ya no hay prisa, agitación, ocupación sin descanso. Lo que hay es una actividad continua, ininterrumpida, en beneficio de todos los seres sensibles. Shantideva dice que el bodhisatva es como un elefante (lo cual significa una comparación muy elogiosa de acuerdo con la tradición literaria de la India). El elefante, en particular el macho, es una criatura juguetona y le encanta bañarse en los estanques donde hay lotos. Se echa chorros de agua con mucha alegría, resuena su trompa y recoge montones de flores de loto, las lava con cuidado y se las come. Así pasa el día muy feliz. Tan pronto como termina de jugar en un estanque va y se zambulle en otro. El bodhisatva es así, apenas concluye una tarea y ya va a sumergirse en otra con el mismo deleite.[141]

De tal modo, el bodhisatva no piensa que está haciendo algo muy especial. No dice: "aquí voy otra vez, a luchar por el beneficio de todos los seres sensibles". La manifestación de ener-

---

[141] Vea Shantideva, *Bodhicharyavatara*, capítulo 7, verso 65.

gía no tiene ego, brota de manera espontánea como una fuente, insondable como una flor que se abre. A veces se dice que la actividad del bodhisatva es un *lila*, un deporte, un juego que le gusta practicar al bodhisatva. Es así como él experimenta la manifestación de las perfecciones, los diferentes aspectos del camino a la iluminación y, al final, el gran juego de la budeidad, la manifestación de la iluminación misma. La palabra *lila* se usa más en el hinduismo, aunque suele hallarse en textos budistas. Incluso la palabra *lalita*, que al igual que *lila* puede traducirse como "jugar", aparece en el título de una biografía mahayana del Buda, conocida como Lalitavistara, término compuesto que se puede traducir como "La amplia relación del juego [del Buda]".[142]

El mahayana, hablando de manera extensa, enseñó lo que casi se podría describir como una budología docética. El docetismo es la creencia que surgió a principios del cristianismo de que el cuerpo de Jesús era sólo aparente, no real (viene del griego *dokeo*, "aparente, semejante"). Esta doctrina, que prevaleció en particular entre los gnósticos del siglo II, enfatizaba la divinidad de Cristo y negaba cualquier sufrimiento físico que él pudiera haber experimentado.

La versión del mahayana a este respecto surgió de las enseñanzas que propagaba acerca de que el ejercicio del bodhisatva se extendía sobre tres *asamkhyeyas* de kalpas. Según la tradición, el futuro Buda pasó su vida anterior a aquélla en la cual alcanzaría la iluminación en un reino de dioses llamado Tushita Devaloka. Podemos imaginar que, después de tantas vidas de práctica espiritual, cuando al fin el bodhisatva llegó al Tushita Devaloka y estuvo esperando ahí para renacer como hijo de Suddhodana y Mayadevi ya era un ser muy avanzado. Des-

---

142 Publicada como *The Voice of the Buddha: The Beauty of Compasion*, traducción de Gwendolyn Bays, Dharma, Berkeley 1983.

de nuestro punto de vista probablemente no era distinguible de un Buda y, para entonces, ya no estaba bajo el poder del karma. Aquí es donde entra el "docetismo". Sucede que, entonces, algo emanó de él, casi como un rayo que descendió al útero de Mayadevi y así renació, de manera aparente. En el proceso, no perdió su conciencia virtualmente iluminada. Tan sólo necesitaba unos cuantos pasos sencillos más para llegar a la iluminación suprema y perfecta.

Si lo vemos de esta forma, podría decirse que los acontecimientos de la vida del Buda no sucedieron en la realidad, sino que fueron una especie de juego. Él ya no tenía nada que aprender pero jugaba a aprender. No necesitaba casarse y, en realidad, no tuvo un hijo, según el mahayana. Ciertamente, de acuerdo con, al menos, algunos sutras del mahayana, su hijo Rahula era, asimismo, una emanación de un mundo más elevado. Así pues, que Siddhartha dejara su casa fue sólo un juego y el tiempo que pasó estudiando con diversos maestros fue otro juego. Según algunos sutras del mahayana, hasta su llegada a la iluminación fue un juego porque, en cierto modo, ya la había alcanzado.[143]

En determinados niveles del logro trascendental, el bodhisatva simplemente juega. Puede considerarse que es su realización interna que lo desborda espontáneamente y que trasciende la situación inmediata. Parece participar en esa situación pero en realidad no es así, todo es un lila. Cuando hablamos aquí de "jugar" nos referimos a la aparente participación de un ser mucho más desarrollado que se encuentra en un nivel de funcionamiento inferior, pero sin que éste lo limite como les sucede a las personas comunes. Esta enseñanza es bastante prominente en algunos aspectos del mahayana, aunque no aparece en absoluto en el theravada.

---

[143] Vea la edición y traducción de Garma C. C. Chang, *A Treasury of Mahayana Sutras*, *op. cit.*, pp. 443-465, capítulo 22, "Sobre el paramita de la ingenuidad".

En cierta forma, el bodhisatva toma las cosas con mucha ligereza. Se dice que para las personas mundanas la gente "espiritual" parece frívola, porque a éstos no les preocupa lo mismo que a aquéllos. Cuando alguien tiene una mentalidad espiritual y pierde alguna cosa o no consigue obtener lo que esperaba tiende a tomarlo a la ligera, donde una persona con una mentalidad material lo tomaría todo muy en serio. La persona con una mentalidad espiritual ve como una broma cosas que a la persona mundana no le parecen nada graciosas, debido a que tiene un sentido de la proporción mucho más grande. Uno de los elementos del humor parece ser, precisamente, el sentido de la proporción, un sentido de la adecuación relativa. Por ejemplo, podríamos ver a un político dando un discurso demasiado pomposo, en el cual se adjudica tanta importancia que nos resultaría difícil aguantar la risa, puesto que nos damos cuenta que en realidad él no es tan importante como supone o trata de aparentar.

De acuerdo con el Canon Pali, el Buda dijo alguna vez que reírse de tal manera que a uno se le vean los dientes es estar loco,[144] aunque quizá no deberíamos tomarlo tan literalmente. Es posible que se refiriera a la risa incontrolable, en la que uno se abandona y se tira al piso carcajeándose de manera ronca, cruda e inconsciente. El Buda mismo aparece representado casi siempre con una leve sonrisa e, incluso, el Abhidharma (y vaya que hablamos ya de lo más austero que hay) contiene entre la lista de sus clasificaciones "la sonrisa del arahat".[145] Vemos, entonces, que hasta el Abhidharma reserva un sitio para

---

[144] F. L. Woodward (traductor), *Anguttara-Nikaya* i. 259, en *Gradual Sayings* vol.1, Pali Text Society, Oxford 1995, p. 239.

[145] El Abhidhamma del Theravada tiene una clasificación de sucesos mentales y en ella se enlista "la sonrisa del arahat" como uno de los acontecimientos mentales kármicamente neutros. También se reconoce a dicha sonrisa entre un grupo de sucesos mentales "automáticos", es decir, que no son el resultado del karma anterior.

algo como lila, lo espontáneo, lo que se da sólo porque sí, ya que se dice que la sonrisa del arahat no tiene un significado kármico. Puede ser que la sonrisa del Buda surja de su percepción de la incongruencia entre lo condicionado y lo incondicionado o, quizá, sonríe un poco ante el desorden en el cual se confunden los seres humanos no iluminados, aunque al mismo tiempo responde con una profunda compasión.

¿Será que el sentido del humor tiene lugar en la vida de un budista? Hay que tener mucho cuidado con esto. El humor suele ser negativo y, en ocasiones, cruel, incluso sádico o cínico. El cinismo puede representar el miedo a la emoción positiva, incluyendo la propia y el temor a dejarse atrapar. A veces, puede ser una expresión más o menos refinada de una negatividad o una ira primordiales. La gente, por lo regular, no está consciente de ello. Puede resultar interesante examinar de cerca las cosas que nos parecen graciosas. Hay, también, un cierto tipo de humor que tiene que ver con la nacionalidad. Es bueno tomar en cuenta que lo que a unos les parece chistoso puede ser totalmente incomprensible para las personas de otra cultura.

Sin embargo, el humor puede ser muy bueno. Freud habla del ingenio en términos de liberación de energía.[146] En ocasiones, si uno en verdad se relaja, a pesar de la opinión adversa que el Buda tenía de la risa extravagante, la alegría inocente puede aportar un efecto energizante y liberador. En su más cándido aspecto, el humor tiene que ver con no tomarse a sí mismo demasiado en serio. Es fácil caer en la actitud de contemplar los aspectos triviales de nuestra vida y nuestro trabajo como si fueran de vital importancia para el mundo. Es necesario cultivar un sentido de la proporción con respecto a lo que

---

[146] Sigmund Freud, *Jokes and their Relation to the Unconscious*, Penguin, Harmondsworth 1978, p. 199.

uno es y a lo que representan nuestros asuntos y logros. No se trata de ser menos responsables o de trabajar con menos ganas, sino de no tomarse con tanta seriedad, actuando de un modo egoísta y absorto en sí mismo.

La idea de la vida espiritual como un burbujeo juguetón de energía trascendental es un rasgo prominente en el pensamiento y la vida religiosa de la India. Hay quienes toman la religión con demasiada seriedad, al grado de sentir que reírse en el templo es un tanto blasfemo, pero no es así como vive el bodhisatva. Para él la vida es un juego, un pasatiempo. Esto significa que él la considera un fin en sí mismo, sin esquematizar, natural, recreativa.

Es evidente que virya resulta el más activo, asertivo y creativo de este par de paramitas, mientras que kshanti es más pasivo, receptivo y quieto. Entre los dos representan una polaridad definida en la vida espiritual, además de dos enfoques radicalmente distintos de la práctica espiritual, donde uno enfatiza la autoayuda, el valerse por sí mismo, el propio esfuerzo. El otro, en cambio, intensifica la dependencia de fuerzas externas y la confianza (en algunos casos) en la gracia divina. El primero es la actitud de levantarse y hacer las cosas por sí mismo y el segundo implica sentarse y dejar que las cosas sucedan.

En la India tienen un modo encantador de referirse a estos dos enfoques. Uno, dicen, es la actitud del mono y el otro la del gatito. Cuando nace el mono, se aferra fuertemente al cuerpo de su madre, de manera que ella lo va transportando, aunque es el bebé mono quien debe sujetarse con sus propias fuerzas. Con el gatito sucede lo contrario, se halla totalmente desvalido. Su madre tiene que tomarlo del pescuezo para transportarlo. En las tradiciones de la India, el enfoque del tipo mono se relaciona con jñana o sabiduría. El sabio confía en sí mismo y su motivación es interna. La actitud del gatito, en cambio, se relaciona con *bhakti*, el camino de la devoción, un sentimiento de dependencia de algún poder divino o de un ideal superior.

Por lo general, se considera que estos dos enfoques son contradictorios e, incluso, mutuamente excluyentes. Una de dos, o se depende de los propios esfuerzos o de poderes externos. Es común creer que el budismo es más una religión de autoayuda y no tanto de sumisión. Sin embargo, ninguna de las dos posturas es enteramente cierta. En el budismo japonés, ambos aspectos se encuentran representados por el budismo zen y el budismo shin, respectivamente. El zen reafirma la confianza en *jiriki*, el poder propio, en tanto que el shin, en especial el jodo-shin-shu, deposita su confianza en *tariki*, el poder externo, en este caso el poder del buda Amitaba, el buda de la Luz Infinita.

Los textos budistas hacen numerosas referencias a las benéficas influencias espirituales que emanan de los budas y bodhisatvas. A estas influencias suele llamárseles "ondas de gracia" y se dice que descienden de budas y bodhisatvas, como vibraciones, desde regiones espirituales más elevadas y que sólo las reciben aquellos que son más perceptivos. En el cristianismo hay un concepto semejante, la gracia de Dios, aunque no podría afirmarse que sea equivalente, si recordamos que el budismo no tiene el concepto de un ser supremo. Estas ondas de gracia surgen, básicamente, dentro de uno mismo, más allá de lo que solemos experimentar como nuestro ser. Surgen desde lo profundo o, si se prefiere, descienden desde las alturas de algo que, por lo general, no estamos conscientes pero a lo cual puede extenderse nuestra conciencia y, en cierta forma, puede comprenderse dentro de nuestra propia grandeza ennoblecida.

Lo que debemos entender es que el término "bodhisatva" no se refiere a un concepto abstracto sino a una realidad espiritual. Dicho de otra manera, los bodhisatvas sí existen, en otro nivel distinto al cual acostumbramos habitar y experimentar. ¿Pero cuál es la conexión entre ambos mundos? ¿Qué nos une con los bodhisatvas? Después de todo, por definición, un bodhisatva querrá tener algún contacto con nosotros.

Podría decirse que hay una especie de sintonía mutua. Cuando uno se vuelve consciente del bodhisatva, no en un sentido conceptual abstracto sino con todo su ser, establece la sintonía y entra en contacto con él, así sea de un modo muy sutil, tenue y distante. Los bodhisatvas nos transmiten algo, de la misma manera que nos transmiten alguna cosa aquéllos con quienes establecemos contacto, ya sea físico, emocional o de otro nivel.

Eso que nos transmite el bodhisatva es lo que denominamos, según la expresión tibetana, "ondas de gracia", que también encontramos traducidas como "bendiciones". La palabra equivalente en sánscrito es *adisthana*. Quizá no deberíamos pensar que las ondas de gracia son algo especial. Sencillamente representan la posibilidad de una comunicación. Cada vez que nos comunicamos con otra persona en nuestro mismo nivel nos vemos sutil y mutuamente afectados. De igual forma, basta con estar conscientes del bodhisatva y que él esté consciente de nosotros para que éste nos cause algún efecto y sintamos su influencia sutil. A dicha influencia la llamamos ondas de gracia.

Mas existe aún otro aspecto del concepto budista de las ondas de gracia que encuentra un paralelo en algunas formas del cristianismo, donde la idea de gracia parece representar algo casi arbitrario. Por ejemplo, en el calvinismo se tiene el concepto de que ciertas personas están predestinadas a una vida eterna no por sus actos sino por la gracia de Dios, lo cual parece revelar los rasgos de voluntad arbitraria y caprichosa que ostentan los monarcas absolutos. Nos deja la impresión de que hay algo inmerecido.

Este concepto de gracia tiene un mérito en cuanto que, de cierto modo, nada merecemos, no porque seamos unos pecadores miserables, lo cual no tiene cabida en el budismo, sino porque nada hay que podamos hacer en un plano mundano para merecer lo trascendental, de la misma manera que no podemos llegar a la sabiduría con tan sólo acumular méritos.

Lo de menos es si uno decide adoptar el estilo intrínseco o el extrínseco. En cualquier caso, se verá confrontado por la distinción elemental entre el yo y los demás, el sujeto y el objeto. La finalidad es trascender la distinción entre sujeto y objeto, de manera que el medio que uno decida adoptar debe también trascender al sujeto y al objeto. Cuando comienza a suceder eso es cuando en verdad principia el progreso, la percepción más clara. Mientras tanto, no queda otra que pensar en términos de sujeto u objeto, es decir, de hacer uno mismo el esfuerzo o de que se hace un esfuerzo en nuestro beneficio.

Sin embargo, en realidad es imposible separar ambas cosas. Quizás alguien comience por adoptar el enfoque de autoayuda pero pronto le parecerá evidente que no puede soslayar el poder externo, igual que si uno adopta la otra actitud tampoco podrá ignorar la autoayuda. Por ponerlo en términos del shin japonés, digamos que si una persona decide confiar por completo en el voto de Amitaba, eso implicará abandonar toda confianza en su propio poder. Pero ya en la práctica requiere mucho esfuerzo dejar a un lado la voluntad propia y confiar en el esfuerzo de un tercero. De ese modo, resulta que el poder propio tiene que formar parte de su postura.

Asimismo, el autopoder que se requiere en el zen japonés nunca será tan simple como eso. Tomemos el sencillo ejemplo de andar por un camino. Es cierto, uno lo anda por su propio esfuerzo pero, ¿quién construyó el camino? Uno lo anda por "gracia" del camino, así como por la gracia de la ley de gravedad y porque la tierra existe. Hay límites muy claros para lo que es el poder propio. Dicho de otra forma, la "autoayuda" no puede excluir un elemento objetivo. Uno puede hacer el esfuerzo de practicar el Dharma, pero imaginemos que no existiera el Dharma para que alguien pudiera practicarlo. El poder extrínseco requiere de poder intrínseco y viceversa. Sin importar qué actitud se adopte, la meta es llegar al punto en que uno no dependa ni de sí mismo ni de la fuerza externa, porque ya trascendió esa dicotomía en particular.

El bodhisatva combina ambos enfoques al practicar tanto la paciencia como el vigor, ya que los dos son necesarios. A veces, en la vida espiritual, como también en nuestra vida cotidiana, es necesario soportar (incluso una muerte horrenda), esforzarse y luchar. Otras veces, es mejor dejar ir, que las cosas se cuiden por sí mismas, incluso que queden a la deriva, que sucedan y ya, sin interferir.

Sin embargo, hay que saber cuándo aplicar cada enfoque. Hablando en general, es más seguro asumir que se necesitará mucho esfuerzo propio o virya para empezar. Luego, una vez que se ha hecho ese esfuerzo inicial, uno puede empezar a confiar más en una fuerza que parece venir de fuera de nosotros o, por lo menos, fuera de nuestro propio yo consciente. Si uno empieza a apoyarse en las fuerzas externas de manera prematura puede terminar flotando muy lejos de la vida espiritual.

El místico indio Ramakrishna lo comparó con viajar en un bote de remos. Al principio, uno tiene que hacer grandes esfuerzos. Es bastante extenuante, sobre todo si se rema contra la corriente, pero cuando por fin se logra llegar a la mitad del río uno puede izar la vela y la brisa conducirá el bote. Del mismo modo, se necesita mucho esfuerzo en las primeras etapas de la vida espiritual. Sin embargo, llega el momento en que uno establece contacto con poderes que, de alguna manera, están más allá de nosotros aunque, en otro sentido, forman parte de nuestro propio ser expandido y ellas comienzan a guiarnos.

Así que hay un argumento para poner virya antes que kshanti en la lista de los paramitas. No es que la lista tenga que ser corregida. La gente tiene diferentes temperamentos. Si en alguien predominan la impaciencia, la inquietud y la ira quizá deba cultivar primero kshanti. Pero si uno tiende más a ser perezoso o comodón, está claro que le conviene concentrarse en virya.

Como quiera que sea, el verdadero resultado exitoso de estas primeras etapas cruciales en la vida espiritual será encontrar el equilibrio entre kshanti y virya. No es un equilibrio estático sino dinámico, que se ajusta perpetuamente a las circunstancias cambiantes. De hecho, cualquier cualidad espiritual se desarrolla adecuadamente sólo como parte de un progreso redondo. Se desarrolla la comprensión, por todos los medios, pero también la compasión. Se desarrollan la sensibilidad, el tacto, el heroísmo, el valor. Todo se desarrolla.

Hemos denominado a los aspectos dinámico y receptivo de la vida espiritual "masculino" y "femenino" y hemos indicado que el uso de esos términos es más o menos metafórico. Sin embargo, no es tan metafórico. Hay una verdadera correspondencia entre la masculinidad y la feminidad biológicas y psicológicas, por una parte, y la masculinidad y feminidad espirituales, por la otra. Lo que debemos recordar es que el bodhisatva combina las dos. Puede parecer extraño, pero podría describirse que el bodhisatva es psicológica y espiritualmente bisexual, ya que integra lo masculino y lo femenino en cada nivel de su experiencia psicológica y espiritual.

Esto se ve reflejado en la iconografía budista. En algunas representaciones de budas y bodhisatvas es difícil decir si la figura es masculina o femenina. Esta convención iconográfica refleja la bisexualidad psicológica y espiritual del bodhisatva y, ciertamente, de toda persona que alcanza un desarrollo espiritual.

Esta idea, incluso ideal, de la bisexualidad psicológica y espiritual no es familiar para los occidentales en la actualidad, aunque sí era común entre los gnósticos antiguos, una de las sectas heréticas de principios del cristianismo. La Iglesia se apresuró a suprimir esa enseñanza pero se conserva un fragmento interesante de una obra conocida como el Evangelio de Tomás, descubierto en Egipto en 1945. No se trata de una obra ortodoxa del cristianismo, sin embargo, consiste en 112 proverbios atribuidos a Jesús después de su resurrección. En el número 23 de esos proverbios se representa a Jesús diciendo:

> "Cuando hagan que los dos sean uno
> y hagan que el interior sea como el exterior
> y el exterior como el interior
> y lo de arriba como lo de abajo
> y (de tal manera) hagan al hombre (con) la mujer uno solo,
> de modo que el hombre ya no sea el hombre y la mujer
> no sea la mujer,
> cuando hagan que sean ojos en lugar de un ojo
> y una mano en lugar de una mano
> y un pie en lugar de un pie,
> una imagen en lugar de una imagen;
> entonces entrarán en el Reino".[147]

No es el tipo de enseñanza que normalmente encontramos en la Iglesia pero está claro que tiene un profundo significado.

En el contexto del budismo, la idea o concepto e, incluso, la práctica de la bisexualidad espiritual se encuentran representadas más gráficamente en el tantra, donde no sólo se advierte en la apariencia andrógina del bodhisatva sino en el símbolo de la unión sexual. Aquí, kshanti, el aspecto femenino de la vida espiritual se convierte en sabiduría trascendental, mientras que la energía, el aspecto masculino, llega a realizarse totalmente como compasión. De tal modo, en el arte budista tántrico se hallan representaciones de una forma mítica del Buda en unión

---

[147] W. R. Schodel (traductor), *The Secret Sayings of Jesus*, Fontana 1960, Proverbio 23.

sexual con una figura que a veces se describe como la contraparte femenina de su forma masculina. A estas imágenes se les denomina *yab-yum*. *Yab* significa "padre" y *yum* "madre". En occidente es común que esas figuras se vean como algo obsceno y hasta blasfemo pero en el Tíbet son un simbolismo extremadamente sagrado. Nada tiene que ver con la sexualidad en un sentido ordinario. Se trata de una representación de la más alta consumación, el perfecto equilibrio de la "feminidad" y la "masculinidad", la sabiduría y la compasión. Aunque hay dos figuras no son dos personas. Hay una sola persona, un iluminado, dentro del cual se unen la razón y la emoción, la sabiduría y la compasión.

CAPÍTULO 6

EN EL UMBRAL
DE LA ILUMINACIÓN

Una vez que hemos considerado cómo el bodhisatva sintetiza dana, sila, kshanti y virya en su vida, su trabajo y su experiencia espiritual, llegamos a otro par de opuestos aún más insólitos: *dhyana* o meditación y *prajña* o sabiduría. Cuando ambos se perfeccionan nos llevan al mero umbral de la iluminación y a la consumación del aspecto estabilizador del bodhichita.

En este nivel tan sutil de la experiencia el tipo de lenguaje que empleamos, es decir, los términos y las imágenes mediante las cuales intentamos aprehenderlo, se vuelve particularmente agudo.

Por lo general se nos presentan dos principales modos de comunicación humana, el lenguaje de las ideas o conceptos de análisis racionales y el lenguaje de las imágenes y los arquetipos, metáforas, mitos y símbolos. El Buda enseñó, a veces, utilizando el lenguaje de los conceptos y el pensamiento abstracto pero, en otras ocasiones habló con el lenguaje de las imágenes, los mitos y los símbolos, de manera que la tradición budista ha continuado con el uso de ambos lenguajes. Por supuesto que los dos son igualmente importantes. El lenguaje de los conceptos apela a la mente consciente y la inteligencia racional, mientras que el de las imágenes, al ser más concreto, inmediato y vívido, tiende a llevarnos a niveles más hondos, ya que concierne a nuestras profundidades inconscientes.

En un nivel intelectual, el budismo se caracteriza, históricamente, por su claridad, honestidad y rigor de pensamiento. El problema, desde nuestro punto de vista, es que la mayoría de nosotros no está acostumbrada a analizar situaciones y propuestas ni a extraer conclusiones de manera rigurosa con base en evidencias presentadas adecuadamente. Tendemos a seguir una corazonada a partir de fragmentos de información y barruntos de conocimiento, con los cuales sacamos toda clase de conclusiones raras y maravillosas.

Como budistas, por lo tanto, tenemos que retarnos a pensar con mayor claridad. No se trata de volvernos unos pedantes y de discutir por discutir pero sí debemos asegurarnos de saber de qué estamos hablando. Por ejemplo, ¿qué significan las palabras que empleamos? Si son traducidas del pali o el sánscrito, ¿sabemos qué tan precisa es esa traducción? ¿En verdad tenemos claro el sentido de los términos que utilizamos en nuestro propio idioma? Los diccionarios están llenos de sorpresas interesantes.

No es que debamos ser unos intelectuales pero si hemos de utilizar el lenguaje podemos tratar de hacerlo con claridad y precisión, de otro modo obtendremos sólo ideas vagas e inexactas. Los peligros incuestionables del intelectualismo no se evitan teniendo una mente desordenada, además de que ésta puede ser un obstáculo para el desarrollo espiritual. Es cierto que la percepción trascendental es independiente del pensamiento conceptual, sin embargo, no surge de la nada. Aparece sobre la base de la expresión conceptual del Dharma. Es sobre la base de pensar acerca del concepto de la impermanencia, por ejemplo, que uno desarrolla una *visión más clara* en cuanto a la verdad de la impermanencia. Primero viene la comprensión intelectual. Es como un trampolín.

Si consideramos un concepto intelectual tan refinado y preciso como shúnyata vemos que, originalmente, fue el modo en que el Buda comunicó su experiencia trascendental. ¿Cómo podemos volver a esa experiencia trascendental de la cual la formulación conceptual es una expresión, a no ser que entendamos completamente esa expresión conceptual en nuestro propio nivel? El método tradicional para lograr la visión clara es reflexionar sobre alguna formulación conceptual que exprese la profunda percepción que tuvieron el Buda o alguno de sus discípulos. Al reflexionar con la mente concentrada en una formulación que ya se ha comprendido claramente se obtiene una idea de su significado trascendental.

Podemos tener una honda percepción de la verdad de la impermanencia con tan sólo mirar una hoja que cae de un árbol. De hecho, a algunos les ha sucedido así. ¿Pero cuál sería el proceso real? ¿Cómo pasa uno de esa experiencia a la verdad universal de la impermanencia? Quizá no sea suficiente con mirar caer una hoja seca. Hay que ver caer otra hoja y otra más y, entonces, uno empieza a darse cuenta de que todas las hojas terminan por caer. Sucede que no nada más vemos caer una hoja sino que nuestra mente se involucra en un proceso conceptual.

Es posible desarrollar una clara percepción al observar una imagen de un buda o un bodhisatva, pero hay que reconocer la imagen por lo que es. Si la visión más clara surge mediante esta práctica no es porque se esté visualizando una imagen de lo trascendental sino porque uno ve en ella lo real y lo irreal. En el transcurso de la práctica la imagen cobra vida de manera intensa, a la vez que uno reflexiona en que esto surge en dependencia de causas y condiciones y, por lo mismo, no es totalmente real. Al hacer esa reflexión, uno advierte que ni el concepto de lo "real" ni el de lo "irreal" son suficientes para agotar la verdadera "realidad" de la situación. La "realidad" trasciende lo real y lo irreal, la existencia y la inexistencia. De tal forma, uno se da cuenta de la verdad con ayuda de ciertas formulaciones conceptuales que, en su nivel intelectual, reflejan la realidad trascendental que expresan. Ése es el procedimiento tradicional. No pasa uno directamente de la percepción a la visión cabal. Hay siempre una etapa conceptual intermedia.

Sin embargo, la meditación es, por sí misma, un proceso para clarificar la mente. En efecto, no se puede separar a la meditación del pensamiento claro. En todas las tradiciones budistas, gente común, sin dones culturales o intelectuales en especial, han logrado la visión clara. En la mayoría de los casos lo lograron al liberarse, por medio de la meditación, de la parcialidad mental, de los prejuicios, tendencias, preconceptos y del condicionamiento psicológico e, incluso, cultural. Tras hacer eso, sus mentes pudieron funcionar de manera libre y espontánea.

La meditación no sólo comprende *samatha-bhavana*, el desarrollo de la tranquilidad, incluye también *vipassana-bhavana*, el desarrollo de la visión cabal. Con *samatha-bhavana*, con la experiencia de las dhyanas, uno purifica su inteligencia para poder reconocer las formulaciones conceptuales que presenta la tradición o para hacer sus propias formulaciones conceptuales que, entonces, funcionan como un trampolín para el desarrollo de la visión cabal.

La meditación (y aquí empleo el término queriendo significar una combinación de samatha y vipassana) es una unión de emoción purificada e inteligencia clarificada. En términos budistas, esto es *cinta-mayi-prajña*, "la sabiduría que viene de la reflexión", combinada con el positivismo emocional de las dhyanas y de las cuatro *brahma-viharas*. Esta combinación, intensificada y llevada a un nivel más elevado es lo que da surgimiento a la visión clara. De aquí que ésta se considere tanto una experiencia emocional como intelectual. Podría afirmarse que el budismo es sinónimo de positivismo emocional y de claridad intelectual. En su máximo nivel, éstas son compasión y sabiduría y, en ese nivel ambas, aunque se distinguen, son inseparables.

La claridad intelectual no se alcanza con tener una mejor educación, leyendo más libros ni convirtiéndose en un intelectual. Lo cierto es que absorber mucha teoría resulta una traba tan latosa como el pensamiento desordenado. Querer saber más y más acerca de la teoría y la filosofía del budismo en un vano intento por consumir tanto de él como nos sea posible y pronto sólo puede ocasionarnos una indigestión intelectual.

Muchas exposiciones modernas sobre budismo manejan tal cantidad de conceptos y hablan tanto sobre pensamiento budista, filosofía budista y demás que uno puede quedarse con la impresión de algo parcial e, incluso, abrumadoramente intelectual. Puede parecer que, para entenderlo, uno tuviera que tomar cursos avanzados de lógica, metafísica y epistemología. Sin embargo, en la India antigua, cuando la enseñanza espiritual se basaba por completo en la transmisión oral, a la gente se le daba justo lo que requería en cada momento. Uno no podía leer un libro que describiera las etapas del sendero a la iluminación. Quizás uno ignoraba totalmente la idea de la iluminación. Iba con un maestro y, después de conversar un poco con él o de que éste lo mirara de arriba abajo, el maestro le decía: "ve y haz tal práctica". Entonces, uno iba a hacer la práctica que se le aconsejó, quizá durante varios años y, cuando al fin la dominaba, el maestro le daba alguna enseñanza posterior para que siguiera practicando mas, ciertamente, no le daría una introducción teórica.

En la actualidad, todo el tiempo tenemos a alguien que nos da una introducción teórica. Conocemos el camino, sabemos acerca de las diferentes etapas, sabemos todo sobre prajña, conocemos todo acerca de los diferentes grados y niveles de shúnyata. Como estamos tan familiarizados teóricamente con esos temas nos resulta difícil distinguir entre el conocimiento teórico y el tipo de conocimiento que surge sólo con la experiencia. Para reconocer esa diferencia es posible que tuviéramos que desconocer lo que conocemos y desaprender lo que hemos aprendido.

¿Qué debemos hacer, dada la cantidad de teoría budista que nos rodea? La clave, quizá, consista en más y más de menos y menos. Es decir, concentrarse en muy pocos textos o enseñanzas o aproximaciones al Dharma y profundizar nuestra experiencia de ellos mediante la reflexión, la práctica y el cuestionamiento. De hecho, esa reflexión y ese cuestionamiento deberían ser verdaderos. Nuestras reflexiones y cuestionamientos deberían ser propios y no un simple juego de reordenamiento de conceptos. La pregunta auténtica brota de la propia experiencia, incluso del propio conflicto. "¡Los libros y cartas que no practiques tíralos!", es el firme consejo del gran maestro budista Padmasambhava.[148]

Considerando la cultura occidental, es probable que queramos hacer, por lo menos, un veloz recuento de todo el campo pero, una vez realizado, deberíamos volver a donde en realidad nos encontramos para practicar y estudiar de manera consecuente. El Buda utilizó el lenguaje del análisis conceptual claro, sin embargo, el propósito de ese análisis nunca fue simplemente teórico.

En ocasiones, el Buda hizo lo propio usando un lenguaje totalmente diferente para comunicar el Dharma, como cuando, según la tradición zen, en medio de una congregación de monjes no pronunció palabra alguna, sólo sostuvo una flor dorada. De todos los discípulos ahí reunidos únicamente Mahakasyapa comprendió lo que quería comunicar y respondió con una sonrisa. Así, dicen, es como se inició el zen. Ese grandioso movimiento espiritual que se extendió por todo el Lejano Oriente y produjo cientos de maestros iluminados no surgió de un sistema filosófico, no se derivó de un largo discurso, sino de aquella simple acción, una flor dorada sostenida entre

148 Yeshe Tsogyal, *The Life and Liberation of Padmasambhava*, Dharma, Berkeley 1978, Parte II, Canto 103, p. 690.

los dedos y en cuyos pétalos se habría de discernir toda la sabiduría de los budas.[149] Eso fue lo que entendió Mahakasyapa y por eso sonrió. Quizá pensó para sí mismo que el Buda jamás había hecho algo más maravilloso en toda su vida que tomar aquella flor dorada, la cual, aún ahora, continúa transmitiendo su belleza.

El lenguaje del simbolismo es uno que también nosotros debemos aprender a hablar. Podemos ser muy hábiles e, incluso, muy elocuentes con el lenguaje de las ideas y los conceptos, discutiendo sin fin acerca de la filosofía budista, pero tenemos que saber complementarlo con el lenguaje de las imágenes. Es una dimensión de la comunicación con la que, en comparación, no estamos acostumbrados pero, si profundizamos en leyendas, mitos y símbolos, podemos aprender a entender y hasta a hablar ese lenguaje.

Ambos tipos de comunicación son vitales para la comprensión, así como para la vivencia, de la quinta y la sexta perfecciones, dhyana y prajña. Como traducción de dhyana, "meditación" puede servir bastante bien para fines prácticos aunque, como sucede con tantos otros términos, es imposible encontrar un equivalente verdaderamente adecuado en nuestro idioma. Dhyana comprende básicamente dos cosas: estados de conciencia superiores a los de la mente ordinaria y prácticas de meditación que conducen a la experiencia de esos estados superiores de conciencia. En la tradición budista hay una gran cantidad de listas que enumeran los diferentes niveles o dimensiones de la conciencia más elevada. Aquí me gustaría enfocarme en tres: las cuatro dhyanas del mundo de las formas, las cuatro dhyanas sin forma y las tres entradas a la liberación.

---

[149] Según Heinrich Dumoulin en *Zen Buddhism: A History – India and China* (Macmillan, Nueva York 1988, p. 8), la versión más antigua de esta anécdota apócrifa se encuentra en un texto de la Escuela Rinzai, *The T'ien-sheng Record of the Widely Extending Lamp.*

Si las consideramos en su conjunto nos darán una idea de lo que es dhyana, si bien, cabe recordar que ninguna explicación de este género podrá sustituir a la experiencia propia.

Tenemos primero las cuatro dhyanas del mundo de las formas, las *rupa dhyanas*, como suele llamárseles. La tradición normalmente enlista cuatro, aunque a veces se mencionan cinco. Esta discrepancia deberá recordarnos que no hay que tomar estas clasificaciones con tanto rigor. Las cuatro dhyanas pueden ser un muy buen modo de señalar las sucesivas etapas ascendentes del desarrollo espiritual pero, en realidad, se trata de un solo proceso continuo que se va desplegando constantemente.

Hay dos modos tradicionales de considerar las cuatro dhyanas del mundo de las formas. Una manera es en términos del análisis psicológico, intentando comprender los factores psicológicos presentes en cada uno de esos estados superiores de conciencia. La otra manera es en términos de imágenes visuales.

Hablando de un modo analítico, la primera dhyana, el primero de estos estados de conciencia elevada, se caracteriza por la ausencia de *todas* las emociones negativas. La tradición las enumera, específicamente, como los cinco obstáculos: deseo de sensaciones, mala voluntad, pereza o letargo, inquietud o ansiedad y duda. Lo cierto es que, a menos que todas las emociones negativas se supriman, aunque sólo sea por ese momento, no puede haber acceso a estados de conciencia más elevados.

Por lo general esta supresión sólo es temporal. La gente suele sorprenderse de la facilidad y rapidez con la que pueden pasar de la experiencia de una dhyana a la de una naturaleza muy distinta. Uno puede lograr maravillosas meditaciones cuando está en un retiro y, después, de vuelta a casa, parece que se ha convertido en otra persona. De hecho, es posible que el cambio se dé mucho más rápido. A los pocos minutos de salir del recinto en el cual, al parecer, uno había estado profundamente absorto en la meditación, de pronto se enoja o se deprime, se torna concupiscente o ansioso, etcétera.

Es, por lo tanto, necesario estabilizar esa experiencia de estados más elevados de conciencia reforzando la práctica de una ética y estableciendo un marco referencial, una concepción más o menos sistemática de la vida espiritual dentro de la cual ocurra la experiencia de dhyana. Casi es posible forzarnos a entrar en un estado de dhyana, con mucha voluntad, pero no podríamos sostenerlo si no contamos con el apoyo de todo nuestro ser integral. A veces es por eso que una persona que no parece estar haciendo un gran progreso espiritual puede tener "buenas" meditaciones mientras que otra, que parece estar avanzando mucho en un aspecto más amplio, quizá no medite muy bien. No es fácil averiguar con exactitud de qué manera la gente lleva su espiritualidad y mejor sería evitar caer en prontas conclusiones. Lo importante es la consistencia y no un brillante logro ocasional.

Sin embargo, la consistencia no es lo único que hay que considerar cuando se trata del modo de profundizar en la meditación. Es cierto que están los obstáculos que debemos vencer y las distracciones externas de las cuales nos conviene alejarnos. Es necesario encontrar el tiempo y el espacio para la práctica, de modo que desarrollemos un impulso, una continuidad para la atención consciente. Lo esencial es que uno tiene que querer profundizar. En determinado momento surgirá mucha resistencia desde lo mas profundo de nosotros, desde aquellas partes nuestras que no están dispuestas a cambiar y que no quieren ser expuestas. Se manifestarán todo tipo de pretextos para no continuar y parecerán muy convincentes. Sólo el verdadero deseo de derrotar a esa resistencia nos podrá ayudar a ir más lejos.

En este sentido, la meditación es como cualquier otro aspecto de la vida, para tener éxito hay que querer tener éxito.

De otra forma no avanzaremos mucho. A cuánta gente le gusta la idea de hacer grandes cantidades de dinero, pero en *realidad no quieren* hacerlo. No están preparados para todo lo que implica ganar un millón de dólares antes de cumplir treinta años. Aquéllos que hacen mucho dinero lo consiguen sacrificando absolutamente todo lo demás. No piensan en otra cosa durante el día y sus energías están completamente puestas en ello. Lo mismo sucede con el que en verdad quiere ser un gran escritor o un gran músico, se arroja a ello con todo su ser y, de ese modo, con seguridad descubre si tiene el talento o no.

La única diferencia con la meditación es que, en ésta, el éxito está garantizado. Uno puede pasarse diez años produciendo un poema épico y quizá logre una segunda versión de *El paraíso perdido*, como puede ser también que resulte un fracaso, pero si alguien pasa diez años meditando y consigue alcanzar los estados de dhyana no cabe duda sobre si esos estados de dhyana son los correctos o no. Es imposible fallar. En la India dicen que si la gente dedicara a la vida espiritual la misma energía y el mismo interés que pone en las cosas materiales tendría el éxito asegurado y nosotros tenemos muchas evidencias de que eso es cierto. Es fácil percibir cómo parece que fluye de nuevo la energía en alguien cuando surge algo que esa persona está, en verdad, deseosa de hacer. Aquél que dice que hoy está demasiado cansado para ir a un grupo de estudio acerca del Dharma, de pronto revive cuando se menciona la posibilidad de ir al cine, a ver una película que le atrae mucho. Si tenemos interés en algo encontraremos la energía para hacerlo, pero si en realidad no lo deseemos, mejor sería que no insistiéramos en ello.

Mas, ¿de qué manera transformamos el reconocimiento puramente intelectual sobre lo conveniente de hacer alguna cosa en un ardiente deseo de realizarla? La única forma es encontrar alguna relación emocional. Hay que querer *querer* y, esto, nos lleva de nuevo al problema original. La única solución es descubrir qué es lo que uno quiere en realidad. Hecho eso, uno puede intentar vincular su deseo con alguna actividad, interés u objetivo que ahora, de manera intelectual, reconocerá como valioso para lograrlo.

Por ejemplo, alguien puede estar apasionadamente interesado en la escultura. Al mismo tiempo, sabe, de manera intelectual, que el budismo tiene sentido. ¿Cómo hará para conciliar mente y corazón? Con la finalidad de tender el puente quizá decida estudiar acerca de la escultura budista, escultura de Gandhara, escultura china y japonesa en madera y otras más. Ese interés podría funcionar como un puente entre aquello por lo que siente una gran atracción y lo que piensa que debería estar haciendo. Si en lugar de eso dejara de lado su interés por la escultura y tratara de estudiar filosofía budista le resultaría muy difícil. Hay quienes pueden obligarse durante un rato a estudiar algo que no les interesa o a hacer lo que no desean, pero nadie puede aguantar mucho tiempo así. En cierto momento surgiría una fuerte reacción de aquella parte de uno que no se ha tomado en cuenta y que no quiere verse involucrada.

De modo que lo primero que uno tiene que preguntarse es "¿qué es lo que en verdad quiero hacer? ¿En realidad quiero meditar? ¿Realmente quiero estudiar el Dharma? Si no es así, ¿qué es lo que quiero hacer? Si tuviera la completa libertad para elegir, ¿qué haría?" Es posible que la respuesta venga de inmediato a nuestra mente, como también puede ser que la cuestión nos deje más confundidos. A veces uno debe detenerse, no hacer nada y dejar que los deseos auténticos, hábiles o torpes, salgan a relucir. Quizás uno ha estado tan ocupado, tan ajetreado con el torbellino de la vida, que no se ha preguntado en realidad qué es lo que quiere hacer.

El simple hecho de hacerse esta pregunta no tiene por qué dar lugar, de manera inexorable, a permitir que afloren oscuros deseos latentes. Existe la tendencia a sospechar que si alguien deja salir sus deseos lo que surgirá es algo terrible. Es posible que así sea y que nos llevemos una fuerte impresión ante lo que se manifieste pero, ¿por qué creerlo así? Es mucho más factible que lo que brote sea un anhelo inofensivo e inocente que jamás haya sido satisfecho. Incluso si los deseos que se manifiesten fueran torpes se podría establecer una conexión entre ellos y algo más sano, hábil o dhármico. Uno podría descubrir, por ejemplo, que detesta a la gente, al grado que siente impulsos destructivos hacia los demás. Es evidente que se trata de algo torpe pero uno podría transferir esa animosidad a ciertas ideas. Esa persona podría pensar en términos de aniquilar sus propias opiniones erróneas, tratando de pescar los *miccha-ditthis* que se han alojado en las profundidades de su psique y hacia ellos dirigir su ira y su odio. Son pocos los deseos que no puedan redimirse y que su naturaleza sea tan abiertamente negativa que no tengan posibilidad de conectarse con algún aspecto de la vida espiritual.

Una vez que logramos establecer que lo que queremos es meditar, si tal es el caso, el siguiente objetivo es muy claro: aprender a inhibir, al menos temporalmente, las manifestaciones más burdas de nuestras emociones negativas. La tradición subraya varias formas de hacerlo. En términos positivos, la primera dhyana se caracteriza por la concentración y unificación de todas las energías psicofísicas. Como ya vimos al hablar de virya, nuestras energías suelen estar dispersas sobre una multiplicidad de objetos. La meditación tiene un efecto concentrador y unificador. El fluir conjunto y la concentración de todas las energías del ser son lo que distingue a la primera dhyana y, en efecto, a las cuatro dhyanas en un grado creciente.

Es intensamente agradable, incluso deleitoso, tener la experiencia de que todas las energías se reúnan y se concentren de manera natural en niveles cada vez más elevados, dejando que todo fluya con libertad. En la primera dhyana este deleite tiene un aspecto mental y uno físico. Este último se describe, por lo regular, como éxtasis y se manifiesta de varios modos. El cabello puede erizarse o se sienten ganas de llorar. Hay quienes, cuando comienzan a practicar la meditación, se encuentran de pronto sollozando fuertemente, lo cual puede ser una señal muy sana y positiva.

La primera dhyana también se reconoce por una cierta cantidad de actividad mental discursiva. Uno puede entrar a la primera dhyana ya que suspendió todas sus emociones negativas, unificó sus energías y experimentó diversas emociones agradables, tanto mentales como físicas. No obstante, permanece un vestigio de pensamiento discursivo, mas nada que perturbe la concentración. Es sólo un poco de actividad mental intermitente, quizá como pensamientos acerca de la misma experiencia meditativa. Después de un rato esta tendencia discursiva retrocederá hasta los bordes de la vivencia. No representa un verdadero obstáculo. Se va sobrellevando con la práctica.

En la segunda dhyana la actividad mental discursiva desaparece. Es un estado en el cual uno ya no piensa en nada. A algunos esta idea les parece atemorizante y sienten que cuando ya no haya pensamientos en su mente será como si dejaran de existir. Sin embargo, lo más probable es que sea entonces cuando estén mucho más despiertos, conscientes y atentos, sin que ocurra ninguna actividad mental discursiva. En la segunda dhyana toda la conciencia del individuo se acentúa, de manera que uno se encuentra más alerta y atento de lo normal. Aun cuando la mente deja de estar activa de una forma discursiva, uno no siente sueño ni entra en estado de coma, sino que experimenta un estado de conciencia claro, puro y brillante. En esta dhyana las energías psicofísicas se vuelven todavía más concentradas y unidas y persisten las sensaciones placenteras de la primera dhyana, tanto físicas como mentales.

La actividad mental discursiva ha desaparecido ya. En la tercera dhyana las sensaciones físicas placenteras se han ido. La mente se siente dichosa pero esas sensaciones agradables ya no se viven en el cuerpo, por la sencilla razón de que la conciencia ya no está puesta en éste. Es como sentir que el cuerpo se encuentra muy lejos, en la periferia de nuestra experiencia y no tanto en el mero centro, como generalmente lo situamos. Sólo queda la dicha mental, como unos momentos antes, pero cada vez más intensa.

En la cuarta dhyana se nota un nuevo cambio o, mejor dicho, hay un cambio más que se da para que surja la cuarta dhyana. Ahora, incluso, desaparece la experiencia mental de felicidad. No es que uno se ponga triste o incómodo, nada de eso. Es sólo que la mente ve más allá del placer y el dolor. Es difícil entender esto ya que, por lo regular, inevitablemente tendemos a pensar que un estado que no es ni agradable ni doloroso es algo neutral y gris, pero no es así. En la cuarta dhyana la mente deja atrás también la dicha de las dhyanas anteriores y entra en un estado de ecuanimidad. Alguien podría afirmar, de manera paradójica, que ese estado de ecuanimidad es aún más agradable que los estados placenteros de la mente pero, por supuesto, el corolario de esto no nos lleva a decir que sea más doloroso que los estados dolorosos, de ninguna manera, por fortuna. Es profundamente más satisfactorio que el placer. Una paz positiva que resulta aún más deleitable que la dicha. En la cuarta dhyana todas las energías de nuestro ser se integran por completo para producir un estado mental y espiritual de perfecto equilibrio y armonía.

Es difícil imaginar que alguien no quiera vivir la experiencia de estas dhyanas tan placenteras y elevadas pero, en la práctica, a veces es complicado acceder a ellas. El problema está en la ansiedad. En estos estados elevados todas las señales sensoriales que nos son familiares desaparecen. Es probable que no nos demos cuenta hasta qué grado nos hemos acomodado al mundo material o *kamaloka*, como se le conoce en la tradición budista. Cuando empezamos a entrar en un estado en el que no experimentamos nada tangible, donde no escuchamos sonidos, no vemos nada, no olemos nada, no percibimos sabores, porque todas esas señales conocidas empiezan a desaparecer, nos entra una gran inquietud. Ese sentimiento de intranquilidad nos puede impedir llegar más lejos. Queremos aferrarnos a lo que nos es familiar porque eso nos da seguridad. Después de todo, ¿cómo sería la vida sin todas las sensaciones conocidas? ¿No nos sentiríamos un tanto desintegrados? Es eso lo que nos da miedo.

De alguna manera, entrar en la tercera y cuarta dhyana es acceder a un estado de privación sensorial. Existe algo que lo compensa, ya que el *rupaloka* (el "plano de la forma arquetípica", es decir, la experiencia de la dhyana) es incomparablemente preferible al *kamaloka* (el "reino del deseo sensorial"), pero uno no lo sabe hasta que experimenta el *rupaloka*. Estamos familiarizados con el cómodo, seguro y confortable *kamaloka* y si nos alejamos mucho de él empezamos a entrar a un territorio desconocido, por ello la inquietud. Es sólo cuando alguien ha tenido varias experiencias de lo que es el *rupaloka* y, en especial, cuando uno ha comenzado a ir más allá de la experiencia común de los sentidos que esos estados van dejando de producir ansiedad.

En cualquier circunstancia tendemos a temer lo desconocido, un país extranjero, una persona extraña, una nueva empresa, todo aquello que represente expandirse a terrenos que no sean familiares suele ir acompañado de ansiedad e, incluso, miedo. Por un lado es algo muy bueno, ya que nos indica cuando estamos ingresando en un campo nuevo o, al menos, cuando así parece. Sin embargo, en la práctica, la transición entre el kamaloka y el rupaloka no es algo que suceda de repente. Por un momento uno mantiene un pie en cada uno de esos mundos, por decirlo así. Todavía no desaparecen por completo las impresiones sensoriales cuando (usando otra metáfora) algunas vivencias de las dhyanas comienzan a filtrarse, como los rayos del sol que se filtran en el agua profunda.

Para describir esas cuatro dhyanas con imágenes, el Buda eligió cuatro símiles comunes pero muy adecuados. En el caso de la primera dhyana nos pide que imaginemos a una persona que se va a bañar, toma un puño de polvo de jabón (porque en la antigua India y, aún, en la actualidad el jabón se obtiene del fruto seco de un árbol), lo mezcla con agua y lo amasa hasta formar una esfera completamente saturada de humedad, pero tan saturada que ya no absorbe ni una gota más de agua, a la vez que tampoco queda ya ni una partícula de polvo de jabón seca. La experiencia de la primera dhyana, según dice el Buda, es así.

La segunda dhyana, menciona, es como un gran lago en el cual no desembocan ni ríos ni corrientes pero, en lo más profundo, a mitad del lago, mana agua fresca, burbujeante, que alimenta al lago.

Para la tercera dhyana el Buda elige de nuevo la imagen del lago, ahora con grandes lechos de flores de loto, rojas, azules, blancas y amarillas, que crecen en medio del agua, con sus raíces, sus tallos, sus hojas y hasta sus pétalos sumergidos y empapados. Así dice que se vive la tercera dhyana.

Para la cuarta dhyana el Buda nos sugiere imaginar a un hombre que toma un baño en un día muy caluroso, a cielo abierto, en una corriente o una pileta, como aún se estila en la India. Ya que se bañó, el hombre sale del agua y se siente fresco y limpio. Toma una gran tela blanca y se envuelve en ella. Tenemos, así, la imagen completa de ese hombre ya refrescado por su baño, tomando asiento, totalmente cubierto con su tela blanca y limpia. Es de ese modo como se experimenta la cuarta dhyana.[150]

Estas imágenes evocan un sentido muy real de la naturaleza de la experiencia dhyánica y hablan por sí mismas. Sin embargo, también se pueden relacionar con un análisis más psicológico de dicha experiencia. Podría decirse que el agua y el jabón en polvo de la primera imagen representan las energías divididas de la mente consciente. Esos elementos dispares, uno seco y otro húmedo, se combinan hasta unificarse, del mismo modo que las energías se juntan y se integran totalmente. En la segunda imagen, las energías de la mente supraconsciente brotan como burbujas que manan hacia la mente consciente unificada, como el agua fresca y clara que burbujea desde lo más profundo del lago. Una vez que comienzan a manar estas energías supraconscientes se infiltran en las energías de la mente consciente y las transforman por entero, del mismo modo que el agua empapa a los lotos (raíces, tallos, hojas, flores y pétalos). Al final, esas energías supraconscientes no sólo tocan sino que envuelven a toda la mente, así como ese hombre que ha tomado un baño y se envuelve completamente con la tela blanca. Resumiendo el proceso, en la segunda dhyana la mente supraconsciente surge desde dentro de la mente consciente unificada, como el agua que fluye en el lago. En la cuarta dhyana la mente consciente se transforma, al grado que queda contenida dentro de la mente supraconsciente.

El Buda utilizó imágenes literarias para describir esos estados pero se podría prescindir, incluso, de las palabras e ilustrarlos de manera directa con pintura y pincel, como hizo el Lama Govinda (mediante pinturas abstractas, en vez de recurrir

---

150 Vea el *Maha-Assapura Sutta,* sutra 39 de *The Middle Length Discourses of the Buddha (Majjhima-Nikaya), op. cit.,* pp. 367-369.

a las imágenes literales que empleó el Buda).[151] Hay personas a las cuales el lenguaje de las imágenes parece hablarles de manera más íntima e, incluso, con más certeza que el lenguaje de los conceptos pero, independientemente de los medios, necesitamos darnos una idea de los estados particulares de la mente que buscamos cultivar en la meditación. Alcanzar las cuatro dhyanas del mundo de la forma es un objetivo central de la práctica de la meditación. De hecho, es un aspecto central de la vida espiritual en general. La experiencia dhyánica no se remite tan sólo a la práctica de la meditación, puede experimentarse en diversos tipos de circunstancias. Es posible que surja al contemplar la naturaleza o una obra de arte, por ejemplo, o durante una comunicación profunda. En un plano ideal un ser humano sano y feliz habitaría permanentemente en la primera dhyana.

Las cuatro dhyanas del arupaloka, las dhyanas "sin forma", se hallan todavía más lejanas de la experiencia de la mayoría de los meditadores, pero vale la pena asomarse a ellas de un modo breve para tener así un panorama más amplio de la naturaleza de la transformación a la cual nos conduce la meditación. Podría decirse que surgen de la cuarta dhyana del rupaloka. La primera de ellas se denomina la esfera del espacio infinito.

Como ya vimos, para cuando uno alcanza la cuarta dhyana del rupaloka ya trascendió la conciencia del cuerpo, así como la conciencia de los objetos en el mundo externo. Para imaginar lo que esto significa consideremos lo que pasaría si todas las cosas que ahora nos rodean, sillas, retratos, luces, todo lo que hay viniera alguien y se lo llevara. ¿Qué quedaría? Sólo el espacio, un espacio vacío. Y si, además, todo el país, todo el planeta mismo y todo el sistema galáctico también desapare-

---

151 Algunas de esas pinturas se reproducen en el libro de Lama Anagarika Govinda, *Creative Meditation and Multi-Dimensional Consciousness*, Quest, Wheaton, Illinois 1990, pp. 174-179.

cieran, ¿qué quedaría entonces? De nuevo, sólo el espacio. Tal es lo que viviría aquél que lograra abstraerse de los sentidos a través de los cuales se perciben todos los objetos, la experiencia del espacio infinito, el que se extiende sin límites en todas direcciones. En realidad, decir "en todas direcciones" ya es impreciso, puesto que sugiere que algo se expande desde cierto punto, cuando que en este estado no existe el "aquí" ni el "allá", sólo una infinidad de espacio que se encuentra en todos lados.

Podemos llegar a una comprensión de la naturaleza de la segunda dhyana arupa, la esfera de la conciencia infinita, si reflexionamos en la naturaleza de la primera. Al experimentar el espacio infinito uno obtiene, claro está, una conciencia o percepción profunda de ese espacio infinito. Dicho de otro modo, así como hay una infinidad de espacio hay también una infinidad de conciencia, el correlativo subjetivo de ese estado objetivo o esa vivencia. Por lo tanto, vivir la segunda dhyana sin forma implica abstraerse de la experiencia del espacio infinito para concentrarse en la experiencia de la infinidad de conciencia. Es percibir la conciencia que se extiende en todas direcciones pero, una vez más, no desde un punto de partida en especial. Es una conciencia que está presente en cualquier lado.

La tercera dhyana sin forma es algo aún más raro. Es la "esfera en la que ni hay percepción ni no-percepción". Aquí es donde uno en verdad despega, aunque sigue dentro de lo mundano (en contraposición a lo trascendental). Toda vez que uno ha pasado del objeto infinito al sujeto infinito, por decirlo así, ahora va más allá de ambos para alcanzar un estado en el que uno no puede decir (puesto que, de alguna manera, ya no hay alguien que diga) si está percibiendo algo o no. Uno no está totalmente más allá del sujeto y el objeto pero tampoco experimenta ya las cosas como sujeto u objeto.

En cuarto y último lugar tenemos la "esfera de la no-entidad" o "no-particularidad". Es difícil afirmar algo respecto a ella pero, quizá, podríamos decir que se trata de un estado o una experiencia en la cual uno no puede destacar nada en particular como algo diferente a cualquier otra cosa. En el estado en que nos encontramos actualmente no podemos menos que hacer distinciones, ya sea que veamos una flor y la diferenciemos de un árbol o un rostro y lo diferenciemos de una casa, mas cuando alguien experimenta la cuarta dhyana sin forma podría decirse que las cosas no tienen una entidad particular que las distinga. No es que todo se confunda o se mezcle, sino que deja de existir la posibilidad de discriminar entre las cosas. Acaso esto sea lo mejor que podemos señalar para tratar de expresar una experiencia tan indescifrable. No es un estado de extraña ausencia o de carencia total sino (y es todo lo que se puede decir) un estado de no-entidad. La particularidad de las cosas queda anulada.[152]

Hay diversas maneras de entrar y pasar a través de las dhyanas arupa aunque para la mayoría de nosotros todo lo que se refiere a ello quedará en un plano más o menos académico por el momento. A la primera se puede entrar cuando uno se "distancia" de la última de las dhyanas rupa. Uno intenta, digamos, desligarse de ella y verla de manera objetiva. Entonces se procede a expandir la sensación de distancia. Este ajuste de actitud tiene que darse a un nivel más bajo de conciencia. Sólo es posible reflexionar de un modo conceptual acerca de las limitaciones de la cuarta dhyana cuando uno desciende al nivel de la primera dhyana. Sin embargo, sobre la base de esa reflexión hecha en un nivel más bajo, es posible que haya una menor tentación de identificarse excesivamente con la cuarta dhyana la próxima vez que se entre en ella. Éste es el procedimiento básico para ir de la cuarta dhyana a las dhyanas arupa.

Estar totalmente absorto en la cuarta dhyana es una experiencia transportadora e impactante. Existe la tendencia a iden-

---

152 Para una descripción canónica de estos estados de conciencia vea, por ejemplo, el *Culagosinga Sutta*, sutra 31 de *The Middle Length Discourses of the Buddha*, *op. cit.*, pp. 303-304.

tificarse por completo con ella, dejando que se posesione de uno e, incluso, aferrándose a ella pero para entrar a la primera de las dhyanas arupa es necesario desapegarse un poco de la cuarta dhyana rupa. Si se reflexiona en que ésta surge en dependencia de causas y condiciones y que cesará cuando terminen esas causas y condiciones, uno se da cuenta que no debe apegarse a ella. Sí, está bien, ya logró llegar a ella pero, de cierta manera, no es un gran logro. Es evidente que no podemos pensarlo así si no hemos llegado a ese punto. Sin embargo, cuando alguien lo ha conseguido ya puede sentarse relajadamente ante la experiencia, sin dejar que ésta ocupe toda su perspectiva. Al mirar más allá de ella, expandiéndose más allá de sus confines, se entra en la dhyana del espacio infinito. Asimismo, de esa manera, uno va pasando por las demás dhyanas sin forma.

En la tradición budista, tanto las cuatro dhyanas del mundo de la forma como las cuatro dhyanas sin forma se clasifican como mundanas. Ninguno de estos estados supraconscientes constituye la iluminación. Aún no son trascendentales. No implican un contacto directo con la realidad esencial. Al menos, ésa es la opinión tradicional. Sin embargo, tampoco son estados mundanos en un sentido ordinario. Las dhyanas rupa representan un grado muy alto de unificación y refinamiento de la energía psíquica. En cuanto a las dhyanas arupa podría considerarse que son, utilizando un término paradójico, *cuasitrascendentales*. Tomemos como ejemplo la segunda dhyana arupa. ¿Qué queremos decir con conciencia infinita? El Buda mismo, en por lo menos dos o tres pasajes del Canon Pali, habla de la realidad esencial como una conciencia infinita, pura y radiante[153] y algunos yogacharis describen la realidad como

---

153 Vea, por ejemplo, *Anguttara-Nikaya* i. 10: "Esta conciencia (chita) es luminosa, pero la manchan impurezas adventicias"; y *Anguttara-Nikaya* i. 49-52, los *Sutras Pabhassara*.

"mente absoluta".[154] De tal manera, quizá surja un debate acerca de la opinión de que la conciencia infinita se refiere a la realidad absoluta misma y no tanto a que sea un logro espiritual totalmente mundano.

Estamos tratando aquí con etiquetas para las experiencias. La cuestión es colocarlas de manera adecuada. Podría suceder que, en el transcurso de cientos de años, algunas experiencias claramente etiquetadas pudieran adquirir otras etiquetas aun más inciertas y uno tendría que preguntarse si debería tomar en serio su experiencia. Considerando esta posibilidad habría que abordar cualquier texto budista con ánimo crítico, así como con fe y receptividad, todo como parte del proceso de hacer un intento por relacionar lo que uno lee con lo que experimenta espiritualmente.

Si dejamos a un lado el punto del estatus mundano que se le da a las dhyanas arupa podemos decir que, según la tradición, el contacto con la realidad esencial, desde la cúspide de lo mundano, se consigue cuando la mente en un estado de dhyana, ya sea más o menos elevado, surge con atención consciente desde lo mundano hasta lo trascendental, cuando comienza a contemplar la realidad. Es entonces cuando el estado mundano de dhyana se convierte en un atisbo a lo trascendental.

Se pueden distinguir diversos samadhis trascendentales, de acuerdo con el aspecto particular de la realidad que se esté contemplando. Entre los samadhis más vitales y significativos se encuentra una serie de tres, conocidos como las puertas a la liberación (*vimoksha-mukha*).[155] El primero de éstos es el que

---

[154] Maitreyanatha, Asanga y Vasubandhu fundaron la escuela mahayana yogachara en el siglo IV. Su doctrina principal era el *chitamatra*, "sólo mente", la idea de que el mundo "objetivo" nada más existe con relación a la mente. Para una breve introducción a la doctrina *chitamatra* del yogachara vea Sangharákshita, *The Meaning of Conversion in Buddhism*, Windhorse, Birmingham 1994, capítulo 4.

[155] *Visuddhimagga* xxi. 66 en adelante.

se denomina samadhi sin señales o sin imágenes. En éste, la realidad se contempla como vacía de cualquier construcción conceptual. Uno ve que ningún concepto tiene referencia con la realidad ni la confirma. De hecho, ve que la misma palabra realidad carece de sentido porque conceptúa lo que no se puede conceptuar. Así, uno contempla la realidad (sin siquiera usar esa palabra) desprovista de cualquier señal que pudiera dar a la mente un indicio de algo que pudiera observar o comparar.

La segunda puerta a la liberación es el samadhi sin tendencias o sin dirección. En este nivel la mente no discrimina entre esto y aquello, de modo que no tiene un objetivo particular, ni siquiera tiene sentido del tiempo. No hay pasado, presente o futuro. Al no tener a dónde ir, la mente permanece donde está, por decirlo así y contempla la realidad como algo que tampoco tiene hacia dónde ir, que no tiene dirección ni tendencias ni inclinaciones hacia esto o aquello.

En tercer y último lugar aparece el samadhi de la "vacuidad". En éste la realidad se contempla como algo que no tiene naturaleza propia, sin características intrínsecas que nos ayuden a reconocerla o distinguirla de otras cosas. No se puede decir que una silla es esto o que un ser humano es aquello ni que shúnyata, la realidad, es esto otro. La realidad no es algo particular en comparación con otra u otras cosas. No tiene una naturaleza especial propia.

Todo esto, desde que caen los primeros obstáculos mentales hasta los estados supraconscientes más exaltados e, incluso, hasta la confrontación con la realidad esencial es dhyana, en el sentido de que son los estados más elevados de la conciencia, pero con dhyana también puede referirse a las prácticas que llevan a esos estados más elevados. Podría decirse mucho al respecto pero aquí haremos sólo una observación. La dhyana es algo natural. Lo ideal, cuando uno va a meditar, ya sea en un recinto o en el rincón de una habitación de su casa, es que tan pronto como se siente y cierre sus ojos directamente entre en la dhyana. Debería ser así de natural y sencillo. De hecho, si lleváramos una vida verdaderamente humana, si el día anterior lo hubiéramos pasado de un modo verdaderamente humano (lo cual, quizá, querría decir que la semana anterior, el mes anterior y hasta el año anterior lo pasamos de una forma relativamente humana, por lo menos), en efecto ocurriría esa dhyana instantánea.

No hace falta decir que esto no es lo más común. Todos tenemos que batallar y sudar, incluso murmurar alguna maldición, mientras tratamos de concentrarnos en la meditación. Nos sentimos desanimados, pensamos que no vale la pena el esfuerzo, que nos estamos haciendo tontos, que estaríamos mejor en el cine o en casa viendo la televisión. Sin embargo, aunque debemos insistir y luchar, el esfuerzo que hacemos no es para acceder al estado de dhyana. Ese esfuerzo debe ser para vencer los obstáculos de la meditación. Si al menos conseguimos eso nos quedará el camino libre para ingresar a la primera dhyana.

Tenemos entonces que la mayoría de los ejercicios de meditación no nos conducen de una forma directa a estados más elevados de conciencia. Lo que hacen es ayudarnos a vencer los obstáculos. La práctica de la atención a la respiración elimina el obstáculo de la distracción. La metta bhavana ayuda a anular el obstáculo de la mala voluntad y de igual modo funcionan los demás. Si con la ayuda de estos métodos suprimimos los obstáculos, los estados más elevados o, al menos, los primeros de ellos se manifestarán de manera natural.

Por supuesto que el bodhisatva no sólo practica la meditación sino también la *dhyana paramita*, la perfección de la meditación. En otras palabras, no practica la meditación para tener paz mental (aunque eso viene incluido) ni para ir al cielo (aunque también eso podría lograr, si lo desea). Su práctica de la meditación es un aspecto del sendero que algún día lo conducirá a la iluminación, en beneficio de todos los seres.

La práctica de meditación que hace el bodhisatva no excluye la actividad externa. Es probable que nosotros, para meditar, tengamos que buscar un sitio tranquilo, sentarnos quietos, cerrar los ojos y practicar alguna forma de disciplina mental. Sin embargo, el Bodhisatva, como suelen insistir las escrituras, debe ser capaz de estar inmerso en dhyana al mismo tiempo que desempeña diversas actividades. No es que el bodhisatva padezca de rasgos de personalidad dividida. Lo que para nosotros pueden parecer dos cosas contradictorias son sólo una cosa para el bodhisatva. La actividad es el aspecto externo de la meditación y ésta es la dimensión interna de aquélla. Son dos caras de una misma moneda.

Al final, ése debe ser también nuestro objetivo. Sin embargo, durante un buen tiempo es probable que la meditación tenga que excluir la actividad externa y viceversa. Aunque los efectos de nuestra experiencia en la meditación se advertirán en nuestra vida cotidiana pasará mucho tiempo antes de que podamos meditar mientras estamos atorados en el tráfico o mientras lavamos los trastes con la misma eficacia que lo hacemos en el cojín de meditación.

Si en medio de tanta actividad no logramos cultivar los niveles más altos de dhyana sí podemos, contando con cierta experiencia de dhyana, cultivar prajña, el sexto y último de los paramitas. *Prajña* viene de la raíz *jña*, que significa "saber" y de *pra*, que es un prefijo enfático. Prajña es conocimiento al máximo, es saber por excelencia. Es conocimiento de la realidad; de shúnyata.

Literalmente, *shúnyata* quiere decir vacuidad o vacío, mas no se refiere a un vacío en oposición a lo lleno, sino a un estado que va más allá de los opuestos y que trasciende todas las palabras. Shúnyata es el tema central de los sutras de la Perfección de la sabiduría, los cuales constituyen, quizás, el grupo más importante de las escrituras budistas del mahayana. Existen arriba de treinta textos de la Perfección de la sabiduría, algunos de ellos muy largos (el mayor tiene cien mil versos) y otros muy cortos. Entre estos últimos destacan el *Sutra del diamante* y el *Sutra del corazón* y ambos presentan lo más esencial de las enseñanzas y vivencias de la Perfección de la sabiduría de una manera altamente condensada.

Ciertos textos hablan de veinte y hasta treinta y dos grados de shúnyata pero los principales son cuatro.[156] No es que haya cuatro tipos diferentes de realidad sino cuatro etapas progresivamente más profundas de penetración por medio de la sabiduría a la realidad esencial y ellas nos dan una idea (y es sólo eso, una idea) de la naturaleza y el contenido de prajña. Son clasificaciones, nada más. Son construcciones conceptuales pero no son lo real. No son la experiencia misma sino dedos que apuntan a la luna, como dice la frase zen.

En primer lugar, tenemos lo que se denomina la vacuidad de lo condicionado, *sámskreta-shúnyata*. La existencia condicionada, fenoménica, relativa, es vacía. Vacía de las características de lo incondicionado. De acuerdo con el budismo, lo incondicionado posee tres características: es placentero, permanente (no en un sentido de duración temporal sino en cuanto que ocupa, por decirlo así, una dimensión en la cual no existe el tiempo como tal) y es, en esencia, verdadero. La existencia condicionada, al ser insatisfactoria, impermanente y, esencialmente, irreal, está vacía de aquellas tres características. Por eso se dice que lo condicionado está vacío de lo incondicionado. Dicho de otro modo, no deberíamos esperar que en

156 Algunas listas enumeran dieciocho tipos de shúnyata; vea, por ejemplo, *Perfect Wisdom: The Short Prajñaparamita Texts*, op. cit., pp. 168-169.

el flujo de la existencia relativa pudiéramos encontrar lo que tan sólo lo incondicionado nos puede ofrecer.

El segundo grado de shúnyata es la vacuidad de lo incondicionado, *asámskreta-shúnyata*. Si tenemos un grado proporcionado de sabiduría veremos que lo incondicionado está desprovisto de las características de la existencia condicionada. Está desprovisto de la naturaleza insatisfactoria, impermanente y relativamente irreal de la existencia condicionada. Así como en lo condicionado no encontraremos lo incondicionado, en lo incondicionado no hallaremos lo condicionado.

Estos dos primeros grados de shúnyata aparecen en todas las formas de budismo y representan claramente un enfoque dualístico, necesario como base de partida para la vida espiritual en sus primeras etapas. Para empezar, debemos pensar: "Aquí está lo condicionado, allá lo incondicionado y yo quiero ir de aquí a allá". Puede ser importante que pasemos varios años de nuestra vida espiritual trabajando en la aceptación de que lo condicionado es lo condicionado y lo incondicionado es lo incondicionado.

Sin embargo, al final de cuentas, tenemos que aprender a ver y no sólo a teorizar, especular o pensar sino a experimentar que *rupa* y *shúnyata*, la forma y la vacuidad, lo condicionado y lo incondicionado, samsara y nirvana, los seres comunes y los budas son, en último caso, de la misma esencia única, de la misma realidad única. Éste es el tercer grado de shúnyata, la "gran vacuidad", *mahashúnyata*, en la cual sucumben todas las distinciones.

La "gran vacuidad" consiste en ver que la diferencia entre lo condicionado y lo incondicionado es, en sí misma, vacía. Esa distinción no es más que el producto del pensamiento dualista y básicamente no tiene validez. Es el "gran vacío" porque todos, incluso los más espirituales, tenemos miedo de desaparecer en él. Nos aferramos a un modo dualista de pensar, "yo y los demás, esto y aquello". Sin embargo, al final todo se irá. La gran vacuidad es como la cueva del tigre, muchos caminos conducen a ella pero no hay camino para salir. Esencialmente, nuestro temor es también la misma razón por la cual deseamos entrar en esa gran vacuidad, porque "tú" jamás saldrás de ahí (ni tu temor). Ella consume todo lo que produce nuestra visión dualista.

El cuarto grado de shúnyata es la vacuidad de la vacuidad, *shúnyata-shúnyata*. Es aquí donde vemos que la vacuidad misma es sólo un concepto, una palabra, un sonido. Aun cuando experimentemos el *mahashúnyata*, seguiremos morando en los pensamientos sutiles, las experiencias dualistas sutiles y también esto, al final, tendremos que abandonarlo. Cuando uno llega al *shúnyata-shúnyata* ya no hay nada más que decir. Sólo queda un silencio atronador.

El más célebre de los textos de la Perfección de la sabiduría es el *Sutra del corazón*, llamado así porque contiene el corazón, la esencia, el meollo de todo lo que constituyen las enseñanzas de la Perfección de la sabiduría. La parte medular del Sutra del corazón está contenida en su mantra final, "*gate gate paragate parasamgate bodhi svaha*". Si lo interpretamos de manera literal, con lo cual no estaríamos obteniendo el verdadero significado, la traducción sería: "Se ha ido, se ha ido, se ha ido más allá, totalmente más allá. ¡La iluminación! ¡El triunfo!"[157]

Podría decirse que el mantra se refiere a los cuatro grados de shúnyata. "Se ha ido, se ha ido" quiere decir que "uno se ha ido de la existencia condicionada", se ha ido del mundo. Es la experiencia de la vacuidad de lo condicionado, a partir de la cual uno avanza. Después vienen las palabras "se ha ido más allá".

---

[157] Vea el texto y comentario en Sangharákshita, *Wisdom Beyond Words*, *op. cit.*, pp. 21-36.

Cuando uno se va de lo condicionado llega "más allá", a lo in-condicionado. Ya no hay otro lugar a dónde ir. Con la si-guiente frase, "totalmente más allá", trascendemos la distin-ción entre lo condicionado y lo incondicionado y al hacerlo así uno, en verdad, va "totalmente más allá".

A continuación habla de la iluminación, *bodhi*. No hay una estructura gramatical, sólo una exclamación: ¡Bodhi! ¡La ilu-minación! ¡El despertar! Aquí, en el despertar esencial se tras-ciende la idea misma de shúnyata. Es como si, habiendo atra-vesado aquellos tres grados de shúnyata, al llegar al cuarto no quedara más que abrir los brazos y exclamar, como dijo Alan Watts, "¡esto es!"[158] La última palabra del mantra, "svaha" (que también suele aparecer como final de muchos otros man-tras) indica algo auspicioso, éxito, consecución. Se ha logrado el objetivo, se alcanzó la iluminación. Se han atravesado los cuatro grados de shúnyata, se desarrolló por completo la sabi-duría y se consiguió el verdadero éxito.

Por supuesto que el mahayana no posee el monopolio del shúnyata. En sus inicios, el budismo quizás utilizó diferentes términos pero, al final, se refería a la misma experiencia.[159] Se dice que la entrada a la corriente se alcanza con el surgimien-to de la percepción trascendental y esto ocurre por alguna de las tres puertas de emancipación, una de las cuales es el sa-madhi shúnyata. Desde el punto de vista del theravada, los di-ferentes niveles o modos de shúnyata identificados por el ma-hayana tienden a magnificar el problema del literalismo, el cual aquél, originalmente, se propuso anular. Cada etapa suce-siva no es más que un medio para desapegarse de (o capacitar

---

158 Alan Watts, *This is IT and Other Essays on Zen and Spiritual Experience*, John Mu-rray, Londres 1961.
159 Vea, por ejemplo, el *Sutra Culasuññata*, el "discurso menor acerca de la vacuidad" (*Majjhima-Nikaya*, sutra 121), donde el Buda habla de permanecer con una "acti-tud de vacío" (y también describe las cuatro arupa dhyanas).

se para ir más allá de) una comprensión literal de la etapa "anterior". El theravada sostendrá que si se tiene una comprensión clara y no demasiado literal de shúnyata todas esas distinciones serán innecesarias.

Es evidente que hay una diferencia entre el shúnyata de lo condicionado y el shúnyata de lo incondicionado. Sin embargo, si no tomamos demasiado al pie de la letra la noción de shúnyata no necesitaremos ir más allá en el asunto. Podemos considerar que mucho del material doctrinal del mahayana tiene fines ilustrativos y no precisamente la intención de representar distinciones reales. A lo sumo, la idea de los cuatro distintos niveles y los treinta y dos tipos de shúnyata nos ayuda a tener una comprensión más completa y clara de lo que es la realidad.

Pensar en términos de shúnyata es pensar en el desarrollo de la sabiduría como algo que avanza a través de sucesivas etapas de penetración a la realidad. Mas hay otra tradición que describe al despliegue simultáneo de diversos aspectos o dimensiones de sabiduría como los cinco *jñanas*, los cinco conocimientos o sabidurías. En primer término está la sabiduría del *dharmadatu*. Ésta es la sabiduría básica de la que las otras cuatro son solamente aspectos. *Dhatu* significa esfera, reino o campo y en este caso se refiere a todo el cosmos, al universo entero. *Dharma*, en este contexto, quiere decir realidad, verdad, lo esencial. De tal forma, dharmadatu es el universo considerado como la esfera en que se manifiesta la realidad. Se concibe al universo como completamente abarcado por la realidad. Así como los rayos del sol alcanzan a todo el sistema solar, de la misma manera la realidad alcanza al cosmos entero, con sus sistemas galácticos, sus soles y sus mundos, sus razas y sus dioses. El cosmos es como un campo en el que la realidad se manifiesta, juega, se expresa, se hace exuberante.

La sabiduría del dharmadatu es el conocimiento de que todo el cosmos está empapado por la realidad y, por lo mismo, no es diferente de ella. No es que el cosmos haya desaparecido. Las casas, los árboles y los campos, los hombres y mujeres, el sol, la luna y las estrellas, todo sigue ahí, como antes, sólo que ahora uno observa que están impregnados, empapados de realidad. Una cosa no excluye la otra. Cuando uno ve el cosmos ve la realidad y cuando ve la realidad ve el cosmos. Rupa es shúnyata, shúnyata es rupa. La forma es vacuidad, la vacuidad es forma, como dice en el *Sutra del corazón*. En la tradición tántrica, la sabiduría del dharmadatu se simboliza con el buda arquetípico Vairóchana, llamado el "Iluminador" porque ilumina la realidad del mismo modo en que el sol ilumina los cielos.

El segundo jñana es la sabiduría semejante a un espejo. La mente iluminada ve en verdad, sin distinción, cualquier cosa que aparezca ante ella. Entiende la verdadera naturaleza de todo, así como un espejo refleja fielmente los objetos. Si uno se asoma a las profundidades de la mente iluminada lo ve todo. Es como la experiencia de Sudhana que se describe en el *Sutra Gandavyuha*. Sudhana es un peregrino que vaga en busca de la verdad y en el clímax del sutra llega a una torre magnífica al sur de la India. Entra a la torre y ve al universo entero reflejado, extendiéndose hacia el infinito pero todo contenido dentro de esa torre mágica. De hecho, la torre es un símbolo del bodhichita o la misma mente iluminada.[160]

Todo lo que existe se refleja en las profundidades de la mente iluminada pero ésta no se ve afectada por lo que se refleja en ella. Si colocamos un objeto frente a un espejo éste reflejará de manera fiel dicho objeto. Si reemplazamos ese objeto por otro el espejo reflejará el nuevo objeto. Cuando se mueven el espejo o el objeto el reflejo no se queda adherido al espejo. La mente iluminada es igual, lo refleja todo pero nada se le pega. En nuestras mentes no iluminadas los reflejos no sólo se quedan

---

[160] *The Flower Ornament Scripture*, op. cit., pp. 1489-1496.

adheridos sino que se apelmazan y se mezclan unos con otros. Sin embargo, en la mente iluminada no ocurre una reacción subjetiva ni un apego. Lo que hay es una objetividad pura y perfecta. Ésa es la sabiduría semejante a un espejo y se simboliza con Akshobya, el "Imperturbable", el buda de color azul oscuro.

El tercer jñana es la sabiduría de la igualdad o la imparcialidad. Como la mente iluminada lo ve todo con total objetividad nota la misma realidad en todas las cosas y, por lo tanto, tiene la misma actitud hacia lo que sea. Para todo tiene el mismo amor, la misma compasión, sin distinciones. A veces, se dice que la compasión de la mente iluminada brilla sin discriminación para todos los seres, sobre todas las cosas, así como los rayos del sol caen en un mismo momento sobre el dorado techo de un palacio y sobre el tejado de una majada. Del mismo modo que al sol no le preocupa si está iluminando el techo del palacio o de la choza, la mente iluminada irradia su amor y compasión sobre "buenos" y "malos" por igual. La sabiduría de la igualdad o la imparcialidad se simboliza con Ratnasambhava, "el que nació de una joya", el buda amarillo.

En cuarto lugar tenemos a la sabiduría del discernimiento. El espejo refleja todas las cosas de la misma manera y no soslaya los rasgos distintivos; refleja los más pequeños detalles con claridad y distinción. La mente iluminada, en su aspecto de sabiduría discerniente, no sólo ve la unidad de las cosas, también advierte su singularidad. Ve ambas cosas a la vez sin reducir la pluralidad a una unidad ni la unidad a una pluralidad.

En un nivel filosófico el budismo no es un monismo en el cual se cancelen todas las diferencias ni un pluralismo donde desaparezca cualquier unidad. *Nosotros* no podemos evitar percibir una u otra pero la mente iluminada ve la unidad y la diferencia al mismo tiempo y observa que, en tanto que hay un hilo común entre todos nosotros, a la vez somos únicos, con todas nuestras idiosincrasias. Esta sabiduría que discierne se simboliza con Amitaba, el buda rojo de la "Luz Infinita".

El quinto y último jñana es la sabiduría de todas las habilidades. La mente iluminada se dedica al bienestar de todos los seres vivos e implementa diversos "medios hábiles" (como suele llamárseles) para ayudarles. Todo eso lo hace de manera espontánea y natural. No debemos imaginar que el bodhisatva se sienta una mañana y piensa: "¿Cómo podré ayudar a alguien hoy? A ver, quizá si voy y hago esto y aquello..." Su utilidad lo lleva adelante, no hay premeditación, no planea una solución, no pondera ventajas y desventajas, no se pregunta si esta persona necesita la ayuda más que aquélla, no intenta sacar un balance. La mente iluminada funciona con libertad, es espontánea y natural. Esta sabiduría que ejercita todas las habilidades se simboliza con Amogasidhi, el buda verde, cuyo nombre significa "Éxito Infalible". De modo que estos cinco budas representan aspectos del *prajña paramita*, la perfección de la sabiduría de la iluminación. Además, por supuesto, son la expresión en imágenes de esa sabiduría. De hecho, quizá sea en imágenes como mejor se comunique la sabiduría, con símbolos y no con conceptos.[161]

Aunque dhyana y jñana son paramitas distintos pueden también considerarse como un par unificado y es así como los toma Hui Neng, el sexto patriarca de la escuela dhyana de china (por lo general, conocida como escuela ch'an o zen). En el *Sutra del altar*, una serie de textos dirigidos a un grupo de personas a las cuales se refiere, con mucha cortesía, como "ilustrados amigos", Hui Neng dice esto acerca de samadhi y prajña:

> "Ilustrados amigos, en mi sistema (de dhyana), *samadhi* [la más alta forma de dhyana] y *prajña* son fundamentales, pero no crean

---

161 El mandala de los cinco budas se originó dentro del budismo mahayana y se volvió primordial para la práctica del budismo tibetano, en cuyo arte se representa con frecuencia. Para una presentación completa de los cinco budas del mandala vea Vessantara, *The Mandala of the Five Buddhas*, Windhorse, Birmingham 1999.

erróneamente que una es independiente de la otra, porque están inseparablemente unidas y no son dos entidades. *Samadhi* es la quinta esencia de *prajña* y *prajña* es la actividad de *samadhi*. En el mismo momento que alcanzamos *prajña*, *samadhi* está ya ahí y viceversa. Si entienden este principio, comprenden entonces el equilibrio entre *samadhi* y *prajña*. Un discípulo no debe creer que hay una diferencia entre "*samadhi* engendrando *prajña*" y "*prajña* engendrando *samadhi*". Creerlo así implicaría suponer que hay dos características en el Dharma... Ilustrados amigos, ¿A qué se parecen *samadhi* y *prajña*? Se parecen a una lámpara y la luz que proyecta. Con la lámpara hay luz. Sin ella, habría oscuridad. La lámpara es la quinta esencia de la luz y la luz es la expresión de la lámpara. Nominalmente son dos cosas pero sustancialmente son la misma única cosa. Lo mismo pasa con *samadhi* y *prajña*".[162]

Dicho de otro modo, samadhi, que es la forma más elevada de dhyana, es la mente iluminada tal como es en sí misma, mientras que prajña es su funcionamiento objetivo, es la mente iluminada funcionando en el mundo, por decirlo así. Podríamos, incluso, decir que dhyana representa el aspecto subjetivo de la iluminación y prajña el aspecto objetivo, aunque al afirmar eso tendríamos que decir, al mismo tiempo, que en la iluminación no hay ni sujeto ni objeto.

Hemos sondeado, mediante conceptos e imágenes, las cimas y valles a los cuales nos pueden llevar la práctica de la meditación y el desarrollo de la sabiduría. El siguiente paso (y el objetivo de esta investigación) es explorar esas cimas y profundidades en nuestra experiencia propia. No sólo nos encontramos en el umbral de la iluminación. Con nuestra imaginación o, al menos con anticipada esperanza, estamos tocando la puerta y un día, si tenemos paciencia y decisión, se nos permitirá entrar.

---

162 Vea *The Diamond Sutra and the Sutra of Hui-Neng, op. cit.*, p. 94.

CAPÍTULO 7

LA JERARQUÍA
DEL BODHISATVA

De acuerdo con el Canon Pali, poco después de que el Buda alcanzó la iluminación o, quizá deberíamos decir, cuando aún estaba explorando los diferentes aspectos de esa experiencia a la cual, generalmente, nos referimos como si se tratara de un suceso singular, indiferenciado, él se hizo consciente de una aspiración muy poderosa. Pensó que debía encontrar a alguien o algo a lo cual reverenciar y mostrar respeto. Al parecer, su impulso básico tras haber logrado la iluminación fue hacer una reverencia. Buscaba admirar, no desdeñar. Reflexionó un poco y, ya iluminado, se dio cuenta que no había persona alguna a la cual venerar, ya que nadie había llegado a donde él. No obstante, vio que podía alabar al Dharma, la gran ley espiritual, por virtud de la cual había alcanzado la iluminación. Decidió, por lo tanto, dedicarse a reverenciar al Dharma.[163]

Es un episodio que no se recuerda con frecuencia, en especial porque va contra el espíritu moderno que se niega a rendir honores o quedar en deuda con alguien o con algo. Lo común es que queramos mirar con desdén a los demás, pero no es nuestra voluntad reverenciar y hasta nos sentimos molestos si otros parecen ser superiores a nosotros de alguna manera. Normalmente nos contentamos con admirar e, incluso, venerar la superioridad de la fuerza física, la rapidez visual y el de

---

[163] Vea *Samyutta-Nikaya* vi. 2 y *Anguttara-Nikaya* iv. 21. Para más comentarios, vea Sangharákshita, *Who is the Buddha?*, *op. cit.*, capítulo 5, "From Hero-worship to the Worshipping Buddha".

seo de ganar que tienen los atletas. Sin embargo, cuando se trata del aspecto espiritual, casi siempre nos negamos a respetar o reverenciar cualidades superiores a las nuestras.

Alguien dijo una vez que si una cultura posee un principio en particular cuya importancia sea tan fundamental que ya se dé por hecho, muy probablemente la lengua de ese lugar carezca de un término para dicho principio. En ese sentido, el budismo puede dar lugar para una reflexión muy interesante, toda vez que no tiene un término tradicional que corresponda a la palabra "tolerancia". Pareciera que para apreciar la tolerancia del budismo tuviera uno que contemplarla ubicado desde una tradición o una cultura que no fuera tolerante. Tradicionalmente, el budismo no se considera a sí mismo como tolerante. No promueve ese concepto ni se anuncia sugiriendo que se trate de una religión tolerante. Nunca ha llegado a esa clase de autoconciencia con respecto a su propia naturaleza.

Lo mismo sucede con la jerarquía. Desde siempre, el budismo ha estado saturado de ella al grado que los budistas casi resultan incapaces de observarlo desde fuera y verlo como algo jerárquico. El simple hecho de que el sendero espiritual consiste en una serie de pasos o etapas muestra lo profundamente arraigado que se encuentra el principio jerárquico en el budismo. Lo cierto es que la vida espiritual en sí es inseparable del principio jerárquico. Existe una jerarquía de sabidurías, aquélla acerca de la cual uno escucha o lee (*sruta-mayi-prajña*), la sabiduría que uno cultiva a través de la reflexión (*cinta-mayi-prajña*) y la más elevada forma de sabiduría, la que se cultiva mediante la meditación (*bhavana-mayi-prajña*).[164] Hay una jerarquía de los diferentes niveles del cosmos, desde

---

[164] Éstas se mencionan (en pali) en el *Sutra Sangiti*, sutra 33 de *The Long Discourses of the Buddha (Digha-Nikaya)*, *op. cit.*, sección 1.9, punto 43.

el *kamaloka* hasta el *rupaloka* y el *arupaloka*.[165] Además, por supuesto, hay una jerarquía de personas, tanto los *ariya-puggalas*[166] del theravada como los bodhisatvas del mahayana están organizados en jerarquías. Puede parecer que el concepto de jerarquía es absolutamente fundamental en el budismo y que sin él difícilmente existiría como lo conocemos. Quizá sea por esa razón que no haya un término o un concepto tradicional para referirse a la jerarquía. Hay algunas palabras que expresan la idea de una secuencia de valor creciente dentro de ciertos contextos pero no hay un término amplio, generalizado, que comprenda todas las distintas jerarquías más específicas.

Sin embargo, lo cierto es que cuando los occidentales, viniendo del exterior, por decirlo así, nos aproximamos al budismo nos sentimos impresionados por su naturaleza jerárquica y hay quienes tienen que luchar contra ello de una manera que no les sucede a los budistas orientales, quienes tienen un condicionamiento cultural y psicológico diferente. Yo mismo, a pesar de tener muchos años como budista, encuentro que mi problema consiste en tratar de congeniar con el concepto no

---

[165] *Loka* significa "lugar", "plano" o "mundo" y la cosmología budista visualiza una jerarquía ascendente de ellos: en el fondo, el reino del infierno; después, el lugar donde habitan los seres humanos (y el hábitat de diversos seres no humanos) y luego, diferentes reinos celestiales. El *kamaloka* o plano del deseo sensorial comprende todos los que no son reinos celestiales y también algunos cielos. Los cielos más altos pertenecen al *rupaloka*, el plano de la forma (arquetípica) y todavía más arriba aparece el *arupaloka*, el plano donde no hay forma. El hecho de que el *rupaloka* y el *arupaloka* se relacionen con varios estados elevados de la conciencia sugiere que esta "cosmología" se puede tomar para hacer referencia a realidades psicológicas y transpsicológicas internas, así como también al mundo externo.

[166] La tradición budista, desde sus inicios, enumera una jerarquía de ocho *ariya-puggalas*, "personas nobles", normalmente enlistadas como "cuatro pares de personas": el entrante a la corriente y el que ha obtenido los frutos de la entrada a la corriente; "el que regresará una vez" (es decir, el que sólo vivirá una existencia humana más antes de alcanzar la iluminación) y el que ha alcanzado el gozo de esa etapa; "el que ya no regresará" (y llegará a la iluminación desde un reino celestial) y el que ha disfrutado de ese estado; y el arahat, que ha llegado a la iluminación y el que ha gozado los frutos del estado de arahat.

jerárquico o antijerárquico de igualdad, que parece muy limitado y restrictivo. A mí me parece que la desigualdad es una de las cosas más evidentes en la vida.

Claro está que hay jerarquías auténticas y falsas. En Europa, en el siglo XVIII, sobre todo en Francia, la jerarquía social y eclesiástica era totalmente falsa. No correspondía a ningún hecho o realidad. Por ejemplo, los consentidos de la corte con apenas la menor ostentación de piedad eran nombrados obispos. Cuando a Luis XV le propusieron que cierto cortesano ocupara el cargo de Arzobispo de París, él pretextó: "¡No, no, el Arzobispo de París por lo menos debería de creer en Dios!", lo cual muestra cómo andaban las cosas. El pobre Luis XVI, que fue llevado a la guillotina, estaba más interesado en arreglarse los bucles y a eso dedicó la mayor parte del tiempo. No sabía nada acerca de gobernar. En otras palabras no era un verdadero rey, en un sentido estricto.

Al final llegó la gran turbulencia de la Revolución Francesa y la falsa jerarquía fue derrocada, tanto en el clero como en el Estado. Sin embargo, al negar la falsa jerarquía el pueblo no afirmó a la verdadera sino, más propiamente, una falta de jerarquía o una antijerarquía. De ahí el famoso slogan: "Libertad, Igualdad, Fraternidad". De ese periodo también nosotros hemos heredado mucho en lo político, social, intelectual y espiritual. En especial, hemos heredado una tendencia antijerárquica, una oposición no sólo a las falsas jerarquías sino a cualquier jerarquía. Es una pena. Podemos entender que el pueblo en la Revolución Francesa no quisiera o no fuera capaz de distinguir entre la jerarquía genuina y la falsa. No deseaban dar a la falsa jerarquía ni la menor oportunidad de subsistir, pero en tiempos de mayor calma no deberíamos rechazar la simple idea de jerarquía nada más porque sí.

Suele decirse que "como personas" toda la gente es igualmente buena. Sin embargo, es una suposición cuestionable.

Las palabras "persona" e "individuo" no se refieren a algo estático. Ambas sugieren un grado de desarrollo. Hay personas más desarrolladas que otras. Eso significa que hay personas o individuos que son mejores que otros.

La intención al afirmar una jerarquía no es poner a la gente en su sitio. La verdad es todo lo contrario, puesto que esta jerarquía no es fija. Lo que importa es que a todos se les debería estimular para que crecieran y que nadie aceptara una idea fija de su valor como individuo. Nuestro valor consiste en el esfuerzo que hacemos en el nivel en el cual nos encontramos y no tanto en el puesto fijo que ocupamos en la jerarquía. Si hemos dado lo mejor de nosotros no tendrán por qué criticarnos.

Parece, además, que la competencia contribuye a que la gente entregue lo mejor de sí, a que logre su máximo nivel, a que sea lo mejor que puede ser. En uno de sus discursos, el Buda habló de cada uno de sus discípulos más cercanos, uno por uno, diciendo quién era el mejor en cada cosa. Al parecer, a todos les pudo encontrar en qué eran los mejores. Uno era el mejor orador, otro el mejor meditador, otro más el mejor cuando pedían limosnas. Todos sobresalían en algo.[167]

Aun así, la palabra jerarquía no es muy estimada en estos días y la definición que da el diccionario, "cuerpo de reglas eclesiásticas", no contribuye a que sea más atractiva. Sin embargo, en su sentido original, jerarquía significó algo así como una personificación, en diversos individuos, de diferentes grados en los que se manifestaba la realidad. Se puede hablar, por ejemplo, de una jerarquía de formas vivas, algunas inferiores que expresan o manifiestan menos realidad y otras superiores, expresando o manifestando mayor realidad. Hay una jerarquía continua de formas vivas desde las amibas hasta los seres humanos y mientras más elevado es su nivel mayor es su grado de realidad.

---

[167] *Anguttara-Nikaya* i. 14.

Y aún hay otra jerarquía de formas vivas, la que va desde un ser humano no iluminado hasta el buda iluminado. Esto corresponde a lo que en otros contextos he descrito como la más alta evolución. Así como el ser humano no iluminado representa o manifiesta mayor realidad y más verdad que la amiba, del mismo modo el ser humano iluminado personifica o manifiesta mayor realidad en su vida y su labor, incluso en su discurso, que la persona que no está iluminada. La persona iluminada es como una ventana clara a través de la cual brilla la luz de la realidad y en la cual se puede observar esa luz casi tal como es. O puede decirse que esa persona es como un cristal o un diamante que concentra y refleja dicha luz.

Entre el ser humano no iluminado y el iluminado, el buda, hay diversos grados intermedios, representados por las diferentes personas en sus distintas etapas de desarrollo espiritual. La mayoría de la gente aún está lejos de la iluminación, ya sea en un grado mayor o menor pero, a la vez, tampoco están totalmente lejos de ella. Se encuentran en algún punto entre el estado carente de luz y el de la completa iluminación. Esto constituye la jerarquía espiritual, los mayores alcances de lo que podría llamarse la jerarquía del bodhisatva. Ya sabemos lo suficiente acerca de los bodhisatvas como para darnos una idea de la intensidad de su aspiración y compromiso con respecto a la vida espiritual pero, incluso entre los bodhisatvas, existen grados de logro espiritual.

El principio de jerarquía espiritual es muy importante. Los seres humanos nos relacionamos con la realidad esencial directa e indirectamente. Nuestra relación directa se da desde lo más profundo de nuestro ser, donde hay algo que todo el tiempo nos conecta con la realidad, como un hilo dorado que, así sea tan delgado como una telaraña, siempre está ahí. En algunas personas ese hilo ha engrosado, se ha fortalecido. En otras más ha alcanzado la fuerza de una cuerda y en aquellos que se han iluminado ya no hace falta ese hilo conectivo, porque ya no existe la diferencia entre la profundidad de su ser y la profundidad de la realidad misma. De modo que estamos conectados directamente con la realidad desde lo más profundo de nosotros, aunque la mayoría no nos damos cuenta. Puede ser que no veamos ese hilo dorado que brilla en medio de nuestra oscuridad. No obstante, ahí se encuentra.

Nuestra relación indirecta con la realidad se da de dos formas. En primer lugar estamos relacionados con esas cosas que representan un grado inferior de manifestación de la realidad que el de nosotros mismos. Nos relacionamos con la naturaleza: las rocas, el agua, el fuego, las distintas formas de vida vegetal y las formas de vida animal inferiores a nosotros en la escala evolutiva. Esta relación puede compararse con el acto de ver una luz a través de un velo muy grueso. A veces ese velo parece tan grueso, sobre todo cuando se trata de formas materiales, que no logramos ver esa luz.

También mantenemos una relación indirecta con la realidad a través de esas formas que representan un grado mayor al nuestro de manifestación de la realidad. Esto es como ver una luz a través de un velo delgado, a veces tan delgado como una telaraña e, incluso, en ocasiones se desgarra y nos deja ver de manera directa la luz de la realidad como es, sin nada entre ella y nosotros. Podríamos decir que este velo delgado, a través del cual notamos la luz de la realidad, es la jerarquía espiritual, en especial la del bodhisatva.

Es de vital importancia que procuremos estar en contacto con gente que sea por lo menos un poco más avanzada que nosotros en el plano espiritual, gente a través de la cual brille la luz de la realidad con más claridad que en nosotros. A esas personas se les conoce tradicionalmente en el budismo como amigos espirituales o kalyana mitras y tienen una importancia en nuestra vida quizá mayor a la que tendría un buda. Si tuviéramos la oportunidad de conocer a un buda quién sabe si podríamos obtener mucho de ese encuentro. Es posible que ni nos diésemos cuenta de su naturaleza al tenerlo enfrente. Es más probable que nos beneficiemos al estar en contacto con quienes tienen un desarrollo espiritual un poco mayor al nuestro.

Sobre dicho contacto existe un hermoso pasaje en ese gran clásico espiritual tibetano, la *Joya de la liberación*, de Gampopa. Hablando de amigos espirituales, dice:

> Como al principio de nuestro trayecto resulta imposible estar en contacto con los budas y bodhisatvas que moran en niveles espirituales más altos, tenemos que encontrar entre la gente común a nuestros amigos espirituales. Tan pronto como penetre un poco de luz en las tinieblas ocasionadas por nuestras obras podremos hallar bodhisatvas en un rango de espiritualidad más alto. Después, cuando nos elevemos por encima del gran sendero preparatorio, encontraremos el nirmanakaya del Buda. Al final, cuando ya habitemos en un nivel espiritual elevado, podremos tener como amigo al sambogakaya.
>
> Si preguntaras quién entre esos cuatro es nuestro más grande benefactor, la respuesta sería que, al principio de nuestro trayecto, cuando aún vivamos prisioneros de nuestros actos y emociones, no llegaremos a ver ni siquiera el rostro de un amigo espiritual superior. Tendremos que buscar, en cambio, a un ser humano común que con la luz de su consejo pueda iluminar el sendero que debemos seguir, a partir de lo cual podremos ya encontrarnos con seres superiores. De tal manera, el benefactor más grande que podemos tener es un amigo espiritual en su forma de ser humano común.[168]

Esta relación con amigos espirituales es lo que en la India llaman *satsangh* y le confieren una importancia tremenda. Satsangh es una palabra en sánscrito (aunque se le encuentra en

---

[168] Vea *The Jewel Ornament of Liberation, op. cit.*, p. 32-33.

las lenguas modernas de la India) y se compone de dos partes: *sat*, que significa bueno, verdadero, correcto, real, genuino, sublime, espiritual; y *sangh*, que quiere decir relación, compañía, camaradería, comunidad e, incluso, comunión. De modo que satsangh significa "buena camaradería", "comunión con el bien" o "relación sublime".

Durante siglos, en India se ha enfatizado la importancia de satsangh porque todos necesitamos ayuda para llevar una vida espiritual. No podemos llegar muy lejos por nosotros mismos. Si pasara una semana tras otra, un año tras otro y no tuviéramos una clase de meditación a la cual ir, si nunca conociéramos a otra persona que también se interesara por el budismo o ni siquiera pudiéramos conseguir libros (porque la literatura adecuada también es una especie de satsangh) y estuviéramos totalmente solos no avanzaríamos mucho, a pesar de lo grande que fueran nuestro entusiasmo inicial y nuestra sinceridad. Tomamos el valor, la inspiración y el apoyo moral de la relación que entablamos con otros que muestran ideales semejantes y que siguen un modo de vida similar al nuestro. En especial, esto es lo que sucede cuando trabamos amistad con quienes espiritualmente nos llevan alguna ventaja o, para decirlo con mayor sencillez, con quienes son un poco más humanos que la mayoría de la gente, un poco más conscientes, un poco más amables, un poco más fieles, etcétera.

En la práctica esto significa que deberíamos probar ser más abiertos y receptivos hacia quienes podamos reconocer que se encuentran arriba de nosotros en la jerarquía espiritual, aquéllos cuya enorme capacidad de percepción, comprensión y compasión, entre otras cualidades, nos resulta evidente. Deberíamos prepararnos para recibir lo que ellos nos ofrecen, como la flor que abre sus pétalos para recibir la luz y el calor del sol. En cuanto a aquellos que se encuentran más abajo que nosotros en la jerarquía espiritual, según podemos apreciar (y recordando siempre que podríamos estar equivocados), nuestra actitud debería ser de generosidad, amabilidad y ayuda, ofreciéndoles seguridad, haciendo que se sientan cómodos y así, por el estilo. Respecto a quienes se encuentran en el mismo nivel que nosotros podemos tener con ellos una actitud de cooperación, reciprocidad y disposición a compartir.

Estas tres actitudes corresponden a las tres grandes emociones positivas de la vida espiritual budista. La primera de ellas es *sradha*, que suele traducirse como "fe" o "creencia" pero que, en realidad, alude a una forma de devoción, a una receptividad que capta, por decirlo así, la luz que viene de arriba. En segundo lugar está la compasión, que se refiere a dar lo que hemos recibido de arriba a quienes se hallan más abajo en la jerarquía espiritual. En tercer lugar tenemos el amor, o *metta*, que compartimos con quienes están en el mismo nivel que nosotros.

En la *Joya de la liberación*, Gampopa dice además que "Un buda logra la iluminación al servir a los amigos espirituales", lo cual constituye una severa afirmación, por decir lo menos, y quizá no resulte de lo más deleitable. Para nosotros, la simple idea de dar servicio es bastante extraña. Estamos familiarizados con el concepto de dedicarnos al cuidado de nuestros hijos, posiblemente o a ayudar a nuestros padres cuando ya son ancianos. Sin embargo, no nos es tan fácil trasladar ese sentimiento a otras situaciones. Tiene mucho que ver con lo chocante que nos parece la idea de la jerarquía espiritual o de cualquier otra índole. Si todos somos iguales, ¿por qué, entonces, tendría uno que hacer algo por otra persona? ¿Por qué no mejor esa persona hace algo por nosotros? ¿O por qué no realizarlo sobre la base de un intercambio? "Yo lo hago hoy por ti, siempre y cuando mañana tú lo hagas por mí".

Cuando alguien se pone al servicio de otro está, de cierta forma, concediendo que a quien le brinda el servicio es mejor que él en determinados aspectos. A esto es a lo que muchos se muestran, generalmente, poco dispuestos. No obstante, si no podemos hacer esa concesión no tendremos un crecimiento espiritual. Al "servir a los amigos espirituales" uno crece y se va acercando a lo que ellos son, con lo que además descubre que hay todavía otros amigos espirituales a los que hay que servir. Aun cuando uno llegara a convertirse en un bodhisatva muy avanzado podrá advertir que el universo está lleno de budas a los que puede ofrecer un esmerado servicio. Siempre hay alguien a quien servir.

Asimismo, Gampopa sugiere que lo mejor es "ver a nuestro amigo espiritual como si fuera el Buda". No se trata de echarle a nuestro amigo, que al final de cuentas es un ser humano común, la carga de tratarlo como a un Buda ni de convencernos a nosotros mismos de que él es un buda cuando la razón nos indica lo contrario. No tenemos que ver cada cosa que él diga o haga como el acto de un buda. Lo importante es que por mucho que nuestro amigo espiritual se halle lejos de ser un buda, al menos tiene un desarrollo espiritual mayor al nuestro. Es como si detrás de ese amigo se encontrara su maestro y detrás de ese maestro estuviera otro maestro, uno tras otro sucesivamente hasta llegar a un buda, de tal manera que, por decirlo así, ese buda resplandece a través de todos ellos, cuyos grados de translucidez varían.

En todo caso, éste es un modo de interpretar el consejo de "ver a nuestro amigo espiritual como si fuera el Buda". Sin embargo, Gampopa, quien perteneció ante todo a la tradición tántrica y fue un gurú de la escuela kagyu del Tíbet, así como también uno de los principales discípulos de Milarepa, quizá deseaba en verdad que su consejo se tomara al pie de la letra. En el vajrayana es fundamental el concepto de que cada una de las tres joyas tiene su aspecto esotérico y, considerándolo así, esta noción resulta ser profundamente práctica. Los vajra-

yanistas dicen que, en efecto, la iluminación del Buda, su enseñanza de la verdad que descubrió y el crecimiento del círculo de sus seguidores iluminados, estas tres joyas que durante
tantos años de tradición budista han merecido reverencia fueron cosas que sucedieron hace mucho, mucho tiempo. Nosotros mismos no podemos tener contacto directo con eso ni
beneficiarnos de su influencia directa. Ciertamente, debemos
encontrar nuestras propias tres joyas. La cuestión es dónde ha-
llarlas. La respuesta a la que llegó el vajrayana es que uno debería considerar a su maestro del Dharma, a su gurú, como el
Buda, el ejemplar de la iluminación en cuanto a uno mismo
respecta. De igual manera, uno debería ver a su yídam, es decir, el buda o bodhisatva en el cual medita, como la personificación misma de la verdad. Así, el refugio esotérico de la sangha será entonces la compañía de dakinis con las cuales, de
acuerdo con la tradición vajrayana, uno puede estar en contacto vivo. En el contexto particular de cada cual, el guru o el
maestro representa al Buda e, incluso, en el contexto tántrico,
es el Buda.

Un modo más de tomar la frase de Gampopa es reflexionar
acerca de la enseñanza que dice que cada ser humano es un buda en potencia. Según algunas escuelas budistas, si uno en
verdad hace un esfuerzo y ve, observará que cada ser humano
es, en efecto, un buda, no importa si ellos se dan cuenta o no.
En el caso de un amigo espiritual, toda vez que ha llegado a
parecerse aunque sea un poco a un buda resulta más fácil ver
en él la naturaleza búdica fundamental que todos poseemos.

Gampopa recomienda, por lo tanto, que no sólo brindemos
un servicio a nuestros amigos espirituales, sino que además los
deleitemos. Con ello quiere decir que debemos darles ocasión de
regocijarse en las cualidades que puedan percibir desarrollán-
dose en nosotros. Si uno deleita a su amigo espiritual y él lo
deleita a uno, ambos se encontrarán en un estado de alegría

compartida (*múdita*) y se establecerá una comunicación fluida. Él podrá enseñar y uno podrá aprender.

Hay un pasaje interesante en el Gran Capítulo del *Sutta Nipata*, donde un brahmín no está seguro si el Buda en realidad es el Buda, es decir, el Iluminado o si sólo es un gran hombre o un "superhombre" o *mahapurisa*. Sin embargo, parece que ese brahmín ha escuchado acerca de un modo de saberlo. Según oyó, los budas revelan su verdadero ser, su naturaleza verdadera, si se les alaba.[169] Alabar tiene relación con deleitar, es un deleite que se realiza con palabras. Si uno alaba a un buda éste no podrá menos que mostrar su verdadera naturaleza. En cambio, ni siquiera un buda podrá demostrar su real naturaleza si la situación no es lo suficientemente positiva para permitírselo.

Lo mismo sucede, en otro nivel, con un amigo espiritual. Complacerlo es hacer que la comunicación sea más eficaz, mientras que disgustarlo equivale a levantar un obstáculo contra la comunicación. Cuando hablamos de "complacerlo" no queremos decir satisfacer su ego sino relacionarse con él de una manera abierta, libre, sincera, auténtica y cálida, manifestando metta, "alegría compartida" (es decir, regocijo en las virtudes de otros) y ecuanimidad. Si deleitamos a un amigo espiritual le hacemos más fácil la comunicación con nosotros, ya que surge su verdadera naturaleza y eso nos beneficia. A la larga, nosotros salimos ganando.

Aunque he hecho referencia a aquellos que están "más arriba" y los que se encuentran "más abajo", por supuesto, no hay

---

[169] Esto viene en el sutra 7, el *Sutra Sela* del "Gran Capítulo" del *Sutta Nipata*. Una traducción al español de este fragmento, tomado de E. M. Hare (en *Woven Cadences of Early Buddhists*, Oxford, Londres 1947, p. 87) podría ser: "He escuchado decir a los brahmanes acerca de los viejos y venerables maestros de los maestros, que aquellos que han llegado a ser hombres de valía, totalmente despiertos, manifiestan su ser cuando se les alaba. ¿Qué sucederá si canto versos decorosos en presencia del ermitaño Gotama?"

en absoluto alguna escala oficial. Si comenzamos a pensar en que estamos por arriba o por debajo de otras personas estaremos malinterpretando la naturaleza de la jerarquía espiritual. Todo tiene que ser natural y espontáneo. La emoción adecuada, ya sea de devoción, compasión o amor, deberá fluir de una forma que no sea autoconsciente, de modo espontáneo, como respuesta ante cualquiera que se encuentre con nosotros.

Yo solía ir con mis amigos tibetanos, tanto con lamas como con laicos, a visitar monasterios y templos y resultaba muy interesante ver su respuesta cuando entrábamos a esos lugares. Si en Occidente vamos a un sitio de veneración, como una catedral o algo así, quizá no sepamos muy bien qué hacer, cómo responder o qué sentir, pero cuando visitaba los templos con mis amigos tibetanos no ocurría esa especie de confusión o de conflicto interior. En cuanto veían una imagen del Buda podían notarse sus sentimientos de devoción, fe y reverencia surgiendo desde lo más profundo de su ser. Juntaban sus manos a la altura de la frente y, con frecuencia, se postraban tres veces, completamente tendidos en el piso. Lo hacían de la manera menos autoconsciente. Para ellos era algo natural, debido al contexto en el que habían crecido (y el cual hoy, ciertamente, se encuentra muy trastornado).

Es este tipo de emoción espontánea lo que crea la jerarquía espiritual, un sentimiento natural de devoción cuando alguien se encuentra con algo más elevado, compasión espontánea que se desborda cada vez que uno se encuentra ante las dificultades y aflicciones de otras personas, un brote espontáneo de amor y compasión cuando uno está entre sus semejantes. Son éstas las emociones que deberían influir en toda una comunidad budista. Quienes viven en una comunidad así son como las rosas en sus diferentes etapas de crecimiento, todas floreciendo en un mismo seto o, bien, como una familia espiritual de la cual el Buda es la cabeza y los grandes bodhisatvas son los hermanos mayores. En esa familia todos obtienen lo que necesitan. Los de más edad se ocupan de los más jóvenes, todos dan lo que pueden y la familia entera emana un espíritu de alegría, libertad, calidez y luz.

La jerarquía del bodhisatva concentra todo eso en un mismo foco con una intensidad deslumbrante. Tiene sus propios grados y sus propias cifras radiantes, pasando por etapas cada vez más y más altas de desarrollo espiritual, hasta llegar a la budeidad. De acuerdo con el mahayana el camino del bodhisatva se divide en diez etapas progresivas, diez *bhumis* (*bhumi* significa etapa o progreso) y cada una de esas etapas representa un grado mayor de la manifestación del bodhichita.[170]

Las escrituras señalan que la manifestación progresiva del bodhichita por medio de los diez bhumis es como el oro que se funde con la escoria poco a poco, después se refina y con él se realiza una bella pieza, por ejemplo una corona para la cabeza de un príncipe.[171] Por supuesto, el oro es el bodhichita que se encuentra en nuestro interior todo el tiempo, sólo que está adulterado, saturado o apagado por toda clase de impurezas y opacidades casuales. El oro en sí es puro pero hay que quitarle las impurezas para que el bodhichita pueda manifestar su propia naturaleza incorruptible.

La jerarquía del bodhisatva se compone de cuatro categorías: los bodhisatvas novicios, los bodhisatvas en el camino, los bodhisatvas irreversibles y los bodhisatvas del *dharmakaya*.

Los novicios también suelen denominarse "bodhisatvas en preceptos". Entre éstos se encuentran todos los que aceptan de manera genuina el ideal del bodhisatva, el ideal de llegar a la iluminación no sólo para lograr la propia emancipación sino como un modo de contribuir a la iluminación de los seres sen-

---

[170] Vea nota 67.
[171] Este símil se tomó del *Sutra Dasabhumika*. Vea Har Dayal, *The Bodhisattva Doctrine in Sanskrit Literature, op. cit.*, p. 284.

sibles en cualquier lugar. Es una aceptación muy profunda. Los bodhisatvas novicios no son tan sólo los que han leído un libro acerca del budismo mahayana y entienden el ideal del bodhisatva. Tampoco son sólo los que ya han tomado la ordenación del bodhisatva y se han comprometido de manera formal y pública a cumplir con el ideal del bodhisatva. Los bodhisatvas novicios son aquéllos que desde el fondo de su corazón están totalmente dedicados a realizar el ideal del bodhisatva y hacen un esfuerzo tremendo por practicarlo.

Sin embargo, aun cuando el bodhisatva novicio acepta de corazón el ideal del bodhisatva y se esfuerza mucho por hacer esa práctica, todavía no surge en él el bodhichita. Aún no ha tenido la sensación, la arrolladora experiencia de tener que alcanzar la iluminación universal por el beneficio de todos los seres vivos. Ese sentimiento no se ha posesionado de su ser. Podría decirse, y no con la intención de ser desconsiderado, que un bodhisatva novicio es un bodhisatva en todos los aspectos, excepto el más importante. Cuenta con todo el equipo pero le falta el bodhichita, la voluntad hacia la iluminación como una vivencia directa y dinámica que todavía no sucede en él. No obstante, es verdad que ya ha puesto pie en el camino. La mayoría de los seguidores sinceros del mahayana entran en esta categoría.

Como bodhisatva novicio uno dedica mucho tiempo a estudiar las escrituras del mahayana, en especial, las que tienen que ver con la vacuidad, con el ideal del bodhisatva y con los paramitas. Esto no significa, necesariamente, que uno lea muchos libros. Quizá sólo lea unos cuantos o, incluso, nada más unas páginas, sólo que las lee una y otra vez, empapándose del espíritu de los textos, tratando de absorberlos, permitiendo que la enseñanza llene su mente y su corazón. En muchos lugares del mundo budista mahayana es tradicional que el bodhisatva novicio se aprenda de memoria esas profundas escrituras y las repita constantemente, sobre todo al principio o al final de una meditación.

Otra práctica tradicional que realiza el bodhisatva novicio es simplemente hacer copias de las escrituras. No se trata nada más de reproducir el texto. Se trata de una meditación en sí. Hay que concentrarse para escribir con belleza, sin omitir palabras ni cometer errores de ortografía. Al mismo tiempo, uno piensa en el sentido de lo que copia, de tal manera que al menos algo de ese sentido se cuela en lo más profundo de la mente inconsciente, gota a gota, influyendo de un modo callado y transformando al ser. La tradición la da una gran importancia al copiado y coloreado de los textos, al igual que sucedía en Europa durante la Edad Media, cuando los monjes pasaban horas iluminando manuscritos, bruñéndolos con oro y decorándolos con hermosos dibujos y diseños. Todo este estudio, aprendizaje de memoria y reproducción de copias se realiza con amor, como una sadana, una disciplina espiritual.

Un Bodhisatva novicio, por supuesto, medita y lo hace especialmente en las cuatro *brahma-viharas*, desarrollando amor incondicional, compasión, alegría compartida y ecuanimidad hacia todos los seres sensibles. Estas prácticas son muy importantes porque, según se dice, forman las bases para el posterior desarrollo de la gran compasión que caracteriza al bodhisatva totalmente evolucionado.

El siguiente paso es dirigir la atención a la práctica de las perfecciones y, claro está, hay que realizar la puya de las siete etapas, diario si es posible. También hay que cultivar los cuatro factores que apuntalan el surgimiento del bodhichita, según lo enseñó Vasubandhu. Además, es necesario tratar de tener un comportamiento correcto, ayudar a otros y ser amigable y compasivo en las diversas situaciones cotidianas. Así que el bodhisatva novicio es, entonces, aquel que sostiene un profundo compromiso con la práctica del ideal del bodhisatva y lo practica con sinceridad, aunque el bodhichita todavía no haya surgido dentro de él.

En el siguiente nivel tenemos a los bodhisatvas que ya están en el camino. Éstos son los que se encuentran en el proceso de cruzar los primeros seis bhumis, de los diez que hay. Los bodhisatvas en el camino han experimentado ya el despertar del corazón bodhi (quizás antes o en el momento en que llegaron al primer bhumi) y han expresado también los votos del bodhisatva, comenzando la práctica formal de los paramitas.

Muchas tradiciones del mahayana consideran que "el entrante a la corriente", "el que retorna una vez", "el que ya no retorna" y el arahat, todos estos de la enseñanza theravada, son bodhisatvas en el camino. Como quien dice, se les da el grado de bodhisatvas *honoris causa*.[172] Desde el punto de vista del mahayana, aunque ellos hayan estado trabajando por alcanzar la iluminación individual pueden transformarse en cualquier momento. Aun cuando uno se haya desarrollado a lo largo del sendero de la emancipación individual, al final quizá verá la posibilidad de elevarse al nivel de la iluminación por el beneficio de todos los seres. Entonces, con la base de su práctica anterior en el sendero individual podrá abordar el camino del bodhisatva.

En la *Joya de la liberación*, al citar el *Sutra Akshayamatiparipreccha*, Gampopa describe así el progreso de los bodhisatvas en el camino: "La benevolencia con respecto a los seres sensibles se halla en los bodhisatvas que recién formaron una actitud iluminada. La benevolencia con respecto a la naturaleza de la realidad en su totalidad se halla en los bodhisatvas que viven practicando el bien y la benevolencia sin referencia a cualquier objeto en particular se halla en los bodhisatvas que han obser-

---

[172] Vea nota 166.

vado y aceptado el hecho de que ninguna de las entidades de la realidad tiene un origen".[173]

Que la "benevolencia con respecto a los seres sensibles" se halle en los bodhisatvas que recién formaron una actitud iluminada, con lo cual Gampopa alude a aquéllos en quienes ya surgió el bodhichita, quizá sugiere lo difícil que es desarrollar dicha benevolencia. Cuando uno tiene, por lo menos, una actitud razonablemente constante de buena voluntad hacia otros seres sensibles es, al parecer, virtualmente un bodhisatva o, en términos del theravada, un entrante a la corriente. Esto, además, demuestra lo tremendamente importante que es ser positivo hacia los demás, sin detenerse a ver los defectos de ellos ni los propios y muestra también todas las complicaciones que surgen de ello y que ponen a prueba nuestra paciencia.

De modo que, según Gampopa, los bodhisatvas en el camino son capaces de ser benévolos "con respecto a la realidad en su totalidad". Como bodhisatva novicio uno estará desarrollando metta hacia todos los seres sensibles aunque seguirá sintiendo que son seres que están aparte de uno mismo. Sin embargo, el bodhisatva en el camino comenzará a dejar atrás ese sentimiento de separación. No es que todo se reduzca a una unidad monista, metafísica. Lo que ocurre es que el sentido de ser diferente y estar separado disminuye en forma definitiva. Es difícil describirlo con palabras (las cuales derivan, de manera inevitable, de la experiencia dualista) pero es como si la experiencia que se tiene de sí mismo y de los demás se viera empapada por algo que trascendiera a ambos conceptos, sin cancelar o negar ninguno de ellos en su propio nivel. La distinción deja de ser absoluta. Disminuye la tensión, por decirlo así, entre el yo y los demás al estar contenida dentro de un marco de realidad mucho más amplio.

---

173 *The Jewel Ornament of Liberation*, op. cit., pp. 91-92.

Por ejemplo, en lo que se refiere a la práctica de la generosidad, en el nivel básico o de "novicio" podría darse un grado de conflicto: "¿Me quedaré con esto o se lo daré a esa otra persona?" Al final, con un gran esfuerzo, uno puede decidirse por la nobleza y ser generoso. Sin embargo, cuando ya desarrolló ese segundo nivel de benevolencia el conflicto deja de existir. Uno ve que si se queda con algo o lo da a los demás es igual, de modo que puede dar lo que sea con toda libertad y felizmente.

La benevolencia: "sin referencia a cualquier objeto en particular" que "se halla en los bodhisatvas que han observado y aceptado el hecho de que ninguna de las entidades de la realidad tiene un origen" es algo que ocurre en el octavo de los diez bhumis del bodhisatva. Esto es *anutpattika-dharma-kshanti*, la paciente aceptación de que los dharmas en realidad no surgen ni desaparecen. En otras palabras, uno ve que en realidad no hay condicionalidad ni causalidad y puede, entonces, hacer frente a este hecho, aun cuando vaya en contra de todas sus suposiciones anteriores. Uno ve toda la existencia como un espejismo, algo que en realidad no llega a existir y que, por lo tanto, tampoco deja de existir y lo que sella el auténtico misterio de esta percepción es que, ante todo ello, uno se manifiesta lo más compasivo que puede ser.

Vemos así que el tercer nivel de la jerarquía del bodhisatva implica no tanto un paso más allá sino todo un vuelco de la propia experiencia. Se trascienden todos los indicativos comunes en nuestras vivencias, el modo familiar como miramos a las cosas y la compasión que podemos sentir se vuelve muy difícil de describir, porque uno puede ver toda la existencia de un modo completamente diferente. Las categorías del yo y los demás parecen un sueño, un espejismo. Lo principal es que el avance en el sendero espiritual queda asegurado. Más allá del surgimiento del bodhichita se encuentra ese punto en el cual gira toda la vida espiritual, no importa desde qué perspectiva se observe.

Cualquiera que haya intentado llevar una vida espiritual sabe lo difícil que es lograr aunque sea un pequeño progreso. Es posible que después de unos meses o años miremos hacia atrás con cierta tristeza y pensemos: "No ha habido un gran cambio. Sigo siendo más o menos la misma persona que era antes". Alguien podría decir que el progreso en el camino se mide por centímetros. Por si eso fuera poco, no cuesta ningún trabajo dar un resbalón y retroceder varios metros cada vez que uno abandona la práctica de la meditación o deja de ver a sus amigos espirituales.

Cuando intensificamos nuestra práctica de meditación puede bastar un par de días sin meditar para que volvamos a estar donde nos encontrábamos hace unos meses o, al menos, eso nos parecerá cuando nos sentemos a meditar otra vez. Por supuesto, en realidad no hemos retrocedido en nuestra práctica, eso sería imposible y en ocasiones quizá necesitemos renunciar por un tiempo para volver de nuevo con más ímpetu y entusiasmo. Sin embargo, todo aquél que medite con regularidad sentirá en ciertos momentos que está perdiendo lo que había "ganado". El peligro de caer en un retroceso está latente en todos los niveles de la vida espiritual. Por eso es crucial que alcancemos un punto en el que nos sintamos seguros de no resbalar. Necesitamos llegar a tierra firme.

De ahí la importancia de la "irreversibilidad". Ésta se encuentra ya en los primeros textos budistas, por ejemplo en el *Dhammapada*, donde dice: "Ese Iluminado, cuya victoria es irreversible [literalmente "cuya conquista no puede serle conquistada" o "no puede ser que deje de ser una conquista"] y cuya esfera es infinita, ¿por qué rumbos podrás hacer que se pierda El que no deja huella?"[174]

---

174 *Dhammapada*, verso 179.

¿Qué quiere decir esto? Según la tradición budista nuestra experiencia mundana consiste, por naturaleza, en acción y reacción entre factores opuestos: placer y dolor, amor y odio, etc. Al emprender el camino espiritual (que en este contexto significa convertirse en un bodhisatva novicio) uno sigue el mismo proceso de interacción entre dos factores, sólo que uno de ellos aumenta en lugar de oponerse al otro. Hay una descripción tradicional de este proceso que se explica como la secuencia de los nidanas o eslabones positivos, la conciencia de la naturaleza inherentemente insatisfactoria de la existencia, en dependencia de la cual surge la fe, después la alegría, luego el éxtasis, la dicha, la calma, la concentración meditativa y el "conocimiento y la visión de las cosas como son en realidad".[175] Sin embargo, aun cuando esta secuencia no es cíclica sino progresiva o en espiral, también es reversible. Uno puede desandar toda la secuencia hasta volver al punto de donde partió. Se puede parecer al juego de serpientes y escaleras.

De manera que el punto crucial de la vida espiritual es aquél en el cual uno pasa de un estado hábil, pero reversible, a un estado que ya es irreversible. Es el punto de visión cabal donde uno entra a la corriente. Dicho en términos de la secuencia antes señalada, es el punto en el que uno obtiene el conocimiento y la visión de las cosas como son en realidad. Éste es el verdadero objetivo de la vida espiritual. No es necesario pensar en la iluminación o la budeidad. Eso es, sencillamente, la culminación inevitable de la secuencia irreversible de los estados mentales hábiles que surgen a partir de la visión clara. Una vez que se ha entrado a la corriente podría decirse que uno se halla rumbo a la iluminación y no hay retorno. El impulso espiritual con que se cuenta es suficiente para andar el

---

[175] Estos son los primeros ocho eslabones de los doce que componen el sendero espiral; vea nota 106.

resto del camino. Quizás el trecho sea aún muy largo pero ya no hay peligro de perder todo lo que se ha conseguido.

Por eso se dice que la "victoria" del Buda, es decir su iluminación, es irreversible. No puede desandarse. No hay poder externo que haga que un buda deje de serlo. Esto no sólo pasa con el Buda, también sucede con el arahat, con el que retorna una vez, con el entrante a la corriente y, por supuesto, con el bodhisatva irreversible.

Mas mientras no hayamos atravesado la puerta de la irreversibilidad nos encontraremos en una situación precaria. Por ello necesitamos hacer un esfuerzo constante en nuestra vida espiritual y, asimismo, asegurarnos que estamos viviendo y trabajando en condiciones que sustenten nuestros esfuerzos espirituales. Mientras no lleguemos al punto en el que ya no hay retorno tendremos que procurarnos la situación más positiva y el entorno más adecuado que nos sea posible.

Esto es lo que el Buda quería decir cuando pronunció sus últimas palabras: "*apamadena sampadetha*", que pueden traducirse como, "con atención consciente, esfuércense".[176] Para llegar al punto de la irreversibilidad hay que continuar haciendo un esfuerzo, incluyendo el de mantener la atención consciente para asegurarse que las condiciones en que se vive son propicias para conducirnos a realizar el mejor esfuerzo posible. Uno puede esforzarse tremendamente pero si no ha intentado crear condiciones más favorables podría estar malgastando su energía. En cambio, habrá quien se encuentre en las mejores condiciones que se puedan imaginar mas, si no está haciendo un esfuerzo, ¿de qué le sirven tan buenas condiciones? Se necesita tener ambas cosas.

Muchas personas toman conciencia del efecto que causan las condiciones positivas cuando por primera vez van a un re-

---

[176] *Mahaparinibbana Sutta, Digha-Nikaya* ii. 156.

tiro. Es notable cómo puede cambiar alguien en tan sólo unos días. Basta con dejar la ciudad e ir al campo, sin que nos perturbe el influjo de las distracciones triviales, meditando y estudiando el Dharma más de lo habitual y todo ello nos puede transformar en una persona muy distinta, mucho más feliz y positiva. No es suficiente con tratar de modificar nuestros estados mentales a través de la meditación, es importante la cooperación de una buena atmósfera. Sin ésta es muy difícil, casi imposible, desarrollar la espiritualidad y llegar a un punto de irreversibilidad.

Este concepto fundamental de la irreversibilidad, el punto donde nuestro compromiso con el sendero espiritual se vuelve tan fuerte que las condiciones imperantes ya no lo pueden sacar de balance, se ha perdido un poco de vista, tanto en el theravada como en el mahayana. Es una pena. No cabe duda que tener enfrente el concepto de la iluminación es muy bueno pero conviene aterrizarlo. Al pensar en términos de entrada a la corriente (en un sentido amplio, no en el sentido estrecho que lo contrapone al ideal del bodhisatva) nos sentimos fortalecidos, porque esto nos recuerda que no podemos aflojar el paso en el esfuerzo espiritual si todavía no hemos llegado al punto de irreversibilidad.

Desde el punto de vista del sendero del arahat uno se vuelve irreversible en el momento en que entra a la corriente. Sin embargo, según el sendero del bodhisatva, el bodhichita surge en el nivel del primer bhumi pero el movimiento hacia la irreversibilidad acontece en algún instante entre el sexto bhumi (*abhimukhi* o "el cara con cara") y el séptimo (*duramgama* o "el que llega lejos"), mientras que en el octavo bhumi (*achala*, "el inamovible") uno se establece en el estado de irreversibilidad. Si el surgimiento del bodhichita corresponde aproximadamente a la entrada a la corriente (recordando que los conceptos del bodhichita y de la entrada a la corriente provienen de esquemas muy diferentes), ¿cómo se pueden reconciliar ambos conceptos de la irreversibilidad? Si la percepción trascendental es algo que ya no se puede perder, ¿cómo es posible resbalar y caer del bodhichita?

Lo que piensa el mahayana tradicional, donde se considera que el surgimiento del bodhichita ocurre mucho más adelante en el sendero espiritual que la entrada a la corriente, es que en el caso de ésta última la irreversibilidad representa el hecho de que no se puede renacer en niveles inferiores de existencia, en un estado de sufrimiento, ya sea como preta, ser infernal o animal. Uno tiene garantizado el renacimiento como ser humano y es seguro que podrá continuar su progreso espiritual. Después, más adelante en su vida espiritual surgirá el bodhichita. Ya no piensa uno en el estado de arahat como cuando entró a la Corriente. Ahora piensa en la budeidad suprema. Así, uno va avanzando más y más por el sendero hasta que, por fin, a partir de ese objetivo alcanza la irreversibilidad. Mientras no sea así uno puede resbalar y alejarse de la meta, que es la budeidad suprema y volver al buscar el objetivo del estado de arahat.

Se pueden ver estas tres etapas como las fases sucesivas que constituyen el desarrollo a lo largo de un sendero, pero desde nuestro punto de vista podemos intentar ver lo que tienen en común las dos tradiciones y comprender a qué se refiere, en esencia, cada una de ellas. Si unimos las dos cosas podemos ver que la entrada a la corriente, del theravada, corresponde a la irreversibilidad, del contexto mahayana. No hay duda de que la irreversibilidad del bodhisatva está más lejana en el sendero que la entrada a la corriente, del arahat. Podría decirse que no es más que una versión con un final más amplio de la entrada a la corriente. Dicho de otra manera, el concepto de la entrada a la corriente es una versión más limitada del objetivo que enseñó el Buda, esa meta a la cual trataba de retornar el mahayana.

De un modo general, la entrada a la corriente, como la formularon las primeras escuelas budistas y la irreversibilidad, como la expresó el mahayana, son diferentes aunque lo cierto es que al contemplarlas dentro de los contextos en los cuales se desarrollaron notamos que se refieren a lo mismo. Si observamos que cada una de ellas tiene su devenir histórico podemos prescindir de cualquier idea que sugiera la existencia de un camino a la iluminación individual o que el desarrollo de la compasión es una etapa que se encuentra aparte, más adelante en el sendero.

De acuerdo con la enseñanza del theravada, la entrada a la corriente se logra al romper las tres primeras cadenas de las diez que, se dice, nos atan a la rueda de la vida.[177] La primera de estas cadenas es la creencia de que tenemos un yo, la suposición de que yo soy yo, que soy un ser fijo y absoluto. Esto implica la convicción de que no existe tal cosa como una conciencia universal, una realidad absoluta fuera de uno mismo. Sujetos por esta cadena llegamos a creer que somos el eje en el cual convergen todos los extremos del mundo (como dice aquella célebre descripción de la Mona Lisa) y pensamos que nuestra existencia personal individual es irreducible y determinante.

Si examinamos con cuidado nuestra experiencia observaremos que es así como nos sentimos la mayor parte del tiempo. A veces se abre una rendija y vemos que hay algo que nos supera pero, por lo general, lo que pensamos que somos está enfocado en un sentido estrecho, limitado y egoísta, que se identifica con el cuerpo y con la mente inferior. Estamos ciegos ante una visión más elevada, un yo esencial más allá de nosotros, una mente o una conciencia más universal. Esta creencia de lo que somos, en ese sentido limitado, es una cadena

---

[177] Vea nota 54.

que debemos romper para poder acceder a la corriente y entrar en una dimensión del ser y de la conciencia más alta y más amplia.

Hay diferentes maneras de ver las experiencias de la visión cabal pero el concepto theravada de la ruptura de cadenas nos aporta un estándar para medir nuestro progreso. Si todavía nos encontramos pensando mucho en "mí, lo mío, yo" es evidente que no hemos desarrollado una gran percepción. Conforme ésta se va desarrollando pasamos por una transición de lo condicionado a lo incondicionado, soltando las ataduras o las cadenas que nos sujetan al primero.

La segunda cadena es la duda, no en el sentido de una interrogante objetiva, fría, crítica, que ciertamente es el tipo de duda que fomenta el budismo, sino la inquietud que corroe el alma y que no se asienta en nada, que está llena de temores, cambios de ánimo y caprichos, que nunca está satisfecha, que nada quiere saber y huye del conocimiento, que no trata de averiguar y luego se queja de que nada sabe. Este tipo de duda, *vichikitsa*, es otra fuerte cadena que uno tiene que romper para posibilitar su entrada a la corriente.

La tercera cadena es la "dependencia de reglas morales y ritos religiosos". Esto significa que si somos demasiado morales no llegaremos a la iluminación. Claro que esto no quiere decir que si somos inmorales alcanzaremos la iluminación con más facilidad, pero si nos evaluamos por lo buenos, santos y puros que somos, si creemos que en realidad hemos conseguido un avance y pensamos que aquéllos que no hacen lo mismo que nosotros y que no observan las mismas reglas no han llegado a nada, entonces estamos sujetos por esta cadena.

Jesús dijo que: "el *sabbath* fue hecho para el hombre y no el hombre para el *sabbath*", pero sus seguidores más fervientes a veces olvidan que ningún rito religioso es un fin en sí. Con respecto a esta cadena, algo muy similar parece suceder en el budismo con relativa facilidad. Por ejemplo, en Birmania hubo una larga disputa acerca de si cuando un monje salía del monasterio debería cubrir su hombro o dejarlo al descubierto. Fue una cuestión que dividió a toda la sangha birmana durante un siglo. Se escribieron libros, artículos, panfletos y comentarios sobre ese tema y, hasta hoy, el único acuerdo al que han llegado es a aceptar que ambos partidos opinan diferente. Esto no es más que una muestra notoria de la dependencia de reglas morales y ritos religiosos como un fin en sí mismos. Algunas cosas pueden ser buenas como un medio para llegar a un fin. La meditación es buena, una vida ética también lo es. Es bueno ser generoso y lo mismo sucede con el estudio de las escrituras. Sin embargo, cuando se convierten en un fin en sí mismos se vuelven un obstáculo y, por supuesto, esto es algo que ocurre casi de manera inevitable si uno se consagra a esas prácticas con cierto entusiasmo. De modo que resulta ser una cadena muy difícil de romper. Ésta no se puede destruir renunciando a las reglas o a los ritos religiosos. Lo adecuado es dedicarse a esas reglas y rituales por completo pero sin apego, es decir, como un medio para alcanzar un objetivo.

Mientras tanto, esta cadena es un recordatorio de que no hay un modo seguro para practicar el Dharma. Es arriesgado practicar los preceptos, por ejemplo, ya que existe la posibilidad de llevarlos a cabo de una manera errónea. Pedir una forma segura de practicar es solicitar una práctica en la que no importe la actitud y donde siempre estemos seguros de hacer lo correcto. Eso es imposible. La actitud siempre cuenta. Cuando hay la posibilidad de comportarse con habilidad también existe la eventualidad de un desempeño torpe. Así es, hasta que uno se convierte en un entrante a la corriente. Uno puede hacer una puya mientras está en un estado mental torpe o por motivos inadecuados, puede ir a un retiro por razones equivocadas, puede leer libros budistas por motivos erróneos, puede hacer una peregrinación por causas impropias, puede adoptar una actitud equivocada hacia la práctica de la meditación creyendo que eso lo hará ser mejor que otros. En resumen, es posible que uno sea budista por razones totalmente descompuestas. No existe una práctica que sea completamente segura, desde un punto de vista espiritual.

Se dice que una vez que alguien consigue romper una de estas tres cadenas las otras dos se rompen enseguida. De tal modo, cuando uno logra trascender por entero la idea del yo y deja de percibirlo como algo fijo y definitivo o cuando ya puede seguir las reglas morales y los ritos religiosos sin apego, ha llegado el momento en que entra a la corriente.

Aun cuando uno haya accedido a la corriente atravesando la cadena de la percepción del yo persiste en él, no obstante, un sutil "yo". Si no fuera así, ya estaría iluminado. Ese sutil sentido del "yo" está representado por la cadena de la presunción (la octava cadena), la cual se rompe, según las escrituras del Pali, sólo cuando uno se convierte en un arahat. Es evidente que subsiste la posibilidad de un individualismo espiritual muy leve, incluso después de la entrada a la corriente. Quizá las enseñanzas más avanzadas que se refieren al shunyata ayuden a uno a resolver esa situación pero tendrían que venir con una advertencia: "Sólo para entrantes a la corriente".

Claro que para el mahayana hay un "punto de no retorno" más lejano que el que señala el concepto theravada de la entrada a la corriente. Si alguien es un bodhisatva significa que ya pasó del punto de no retorno que representa la entrada a la corriente. Sin embargo, persiste el peligro de caer del ideal del bodhisatva, a menos que llegue, por fin, al octavo bhumi. Sólo entonces se habrá convertido en un bodhisatva "irreversible". De tal manera que el camino por recorrer es muy largo. Hasta ese punto siempre existirá el riesgo, no de resbalar en la vida espiritual, ese riesgo ya quedó conjurado hace tiempo, pero sí de caer en el individualismo espiritual. El peligro es que uno renuncie a tratar de alcanzar la iluminación por el beneficio de todos los seres y busque obtenerla por el bien de sí mismo.

Después de todo, si uno lo toma con seriedad, tendrá que reconocer que el ideal del bodhisatva es extremadamente desafiante. Uno aspira a lograr la iluminación por el beneficio de todos los seres vivos, a sentir compasión por todos ellos, ése es el voto del bodhisatva. Asimismo, es obvio que uno entrará en contacto con tan sólo una pequeña fracción de esos seres y ya bastante difícil resulta sentir compasión, incluso, por la gente que uno conoce. La gente, hay que decirlo, puede ser muy latosa, necia, débil y desubicada.

De tal forma, incluso el bodhisatva en el camino, aunque haya alcanzado el octavo bhumi, puede desesperarse con la gente y caer en la tentación de abandonar la empresa. Quizá termine por pensar: "no puedo hacer mucho por ellos. ¡Qué importa! Me ocuparé de mi propia liberación y que ellos hagan como quieran" y, así, habiendo desistido de su meta de alcanzar la iluminación universal es posible todavía que logre la emancipación individual, el estado de arahat, el nirvana. Sin embargo, con respecto a su objetivo original aquello representaría un resbalón, un fracaso. Para un bodhisatva podría decirse que el nirvana es un fracaso, lo cual nos sirve para ilustrar lo elevado que es ese ideal.

Entonces, ¿cómo se convierte en irreversible el bodhisatva? Probablemente durante mucho tiempo para nosotros esto no tenga caso saberlo pero, al menos, veamos lo que las escrituras tienen que decir sobre ello. En un sentido general, el bodhisatva se vuelve irreversible mediante la profunda percepción de la gran vacuidad. Como ya hemos visto, se trata, en esencia, de darse cuenta de la vacuidad de la distinción entre lo condicionado y lo incondicionado. Cuando surge la experiencia de la gran vacuidad uno ve con claridad que si bien la diferencia entre ambas puede ser útil para fines prácticos, en esencia carece de validez. Si se profundiza en lo condicionado se puede encontrar lo incondicionado. Asimismo, cuando uno profundiza en lo incondicionado encuentra lo condicionado.

El individualismo espiritual se basa en el pensamiento dualista, en la idea de que se puede aspirar a algo que se denomina lo incondicionado y que está "allá arriba" o "allá afuera" y que sirve como un escape de lo condicionado, pero cuando uno logra captar la gran vacuidad descubre que no era así. Entiende que tanto hablar de lo condicionado y lo incondicionado y de ir de "aquí" para "allá" era algo irreal. Del mismo modo, decidir si se hará el camino solo o con otros seres, si se retornará o se permanecerá ahí es sólo un juego, un sueño, una ilusión. Uno despierta del sueño del pensamiento dualista y ve la luz, la realidad de la mente, la mente no dualista, la realidad no dualista, como quiera uno llamarla. Uno ve que en sus profundidades más esenciales lo condicionado es lo incondicionado. Como dice el Sutra del corazón, rupa es shunyata y shunyata es rupa. No hay nada de qué escapar ni a dónde huir. Uno ve también el absurdo absoluto de la simple idea de la emancipación individual. Esta comprensión hace que un bodhisatva se vuelva irreversible. Ya no puede resbalar y retroceder a la emancipación individual porque no existe semejante cosa.

Para quien sienta la curiosidad de saber si ya llegó al punto de la irreversibilidad las escrituras de la Perfección de la sabiduría sugieren diversos modos de comprobarlo. Dicen que si uno es un bodhisatva irreversible, cuando se le pregunta cuál es la naturaleza de la meta esencial no la describe sólo como nirvana o emancipación individual, sino que además hace referencia al aspecto compasivo de la vida espiritual. Así se conoce que uno es irreversible, no importa si ya estudió los sutras de la Perfección de la sabiduría. También se menciona que uno tiene toda clase de sueños arquetípicos. Puede soñar

que es un buda y que enseña el Dharma rodeado de bodhisatvas o que está practicando los paramitas. En particular, se puede
ver a sí mismo sacrificando su vida. Quizá le estén cortando la
cabeza y se sienta muy feliz por ello. Ésas son otras señales de
que ya alcanzó la irreversibilidad. Por último, otro signo más
de que ya es un bodhisatva irreversible es que jamás se le ocu-
rrirá preguntarse si es un bodhisatva irreversible o no.[178]

En el cuarto nivel de la jerarquía del bodhisatva, el más alto, el de los bodhisatvas del dharmakaya, nos encontramos en
un plano totalmente trascendental, más allá del pensamiento
y, podría suponerse, más allá de las palabras. Sin embargo, parecerá paradójico pero el budismo es rico en términos para definir la realidad esencial. En nuestro idioma podemos decir
"realidad", "verdad", "lo absoluto" y casi hemos agotado las
posibilidades, mas en pali y en sánscrito abundan las palabras
y todas tienen un sabor especial y un tinte particular en su significado.

Una de esas palabras es *dharmakaya*. Por lo regular, se le traduce como "cuerpo de la verdad" y así se deja, más o menos.
Sin embargo, al decir "cuerpo de la verdad" no se transmite
nada de la verdadera naturaleza del dharmakaya. Tratando de
decirlo en muy pocas palabras, dharmakaya significa la realidad elemental como esencia constitutiva de la budeidad y de
la bodhisatveidad, como fuente del ser iluminado y la personalidad iluminada, de la cual las formas del buda y el bodhisatva manan sin descanso. En el siguiente capítulo estaremos
tratando con el dharmakaya en el contexto de la doctrina mahayana del *trikaya*.

Podría decirse que hay dos clases de bodhisatvas del dharmakaya (aunque no debemos olvidar que en este nivel trascendental en realidad no se puede hablar de diferencias ni de

---

178 *The Perfection of Wisdom in Eight Thousand Lines, op. cit.*, pp. 226-229.

clases). La primera consiste en aquellos bodhisatvas que después de convertirse en budas conservan su forma de bodhisatva para poder seguir operando en el mundo. Ésta, aunque bastante exótica es, al menos, la manera como se considera que sucede. Según la tradición tibetana, por ejemplo, Avalokiteshvara es la forma en la que el mismo Shakyamuni sigue haciendo su trabajo en el mundo. No es que Avalokiteshvara sólo aparezca el momento en que muere el Buda, como quiera que sea su caso. Avalokiteshvara está ya ahí desde el momento en que el Buda alcanza la iluminación pero cuando ocurre el parinirvana, el cuerpo físico se desecha y sólo continúa el elemento Avalokiteshvara, por decirlo así. De un modo muy general es así como lo ve el mahayana.

En segundo lugar tenemos a los bodhisatvas que son un aspecto o una emanación directa del dharmakaya y no cuentan con una historia humana previa. Todas estas figuras, grandes y gloriosas, personifican algún aspecto de la budeidad y existen, literalmente, cientos de ellas. Hay determinadas meditaciones en las que se visualiza un vasto cielo azul sin nubes y, en él, uno se imagina unos círculos sagrados (mandalas) que contienen cientos y hasta miles de esos bodhisatvas que llenan el firmamento infinito.

Estos bodhisatvas del dharmakaya se encuentran en la cima de la jerarquía. La mayoría de ellos, con forma masculina o femenina, muestran una apariencia esbelta y grácil, cabello largo y suelto, decorado con adornos de oro, plata y demás y en cada aspecto de su imagen simbolizan la belleza y la riqueza del dharmakaya, mientras fluyen continuamente sus superabundantes manifestaciones.

Entre las más prominentes de esas figuras destaca Avalokiteshvara. Su nombre significa: "El señor que mira hacia abajo" y se le llama así porque mira hacia el mundo, abajo, con compasión. Representa el aspecto compasivo de la iluminación.

Imaginen un vasto cielo azul totalmente vacío, sin nada más que un tono azulado que se extiende hasta el infinito. Sobre ese fondo, de pronto, ven delinearse no un rostro sino una tenue sonrisa compasiva, apenas visible. Es el aspecto compasivo de la realidad. Es Avalokiteshvara aunque, por supuesto, donde hay compasión debe haber sabiduría. Tenemos así a Avalokiteshvara, el mismo que aparece en el *Sutra del corazón*, "el corazón de la Perfección de la sabiduría".

Iconográficamente es de un color blanco puro. Lleva unas flores de loto que simbolizan el renacimiento espiritual. Su cara es vivaz y muestra una sonrisa dulce y compasiva. Algunas imágenes lo representan con un pie recogido en postura de meditación, lo cual sugiere que está absorto en la dhyana, mientras que el otro pie cuelga ligero y esto indica que está listo para levantarse en cualquier momento y adentrarse en la agitación del mundo para ayudar a los seres vivos. Como antes vimos, un bodhisatva no encuentra incongruencia entre la tranquilidad interna y la actividad externa. Para él son diferentes aspectos de la misma cosa.

En total hay 108 formas en que se representa a Avalokiteshvara. Una de las más famosas es la que tiene once cabezas y mil brazos. Es posible que nos parezca grotesco pero su simbolismo es muy interesante. Se dice que Avalokiteshvara se encontraba en una ocasión contemplando las penalidades del mundo y las dificultades de los seres sensibles, quienes padecían incendios, inundaciones, hambrunas, aflicciones, separaciones, guerras, desastres navales y tantas otras calamidades. Se sintió tan abrumado y fue tal su compasión que lloró y, según cuentan, lo hizo con tanta vehemencia que su cabeza se rompió y se dividió en once fragmentos, los cuales a su vez se convirtieron cada uno en un nuevo rostro. La causa de que fueran once es que ese número corresponde a las distintas direcciones en el espacio (norte, sur, este, oeste, los cuatro puntos intermedios entre ellos, arriba, abajo y el centro) y la compasión apunta hacia todos esos sitios de manera simultánea. No sólo eso sino que, además, tiene mil brazos, al menos así lo muestra su representación iconográfica. Lo cierto es que el bodhisatva de la compasión cuenta con millones de brazos y cada uno de ellos se extiende para auxiliar de alguna manera a los seres vivos. Con la ayuda de este símbolo el budismo intenta expresar la naturaleza de la compasión, la cual mira en cualquier dirección y procura socorrer con todos los medios que puedan concebirse.

Está claro que un bodhisatva arquetípico como éste no es lo mismo que un buda arquetípico. Mientras que el Buda del dharmakaya representa el ideal que se realiza fuera del espacio y del tiempo, el bodhisatva simboliza el ideal en el proceso de la realización dentro del espacio y el tiempo. Sin embargo, así como el Buda histórico, debido a las limitaciones de la situación en la historia, no puede expresar de un modo total lo que él ha logrado en su ser interno, tampoco el individuo que intenta ser un bodhisatva puede expresar la naturaleza íntegra de lo que es el ideal del bodhisatva, porque dicho ideal no sólo tiene que ver con la situación de ese individuo sino con todo el espacio y el tiempo.

La figura de Avalokiteshvara con mil brazos y once cabezas expresa algo de lo anterior. No sería posible para nadie en determinada situación histórica hacer todo lo que es necesario, pero cada individuo puede embeberse del espíritu del bodhisatva y expresarlo a su modo particular en el contexto de su propia vida. Su voto de ayudar a todos los seres del universo es una expresión del espíritu del bodhisatva. Uno hace su parte al ayudar a aquellos seres que se encuentran dentro de su campo de influencia y puede aspirar a ser uno de los mil brazos de Avalokiteshvara.

Otro de los bodhisatvas del dharmakaya es Manyugosha, quien representa el aspecto de la sabiduría que hay en la iluminación. Es de un bello color dorado, anaranjado o leonado y posee la áurea sabiduría de la iluminación que disipa la ignorancia, igual que el sol dispersa la oscuridad. Lleva consigo una espada y un libro. La espada flamígera en su mano derecha simboliza su sabiduría, la blande sobre su cabeza y con ella corta en pedazos las ataduras de la ignorancia y el karma, los enredados nudos que nos hacen tropezar. El libro que tiene en la otra mano es el de la Perfección de la sabiduría y lo sostiene a la altura del corazón. Tiene las piernas cruzadas, en postura de meditación porque, como dice en el *Dhammapada*, la sabiduría surge de la meditación.[179] Manyugosha es la deidad que patrocina todas las artes y las ciencias. Si uno desea escribir un libro, pintar un cuadro o componer una pieza musical lo tradicional es que invoque a Manyugosha, cuyo mantra se repite para obtener una memoria retentiva, comprensión del Dharma, elocuencia, poder de persuasión, etcétera.

Tenemos, también, a Vajrapani, quien representa el aspecto del poder en la iluminación. No de un poder en el sentido político y tampoco se refiere a tener dominio sobre los demás, sino a la fuerza espiritual. Aunque se le representa igualmente de una manera pacífica, por lo general se le encuentra en su forma colérica, con la imagen de una energía furiosa que aniquila a las fuerzas de la ignorancia. El Vajrapani colérico es de color azul oscuro y no es esbelto, fino ni lleno de gracia. Al contrario, es robusto, con un vientre protuberante y tiene extremidades cortas y gruesas. Su aspecto expresa una ira extrema y se le ven unos dientes o colmillos blancos y largos. Está desnudo o casi desnudo, a no ser por su collar hecho de huesos humanos y por una piel de tigre que trae encima. Además, en una mano porta un vajra, el cetro diamantino con el que destruye a las fuerzas de la ignorancia. Esta figura aterradora

---

[179] Vea, por ejemplo, *Dhammapada* verso 23.

está coronada con cinco cráneos que representan a las cinco sabidurías. Tiene un pie levantado, para aplastar y pisotear a todos los poderes de la existencia condicionada que nos separan de la luz de la verdad y le rodea un gran halo de flamas. Es el bodhisatva Vajrapani, que destruye y erradica la existencia condicionada quitándonos el velo de la ignorancia y dispersando a las fuerzas de la oscuridad mediante el poder de su energía espiritual.

Luego, como contraste, tenemos a Tara con su forma femenina. Esto no significa que sea una mujer bodhisatva (en el sentido que equivaldría a decir que Manyugosha es un bodhisatva macho y ella una hembra). Los bodhisatvas han trascendido la distinción entre varón y hembra. Algunos aparecen con una forma masculina, otros con figura femenina y algunos más con una forma a veces de un género y a veces del otro.

Tara es la hija espiritual de Avalokiteshvara. Por lo regular su color es blanco o verde. Según una bella leyenda nació de las lágrimas de Avalokiteshvara, cuando él lloraba al contemplar los infortunios de la existencia. En medio de un gran estanque formado por sus lágrimas apareció un loto blanco. Éste se abrió y allí estaba Tara, la esencia, en verdad la mismísima quintaesencia de la compasión.

Ella suele llevar una flor de loto azul o blanca. Cuando se le representa en su forma blanca tiene siete ojos. Dos de ellos en la cara, como es común. Tiene otro en la frente, uno más en cada palma de sus manos y otro en la planta de cada pie. Para la compasión no hay ceguera, sentimentalismos ni tonterías. Está compuesta de conciencia, concentración y conocimiento. En ocasiones lo que creemos que es compasión no es más que lástima, en realidad, lo cual sólo empeora las cosas. Se dice que se necesita toda la sabiduría de un sabio para deshacer el daño que causan los que "sólo querían hacer el bien" y podría añadirse que también para reparar el daño que ocasionan los que actúan de cierto modo porque "sintieron lástima".

Si aún falta algún bodhisatva por mencionar entre las figuras arquetípicas primordiales que hemos descrito ése es Vajrasatva. Él representa a la pureza, mas no la física o la moral, ni siquiera la espiritual. No es una pureza que pueda alcanzarse. Representa a la pureza primigenia, la pureza original e inmaculada de la mente que durante eras y eras, por siempre, se ha conservado sin huella ni mancha. No podemos purificar la mente siguiendo una práctica espiritual. Quizá purifiquemos la mente inferior, porque ésta si puede ensuciarse, pero jamás purificaremos la mente esencial porque ésta nunca se contamina. Nosotros, en verdad, nos purificamos al despertar al hecho de que nunca hemos sido impuros, que todo el tiempo hemos sido puros. Esta pureza esencial inherente de la mente, más allá de los tiempos y de cualquier posibilidad de contaminarse, es lo que representa Vajrasatva.

Él tiene una blancura deslumbrante y pura, como la luz del sol que se refleja en la nieve. A veces, se le representa totalmente desnudo o, en ocasiones, vistiendo las sedas y joyas que portan los bodhisatvas. Su mantra tiene cien sílabas y se recita para meditar en él y purificar los errores o, mejor dicho, para purificarse uno mismo de la impureza de creer que no se es intrínsecamente puro.

Existen muchos, muchos bodhisatvas del dharmakaya pero éstos deben bastar para ofrecernos un panorama. En última instancia todos ellos son diferentes aspectos de nuestra propia mente, en esencia iluminada, nuestra mente inmanente de buda. Se podría afirmar que todos los bodhisatvas son un mismo bodhisatva. Hablamos de Avalokiteshvara, Manyugosha y otros más pero no deberíamos tomarlos de manera literal como personalidades sobrenaturales bien definidas que se encuentran "allá arriba" o en algún otro plano. Todos ellos son diferentes modos de ver a un mismo bodhisatva, una misma fuerza espiritual que funciona sobre el universo.

En principio no hay una razón para que no surjan nuevas formas de bodhisatvas en el contexto del budismo occidental, como ha sucedido antes y sigue ocurriendo en otras culturas budistas. En la tradición vajrayana, que aún perdura, han aparecido nuevas formas de bodhisatvas o al menos de *dharmapalas* y *dakinis*. Su surgimiento es comparativamente nuevo dentro de esa tradición y, por lo general, se les reconoce como una nueva forma de un bodhisatva que ya existía.

Por ejemplo, en Japón surgieron bodhisatvas de entre las deidades indígenas y tomaron sus rasgos distintivos. Una de esas divinidades niponas que el panteón budista japonés absorbió fue Hachiman, quien originalmente tuvo un significado fálico. Sin embargo, ha llegado a considerarse como una forma de Avalokiteshvara. No obstante, esta acicalada designación en un panteón ya existente no puede soslayar el hecho de que representa el surgimiento, dentro del budismo mahayana japonés, de una forma de bodhisatva muy definida que tiene su origen en la psique japonesa.

Algo semejante ocurrió con Achala, figura de origen indio que asumió una forma distintivamente japonesa. Vestido con tan sólo un taparrabo presenta una gran musculatura y de su frente cuelga un mechón de cabellos, como los que lucen los luchadores japoneses. Sus ojos son feroces y saltones. Lleva un lazo y lo acompañan dos jóvenes pequeños cuyo significado es un tanto oscuro, pero al parecer, le asisten de alguna manera. Se le asocia con las montañas y las cascadas, escenarios naturales donde algunos de sus devotos japoneses viven como ermitaños y practican austeridades. Tiene una apariencia muy severa pero se dice que es muy gentil. Como sea, se trata de un bodhisatva claramente japonés, producto específico de la psique o el inconsciente colectivo de ese país.

Asimismo, es de esperarse que los bodhisatvas asuman nuevas formas en occidente, ya que la gente aquí los percibirá y los vivirá de un modo particular. Quizás al principio partamos de la iconografía oriental tradicional, pero al mismo tiempo tendremos que reconocer que, por lo que a nosotros respecta, esas formas probablemente no se parecerán en lo más mínimo a los bodhisatvas cuyos nombres ostenten.

En un debate sobre la representación de Apolo en Grecia y el arte neoclásico moderno, Ruskin, crítico de arte del siglo XIX menciona que como las personas están habituadas, por ejemplo, a ver la forma que tiene el Apolo Belvedere creen que ya saben cómo es Apolo. Sin embargo, él dice que en realidad esa gente no lo sabe. Lo que saben es cómo se ve la *estatua* de Apolo, que es algo muy diferente.[180] Del mismo modo, podemos creer que sabemos cuál es el aspecto de algunas figuras budistas arquetípicas, como Manyugosha o Tara, cuando lo único que sabemos es la manera en que se les representaba en el arte medieval indio y tibetano. Esas figuras pueden darnos indicios de cómo son esos bodhisatvas, aunque no necesariamente. Tarde o temprano tenemos que pasar de la apariencia tradicional del bodhisatva a lo que esa imagen intenta representar. Veamos, por ejemplo, ¿qué tienen que ver el bello color dorado de Manyugosha, su feroz espada levantada y otros detalles con lo que es él, como entidad espiritual? ¿Podemos tomar al pie de la letra que ése sea el aspecto de Manyugosha? En cierto sentido sí, pero en determinados aspectos es obvio que no.

Tenemos que poner a un lado la iconografía tradicional y preguntarnos, "¿qué es Manyugosha? ¿Cuál es la realidad detrás de ese nombre? ¿Qué me transmite? ¿Qué aparece ante mí cuando pronuncio su nombre?" Es posible que no aparezca nada. Quizá conozcamos su forma iconográfica pero no hemos sentido algo que nos comunique con la realidad que representa. Uno puede saber cómo es una estatua de Apolo pero eso no significa que percibirá en absoluto lo que Apolo represen-

---

[180] [Esta referencia no se pudo ubicar antes de que la presente obra llegara a la imprenta].

taba para un griego sensible. De igual manera, habrá quien haya leído mucho sobre Manyugosha y sepa cómo se le representa, sin que por ello se conmueva como lo haría un devoto tibetano sensible ante lo que él significa.

Una vez que tengamos un sentimiento definido de lo que sólo podría denominarse como el principio de Manyugosha (en comparación con cualquier representación tradicional en particular), deberemos preguntarnos cómo sería la apariencia de ese principio si adoptara alguna forma. Hay que construir o crear la forma a partir de la propia experiencia o percepción de ese principio. Al intentar hacerlo así obtendremos una visión mucho más auténtica de cómo sería la imagen de Manyugosha, por ejemplo.

Después de todo, la iconografía tradicional es sólo un peldaño y puede quedar muy lejos de nuestra experiencia real. Quizá el artista representó a Manyugosha de acuerdo con la tradición, pero sin sentir en absoluto algo por esa forma. Habría que retroceder 15 o 20 generaciones de artistas hasta llegar a aquél que percibió a Manyugosha en un nivel visionario o que sí sintió algo auténtico hacia él.

Si uno se compromete con alguna de estas figuras como parte de su práctica tarde o temprano necesitará tratar de crearlas o percibirlas de un modo independiente, a través de su propia facultad imaginativa. Es más como ir al encuentro de alguien y no simplemente verlo en una fotografía. La foto nos dará una idea general de cómo es esa persona, mas encontrarse con ella es una experiencia completamente diferente.

En todo caso, puede suceder que la iconografía budista nos resulte fría y, entonces, tendremos que encontrar otro modo de relacionarnos con lo que ella representa. Los símbolos del arte occidental pueden ser una opción. Se trata de ir observando nuestros sentimientos llevados a la exploración de esos símbolos mientras se busca establecer algunas relaciones. No es un proceso racional. Incluso, por ejemplo, si descubriéramos que tenemos una fuerte atracción por Apolo podemos concretarnos a decir: "siento una gran atracción por Apolo y estoy tratando de llevar ese sentimiento hacia Manyugosha". Habrá que ver un destello de Manyugosha en Apolo. Es necesario percibir una verdadera relación.

Puede ser buena idea intentar conectarse más con el nivel mítico de las cosas en general. Para empezar, quizás haya que explorar en la literatura y el arte de un modo muy amplio, sobre todo si nunca hemos puesto mucha atención en este aspecto de la vida. Conforme vamos explorando debemos ir descubriendo determinadas imágenes, símbolos o mitos que nos afectan con más fuerza y más positivamente que otros.

Supongamos que nos encontramos fascinados ante la figura de un unicornio, aunque no sepamos muy bien por qué. De modo que leemos acerca de los unicornios y coleccionamos imágenes y tapices donde aparezcan esas figuras. Con cuidado, para que nuestro interés no decaiga y se convierta en un simple estudio académico, vamos tratando de entender por qué nos atrae tanto el unicornio. Al mismo tiempo procuramos que ese sentimiento sea más intenso. Este tipo de conexiones puede ser la clave que nos conduzca al plano de la forma arquetípica, del cual los bodhisatvas son, particularmente, representantes sublimes.

Por su mera naturaleza de ideales los bodhisatvas del dharmakaya representan para nosotros una meta lejana. Lo único que podemos hacer es tomar la firme decisión de atravesar la inconmensurable distancia que nos separa de esas imágenes brillantes. Esa decisión nos coloca como bodhisatvas novicios y puede expresarse y celebrarse públicamente en una ceremonia de ordenación para bodhisatvas.

Esta ordenación se divide en dos: la toma del voto del bodhisatva (por lo general como los cuatro grandes votos) y la aceptación de los preceptos del bodhisatva. En las escrituras del mahayana se pueden encontrar diversas listas de esos preceptos, los cuales expresan una forma más específica y detallada para llevar a cabo los grandes votos. En su nivel más alto, tomar el voto del bodhisatva como parte de una ordenación equivale a ir a refugio. Aceptar los preceptos del bodhisatva corresponde a la toma de los cinco (o diez) preceptos de una ordenación.

La ordenación como bodhisatva no es sólo una ceremonia. Es la expresión natural del surgimiento de la voluntad hacia la iluminación. Como tal, lo ideal es que suceda en el primer bhumi. Sin embargo, como ceremonia, puede tomarla un bodhisatva novicio. Esto significa que uno puede tomar la ordenación como bodhisatva anticipándose, por decirlo así, al surgimiento del bodhichita. Por lo tanto, podemos incluir la ordenación del bodhisatva entre las condiciones de las cuales depende que surja el bodhichita.

De alguna manera, es así como lo ven los budistas tibetanos. Por lo regular uno toma los preceptos del bodhisatva igual que hace una puya de las siete etapas, para propiciar el surgimiento del bodhichita. La ordenación del bodhisatva se ha convertido en una aceptación, de manera pública, del ideal del bodhisatva, sin pararse a considerar si ya surgió el bodhichita o no. Esto refleja lo que sucedía cuando alguien se encontraba con el Buda. Podían escucharlo dar sus enseñanzas y en ese momento se les abría el ojo del Dharma[181] o, para decirlo de otra manera, surgía el bodhichita y decían espontáneamente, "voy a refugio al Buda". Tomar el voto es como recrear la escena para estimular el surgimiento del bodhichita. Podemos, entonces, hablar de ir a refugio "efectivamente" como una forma de

---

[181] La tradición pali habla de cinco "ojos": el físico, el divino, el de la verdad, el de la sabiduría y el universal. El ojo divino implica la facultad de la clarividencia, la cual se dice, a veces, que surge como resultado de la meditación. El ojo de la verdad es a lo que aquí se refiere como el ojo del Dharma y decir que se abre equivale a entrar a la corriente. El ojo de la sabiduría se abre con el estado de arahat. Finalmente, el ojo universal pertenece tan sólo al Buda.

incitar la verdadera ida a refugio. Asimismo, la ordenación del bodhisatva y la toma de los votos en los países donde se practica el budismo mahayana se realiza, actualmente, en un nivel provisional o efectivo, con la intención de llegar al verdadero surgimiento del bodhichita.

Cuando tuve mi ordenación como bodhisatva tomé los preceptos correspondientes pero no hice ningún voto. Consideré que ya bastante tenía con los que estaba aceptando. Mi maestro, Yogi Chen,[182] hizo notar claramente que al recibir la ordenación como bodhisatva uno debía formular sus propios votos. Él mismo había formulado varias series de votos. Sin embargo, yo nunca sentí que pudiera aventurarme a formular tales votos. Me parecía que los preceptos, junto con la acostumbrada expresión de: "decidir alcanzar la iluminación por el beneficio de todos los seres", eran ya suficientes para tener con qué trabajar.

Hay que insistir en que la ordenación como bodhisatva no le confiere a nadie un estatus espiritual. Eso es algo que, por supuesto, no se puede otorgar. Ni siquiera implica el *reconocimiento* de un estatus espiritual. La ordenación del bodhisatva representa un compromiso público, por parte del que la toma, de realizar su mejor esfuerzo para vivir conforme al ideal del bodhisatva (y cuando decimos "público" nos referimos a "la presencia de la comunidad espiritual budista"). Verdaderamente no hay garantía de que surgirá el bodhichita en ese momento. Siempre es difícil saber si ya surgió el bodhichita en cierta persona o no. Sin embargo, ya sea que haya surgido o no, sin importar si estamos preparados para ser ordenados como bodhisatvas o todavía no y sin estar tan pendientes de que si ya nos podemos considerar bodhisatvas novicios, todos podemos contemplar, aunque sea a la distancia, las glorias de la jerarquía del bodhisatva.

---

[182] Yogi Chen fue practicante y maestro Zen. Sangharákshita estudió con él cuando estuvo en el pueblo himalayo de Kalimpong (1949-1964).

CAPÍTULO 8

EL BUDA Y EL BODHISATVA:
LA ETERNIDAD Y EL TIEMPO

El bodhichita, la voluntad hacia la iluminación, la determinación de alcanzar la liberación de todos los seres, ése ha sido nuestro tema constante. Sin embargo, hasta aquí, aunque hemos analizado la diferencia entre el bodhichita absoluto y el relativo sólo hemos tratado de manera explícita con éste último. Ahora, por fin veremos lo que es el bodhichita absoluto o, por lo menos, trataremos de captar un poco de lo que es. Aunque sea sólo un poquito.

Todo lo que hasta este momento hemos visto seguramente debe dar la impresión de que el bodhisatva sigue un cierto modo de vida. Hemos pensado que un bodhisatva o un aspirante a serlo lleva a cabo la puya de las siete etapas, desarrolla el bodhichita, pronuncia los cuatro grandes votos, practica los paramitas, etcétera y que vive y trabaja desplegando cada vez más cualidades positivas. En otras palabras, hemos pensado que el bodhisatva sigue un sendero determinado y apunta hacia una meta, que es la iluminación por el beneficio de todos los seres sensibles.

Esa impresión, aunque un tanto generalizada, es perfectamente correcta pero con todo y que sea correcta entraña un peligro. Como sucede con muchos de nuestros pensamientos y con nuestra comunicación, esas palabras: "seguir un sendero", "llegar a una meta", etcétera son metafóricas y, como tales, no deberíamos tomarlas de manera literal. Son incitantes y tienen la intención de estimular e inspirar, no de comunicarnos algo de un modo tajante y científico. El peligro es que podemos olvidar esto y empezar a querer que aporten conclusiones lógicas.

Es muy fácil tomar al pie de la letra lo que significa el sendero del bodhisatva como si fuera un camino que nos condujera directamente a la budeidad, del mismo modo que el caminito del jardín nos lleva a la puerta de la casa. Creemos que si seguimos el sendero paso a paso algún día alcanzaremos la maravillosa puerta radiante y dorada del nirvana. "Seguro que ahí está y pronto entraremos". Es natural que lo pensemos así. El problema es que no funciona de esa forma. Cuando uno llega al final del sendero del bodhisatva no se encuentra con ninguna puerta ni nos espera una especie de mansión celestial. Uno no encuentra nada en absoluto. No hay nada ahí. El camino simplemente termina y uno está allí, al final de todo.

De hecho, usando otra metáfora y, por lo mismo, no lo tomemos literalmente, uno se encuentra al borde del precipicio. Anduvimos el sendero agradablemente, paso a paso, etapa tras etapa, kilómetro tras kilómetro. Contamos cada señal en el camino y tuvimos la esperanza de llegar con toda comodidad a la entrada de una gran casa. Mas no es así, ahora vemos que el camino termina ahí, al borde de un precipicio. Allí estamos, parados en la orilla y se ve que la caída no es de unos cuantos metros sino de kilómetros. Algo nos dice que ni siquiera tiene fondo, que es infinito. ¿Qué vamos a hacer?

En el zen lo expresan de otra manera. Dicen que la vida espiritual es como subir a un palo encebado muy alto.[183] Cuando, tras un enorme esfuerzo, uno llega a la cima descubre que no hay a dónde ir. Está claro que ya no puede subir más pero tampoco puede descender porque abajo hay un maestro zen

---

183 Se hace referencia a esto en el Caso 46 de la obra clásica zen *Mumonkan*, *La entrada sin puerta*. Vea la traducción de Katsuki Sekida, *Two Zen Classics*, Weatherhill, Nueva York 1996, pp. 128-131.

con un fuerte bastón. Tampoco hay una cómoda plataforma en la punta donde poder descansar, como San Simeón Estilita.[184] No hay nada más ahí que un gran vacío. Por supuesto que está demasiado alto para brincar. No puede subir, no puede bajar. No puede quedarse ahí ni puede saltar. ¿Qué puede hacer? En efecto, resulta imposible contestar.

El predicamento surge porque ni el "camino" ni la "meta" son continuos. Al contrario de nuestro acostumbrado estilo de descripción metafórica, a la iluminación no se llega siguiendo un sendero. Sin embargo, esto no quiere decir que no deba seguirse un camino. Es muy paradójico pero uno camina por el sendero sabiendo que no lo va a llevar a ningún lado.

Ni siquiera el camino "correcto" nos conducirá a la iluminación. Podría afirmarse que el sendero se encuentra en la dimensión del tiempo mientras que la meta está en la dimensión de la eternidad. Nunca alcanzaremos la eternidad andando por el tiempo. Es decir que uno no llega a la eternidad nada más dedicándose a prolongar el tiempo de manera indefinida, como tampoco se llega a obtener una figura bidimensional prolongando una forma unidimensional. Ambos, eternidad y tiempo, la meta y el sendero son, por definición, discontinuos, diferentes. El bodhisatva representa la dimensión del tiempo, puesto que su camino se sigue a través del tiempo. Es algo que sucede, tiene un pasado, un presente y un futuro y no va más allá del tiempo. En cambio, el Buda representa la dimensión de eternidad, representa la meta y a ésta se llega fuera del tiempo. Uno llega al final del sendero dentro del tiempo pero no hay que creer que se alcanza el objetivo en el tiempo. La meta

---

184 San Simeón Estilita (387-459 de nuestra era) pasó, aproximadamente, sus últimos cuarenta años en Telanessa, cerca de Antioquia, en la cima de una columna de unos veinte metros de altura, desde donde predicaba para los visitantes. Su nombre viene del griego *stulos*, columna o pilar.

se alcanza fuera del tiempo o, para decirlo de otro modo, la meta se alcanza eternamente.

Hay dos formas de entender el desarrollo espiritual. Puede verse como un progreso a través de etapas pero también se puede ver como la profundización de la propia experiencia de lo que ya está presente. Necesitamos ambos conceptos. Si tenemos una idea parcial de la vida espiritual como la progresión por etapas es posible que nos volvamos demasiado orientados hacia el objetivo. Por el contrario, si sólo pensamos en la profundización de la experiencia presente, que se despliega desde un centro muy dentro de nosotros quizá tendamos a la inercia. Es por ello que podría ser mejor funcionar con ambas opciones a la vez o alternándolas en diferentes periodos de nuestra vida.

Ya dijimos que uno sigue el camino sabiendo que éste no lo llevará a ninguna parte. Asimismo, lo sigue sin ninguna garantía de que es el camino *correcto*. No obstante, es posible resolver esta contradicción e incertidumbre si balanceamos el modelo del camino con el modelo de la profundización. En ocasiones, la gente está demasiado preocupada por saber si tiene exactamente al maestro adecuado, el mantra correcto, el libro perfecto y si están haciendo lo correcto, lo que los llevará a la iluminación adecuada. En cierto sentido no es posible saber eso. Si viniera alguien y nos dijera: "estás en el camino equivocado. Si sigues por ahí, seguro llegarás al infierno", ¿qué podríamos responderle? ¿No podemos probar que no esté en lo cierto? No lo "sabemos" de un modo lógico y demostrable, pero ¿será que ese tipo de conocimiento se puede aplicar o adecuar a la iluminación y al sendero que nos lleva a la misma?

Si fuera posible saber que uno está en el sendero a la iluminación será sólo porque ya hay algo dentro de sí mismo, así sea algo embrionario, que corresponde con lo que se desarrolla completamente en el Buda. Sin esa consonancia uno jamás podría seguir el sendero o llegar a la iluminación. Un ser humano no iluminado y uno iluminado siguen siendo seres humanos. De modo que algo tenemos en común con el Buda y él tiene algo en común con nosotros. Lo que tratamos de hacer es incrementar lo que tenemos en común para que entre él y nosotros haya cada vez menos diferencia. Cuando ya no haya ninguna diferencia será porque hemos alcanzado la iluminación.

Sólo nos queda decir: "aquí estoy y ahí está el Buda o al menos tenemos lo que apunta a ser la constancia de un ser de esa categoría. Cuando examino lo que constituye esa constancia puedo ver que tengo algunas cosas en común con el Buda y aunque él ha mostrado esas cualidades en muchísimo mayor grado que yo las enseñanzas suponen que puedo desarrollarlas. Así que, aceptando de manera provisional que podría haber algo en esas enseñanzas, veré si puedo hacerlo. Por ejemplo, este texto dice que el Buda era extremadamente amable. A veces yo también puedo ser amable pero observo que podría serlo mucho más. ¿Me es posible desarrollar más amabilidad?" Entonces probamos y descubrimos que sí, en efecto, es posible. Llegamos así a la conclusión de que: "si, como veo, puedo desarrollar un poco más de amabilidad, con seguridad podré incrementar mucha más". De manera que seguimos adelante.

Todo va llegando a nuestra propia práctica. No tiene caso decir que uno cree en el Buda, aun cuando pueda demostrarse que éste existió, si no se hace el esfuerzo por cerrar el bache entre él y uno mismo. Es un refinamiento continuo a través del cual uno se va volviendo cada vez más feliz y más integrado. Todavía seguirá algo en nosotros insistiendo en que si cada vez somos emocionalmente más positivos y más conscientes y atentos, entonces estamos en el camino correcto. Cuando nos sentimos sanos nadie puede decirnos: "¡Ah, no! Tú estás muy enfermo". Sabemos que nuestro estado es saludable, aunque sea por un rato. De la misma forma, si uno se siente pleno de amistad, compasión y atención consciente no habrá quien lo convenza de que anda por la senda equivocada. La naturaleza esencial autotrascendente del ser consciente implica que cuando uno se está trascendiendo todo el tiempo sabe que está en el camino correcto, porque esa vía está en concordancia con su naturaleza más íntima.

A veces uno sentirá que se abre como una flor. Otras veces la vida espiritual se percibirá como escalar una montaña. Ambos sentimientos corresponden a la naturaleza del bodhichita. El bodhichita absoluto es la misma iluminación, en tanto que el relativo es el que persiste todo el tiempo durante el proceso para alcanzar la iluminación. Los dos juntos son la realización esencial. Así que en nuestra vida espiritual siempre estamos tratando de conseguir lo que ya tenemos. Debemos hacer las dos cosas, darnos cuenta que ya lo tenemos y, a la vez, ir con todo para conseguirlo. Si hacemos una cosa sin la otra nos salimos de balance.

Podemos darnos una idea de esa posibilidad de combinarlas si observamos nuestros sueños. Digamos que, por ejemplo, despertamos y recordamos que estuvimos soñando con un viaje a la India. Al mismo tiempo estamos conscientes de que en realidad estábamos soñando que pintábamos una flor. De algún modo, tenemos que reconocer que el sueño se trataba de las dos cosas. Para nuestra conciencia en la vigilia parece que son dos alternativas pero la experiencia del sueño eran ambas cosas, de un modo misterioso que la conciencia de la vigilia no puede asimilar. Con la vida espiritual sucede algo así. Hay que tener un sentido de que se está corriendo hacia el frente todo el tiempo, pasando de una etapa a otra y ascendiendo por la montaña. A la vez hay que estar completamente quieto, nada más observando a profundidad dónde me encuentro ahora.

Cuando uno llega a un punto fuera del tiempo, por decirlo así, se da cuenta que siempre ha estado allí. De modo que cuando uno llega a la iluminación se percata de que siempre estuvo iluminado. Se dice que cuando llegaron a la iluminación algunos maestros del zen no dejaban de reírse al ver lo absurdo que había sido imaginar que fueran cualquier otra cosa y no unos iluminados. ¡Qué estúpido error! Un error que los había hecho sufrir tanto de manera innecesaria. Incluso en la vida diaria, es común que descubramos que tras habernos preocupado mucho por algo recibimos una noticia y vemos que no había por qué preocuparse. En ese instante parece ridículo haberse preocupado sin ninguna necesidad. La experiencia de la iluminación es una versión extrema de esa situación. Uno ve lo tonto que fue, batallando y sufriendo, luchando con problemas imaginarios, creyendo que yo era esto y aquello y, ahora, ya sólo queda reír. "¡Qué buda tan tonto fui!"

Spinoza, el filósofo holandés del siglo XVII, dijo: "Dios es una sustancia infinita con una infinidad de atributos"[185] y añade que de esa infinidad de atributos sólo conocemos dos: espacio y tiempo. Según el budismo, esto ocurre porque como percibimos la realidad a través de estos dos canales básicos de la experiencia, inevitablemente llegamos a un modelo de la realidad, ya sea espacial o temporal. Lo único que podemos hacer es reducir uno al otro. No disponemos de un tercer modelo que nos ayude a reconciliar los otros dos. Pareciera que la única reconciliación posible está en nuestra experiencia espiritual, por encima y más allá del nivel en el cual existe la contradicción, si es que esto es una contradicción. En ese sentido, esta gran oposición o inconmensurabilidad entre el modelo de realidad espacial y el temporal constituye una especie de koan que sólo se puede resolver con un salto intuitivo.

Cuando utilizo la palabra eternidad pienso en la realidad esencial, considerando que ésta trasciende al tiempo (y no como una prolongación infinita del tiempo). Sin embargo, en

---

185 Spinoza, *Ética*, parte 1, párrafo 6.

cierto sentido sigue prestándose a confusiones, porque el simple término "trascender" invita a imaginar que el tiempo y la eternidad existen en el espacio, toda vez que al decir que algo se encuentra "más allá" del tiempo equivale a tratar a éste como si fuera una forma de espacio. Continuamente nos topamos con las limitaciones del lenguaje. No podemos tomar de manera literal estas expresiones. Hay que tratar de ver lo que quieren decir, ya sea por medio de la meditación o de alguna otra forma. Ni siquiera la conceptuación más afortunada se adecua a la realidad. Es necesario dar ese brinco intuitivo, si bien nos resulta más fácil saltar cuando formulamos la idea conceptual de la verdad de las cosas con la mejor precisión que podemos.

Por lo regular, hasta un punto en que sea justificado y correcto, pensamos en el Buda como una figura histórica y en su iluminación como un suceso histórico. Considerar el momento en el que el Buda alcanza la iluminación como algo que ocurre en la dimensión del tiempo no es totalmente erróneo, siempre y cuando tengamos claro que estamos hablando de un modo convencional. El problema es que, con demasiada frecuencia, pensamos en la budeidad como algo que existe en el tiempo y en esto sí estamos totalmente equivocados.

Aunque el Buda como personaje histórico puede haber existido en el tiempo, la budeidad en sí existe fuera del tiempo, en la dimensión de la eternidad. Ciertamente podemos pensar que el Buda existe a la vez en dos niveles: en el del tiempo como una figura humana, histórica y en el nivel de la eternidad, como la realidad misma. Entonces, además de ambos niveles podemos pensar que existe en un reino intermedio, arquetípico.

Esto nos conduce a lo que en el budismo se conoce como la doctrina del *trikaya*, "los tres cuerpos del Buda", como le gusta llamarla a algunos especialistas. Esta doctrina, fundamental para el pensamiento y la práctica del mahayana, muchas veces ha sido mal interpretada. El significado literal de *trikaya* es "tres cuerpos", "tres personalidades" o "tres individualidades", pero la doctrina no se refiere a tres cuerpos, mucho menos a tres Budas. En realidad, describe a un Buda o una naturaleza búdica que funciona en tres niveles distintos. La tradición compara al *dharmakaya* con un cielo azul, sin nubes, puro. Dice que el *sambogakaya* es una nube que aparece en mitad de ese cielo azul, rodeada por un arco iris. Al *nirmanakaya* lo compara con la lluvia que cae de esa nube. En el arte budista del vajrayana se observan los tres *kayas* representados como figuras de Buda, una sobre la otra. El dharmakaya es una figura del Buda totalmente desnudo, a veces con una consorte y en ocasiones solo. El Buda del sambogakaya es una figura ricamente ataviada, coronada y adornada con joyas. La del nirmanakaya es nuestro bien conocido Buda Shakyamuni, con la cabeza afeitada, su báculo y su manto remendado.

El nirmanakaya, el "cuerpo creado" o "cuerpo de transformación", representa al Buda que opera en el nivel humano, histórico y que está sujeto a nacimiento, vejez y muerte. Al parecer esto ha presentado un problema para muchos seguidores del Buda. ¿Por qué estaría él sometido a la vejez y la muerte? Más aun, si el Buda tenía tanta compasión por el mundo, ¿no era de esperarse que quisiera renacer en él? La respuesta que daría el mahayana es que: "¿cómo sabemos que no ha sido así?" Se dice que hay budas por todo el cosmos. ¿Cómo sabemos que Shakyamuni no renació en algún otro mundo que requería su atención? Algo así nos contestaría el mahayana. No es una respuesta muy satisfactoria, quizá, pero tampoco la pregunta parece serlo.

De algún modo, la pregunta busca reconciliar la diferencia que hay entre el enfoque theravada y el mahayana. El primero afirma claramente (y parece que es la misma opinión que tenía el Buda) que con la extinción de su cuerpo físico no podía declararse el estado de buda. Se trata de una de las *avyakritavastunis*, preguntas sin respuesta.[186] La cuestión supone que tras la muerte del cuerpo físico del Buda suceden una de dos cosas: él existe pero el bienestar del mundo le es indiferente o simplemente no existe. Sin embargo, el theravada excluye ambas posibilidades al afirmar que no es que él exista ni que no exista ni las dos cosas ni ninguna de ellas. El theravada es muy sabio al dejar sin responder las preguntas que el mismo Buda tampoco respondería.

El mahayana, en su afán aventurero, intenta resolver la cuestión, aunque lo hace siempre como un medio hábil. Hay que recordar que ésa es la base sobre la cual funciona el mahayana. Si se hace una lectura demasiado literal de los textos del mahayana se caerá en dificultades filosóficas. Dicho esto, si tomamos la opinión del mahayana de que el bodhisatva no desea alcanzar la iluminación para su propia emancipación personal sino que volverá una y otra vez para ayudar a los demás, pensaremos entonces que es posible que el Buda haya asumido la misma actitud.

Claro que el mahayana dice, por ejemplo, en el *Sutra del loto blanco*, que el Buda en su parinirvana sólo *hizo como que se iba*. Según este texto el Buda vio que si seguía viviendo entre sus discípulos ellos se volverían muy dependientes de él. Así que con toda intención dejó que su cuerpo físico se desprendiera[187] pero, ¿podría alguien imaginar que el Buda no seguiría con su actividad de otra forma, movido por su compasión? No, él pudo haber desechado su presencia física mas, por supuesto, continuaría su labor de otra manera, en otros niveles.

---

[186] Vea *Aggivacchagotta Sutta*, sutra 72 de *The Middle Length Discourses of the Buddha (Majjhima-Nikaya), op. cit.*, pp. 590-594.

[187] En el sutra, el Buda aborda la cuestión por medio de la parábola del buen médico. Vea *The Threefold Lotus Sutra, op. cit.*, pp. 252-253.

De hecho, por lo que dice el sutra, hay un plano muy alto desde el cual, todo el tiempo, el Buda predica el *Sutra del loto blanco.*

El Buda dijo que ni siquiera durante su existencia podría desentrañarse su naturaleza. Con seguridad, su naturaleza después de la muerte de su cuerpo físico es aun más insondable. Si tomamos al pie de la letra lo que dicen las distintas tradiciones encontraremos todo tipo de contradicciones intelectuales. Sin embargo, deben ser vistas dentro de un contexto espiritual supraintelectual mucho más amplio. No se puede afirmar que el Buda esté muerto, aunque muchos theravadines lo dicen así, discrepando de sus propias escrituras, pero tampoco puede uno asegurar, como algunos mahayanistas, que el Buda está vivo. Ambas afirmaciones se van a los extremos.

El sambogakaya, literalmente "el cuerpo del mutuo deleite", se traduce con más frecuencia como "el cuerpo glorioso" del Buda, lo cual puede resultar más poético y, aunque por lo mismo menos preciso, quizá sea más apegado a la verdad. Ésta es la forma arquetípica del Buda, es la manera en que lo perciben los bodhisatvas más avanzados, que moran en niveles de conciencia mucho más elevados que los que nosotros solemos tener. Se dice que los bodhisatvas "gozan" de la visión del Buda justo en esta forma arquetípica. Es la forma en que, como antes vimos, se dice que el Buda se encuentra predicando eternamente el *Sutra del loto blanco.*

El sambogakaya representa una riqueza arquetípica del ser dotado más allá de las limitaciones de cualquier situación histórica real. En ese sentido, el Buda arquetípico es el que está más allá del espacio y el tiempo, más allá de la historia pero dotado de todas las perfecciones que han tenido los budas históricos y aun más. Si quisiéramos dibujar un ser humano perfecto, el más bello que se pueda concebir, lo más probable es que no dibujáramos a alguien vivo que conozcamos. Quizá dibujaríamos los ojos de cierta persona, con el cabello de otra, las manos de alguien más y, así, iríamos creando un ser humano "arquetípicamente perfecto". El Buda arquetípico, el del sambogakaya, es arquetípicamente perfecto de un modo semejante, aunque en un nivel mucho más alto.

El sambogakaya tiene diversos aspectos. Los cinco principales se conocen como los cinco *yinas* o conquistadores o, más sencillamente, como los cinco budas que, como ya vimos, personifican las cinco sabidurías de la mente iluminada. Es importante recordar que no representan al Buda humano histórico, sino diferentes facetas de este Buda arquetípico o glorificado que existe en un plano arquetípico, entre este mundo en el que vivimos y el plano de la realidad absoluta.

El primero de los yinas es Vairóchana. Su nombre significa "el iluminador". Ya hemos visto que también se le llama, a veces, el buda del gran sol, que ilumina todo el cosmos espiritual del mismo modo que el sol ilumina su propio sistema solar físico. Tiene un deslumbrante color blanco y sus manos muestran el mudra de la enseñanza, el *dharmachakrapravartana*, que representa la puesta en marcha de la rueda de la verdad. En sus manos sostiene una rueda dorada con ocho rayos, símbolo evidentemente solar, además de ser el emblema tradicional de la enseñanza del Buda. Cuando se representa a Vairóchana en un mandala, es decir, un círculo donde aparecen esas formas arquetípicas, por lo regular ocupa el puesto central.

En segundo lugar tenemos a Akshobya, "el imperturbable", a quien se le representa con un exquisito color azul oscuro, como el de un cielo a media noche en el trópico. Su mano derecha muestra el mudra conocido como *bhumisparsa*, tocando la tierra para pedirle a ésta que sea su testigo y su emblema es el vajra (*dorje* en tibetano), el cetro del rayo diamantino, símbolo de la fuerza y el poder indestructibles. El vajra representa la sabiduría que quiebra la ignorancia y destruye cualquier error e ilusión. A Akshobya se le relaciona con el oriente.

Después tenemos a Ratnasambhava, "el que nació de una joya" o "el productor de joyas". Es de color amarillo oro y en su mano derecha tiene el mudra *varada*, el mudra de la generosidad que, en particular, representa el regalo del Dharma. Su emblema es la joya y se le relaciona con el sur.

Luego, tenemos a Amitaba, "la luz infinita". Tiene un exuberante color rojo profundo, bello, como el del sol del ocaso. Sus manos están con el mudra de la meditación, una descansando sobre la otra. Su emblema es el loto, símbolo del renacimiento espiritual y se le relaciona con el occidente.

Finalmente está Amogasidhi, "éxito infalible o sin obstáculos". Su color es verde oscuro y en su mano derecha exhibe el mudra de la ausencia de temor. Su emblema es el dorje doble, dos cetros diamantinos (vajras) cruzados y se le relaciona con el norte.

Son éstos los cinco aspectos principales del sambogakaya, aunque hay cientos de ellos. Todos son arquetípicos, existen en ese plano elevado, intermedio, entre la conciencia humana común, mundanal y el nivel de la realidad esencial, absoluta. De modo que todos ellos se encuentran fuera del tiempo como lo entendemos nosotros, sin que por ello estén totalmente fuera del tiempo. Ocupan, por decirlo de alguna manera, una escala temporal distinta a la de nuestra conciencia normal. A veces llegamos a contactar este mundo arquetípico del sambogakaya. En ocasiones tocamos sus linderos en nuestras meditaciones más profundas, en sueños arquetípicos, o en la naturaleza visionaria de una experiencia estética.

Me he referido a los bodhisatvas arquetípicos como bodhisatvas del dharmakaya, pero también podríamos considerarlos bodhisatvas del sambogakaya. No se puede distinguir entre la forma y la no forma. En su ser interno, por decirlo así, esos bodhisatvas son uno con el dharmakaya y al mismo tiempo se manifiestan en el nivel del sambogakaya. Son, a la vez, dharmakaya y sambogakaya, igual que el mismo Buda, mientras vivió en la tierra, ha sido dharmakaya, sambogakaya y nirmanakaya. Los bodhisatvas del dharmakaya son aquellos seres que se han realizado en el dharmakaya pero que, en cierto sentido, conservan su forma del sambogakaya. El hecho de que tengan una identidad definida como bodhisatvas implica que pertenecen al reino del sambogakaya, mas el hecho de que sean bodhisatvas del dharmakaya significa que, al manifestar aquella forma, no salen del reino del dharmakaya. Si un bodhisatva, además de su forma del sambogakaya, adopta una forma del nirmanakaya se convierte en un bodhisatva encarnado o lo que los tibetanos denominan un tulku. Sin embargo, si se trata de un tulku en toda la extensión de la palabra al menos conservará parte de su experiencia en el sambogakaya e, incluso, de su estado del dharmakaya.[188]

Dharmakaya, como vimos antes, suele traducirse como "cuerpo de la verdad", aunque es más preciso decir "el aspecto de la realidad absoluta". El dharmakaya representa la budeidad tal como es o al Buda justo como es él. Por lo tanto, el dharmakaya representa no al Buda humano, histórico, ni siquiera al Buda arquetípico, sino al real, al verdadero, al genuino y esencial. En dos famosos versos del *Sutra del diamante* el Buda dice:

> Quienes me conocieron por mi forma
> y quienes me siguieron por mi voz
> han equivocado los esfuerzos realizados,
> no es a mí a quien ellos verán.

> Por el Dharma debería uno ver a los budas,
> del cuerpo del Dharma proviene su guía.

---

[188] Se dice que el Dalai Lama, por ejemplo, es el tulku del bodhisatva de la compasión, Avalokiteshvara, quien renace una y otra vez con forma humana para ayudar a todos.

No obstante, es imposible discernir la verdadera naturaleza
del Dharma
y nadie puede tener conciencia de ella como objeto.[189]

De modo que el Buda no es, en realidad, su cuerpo físico, ni
siquiera su forma arquetípica. El Buda es el dharmakaya. El
Buda es la realidad. El mensaje del *Sutra del loto blanco* es similar y quizá más explícito. Hemos hablado de que hay dos
maneras de comunicar, una es conceptual y abstracta y la otra
es el lenguaje de las parábolas y los mitos. *El Sutra del loto
blanco* habla, predominantemente, en términos no conceptuales y en él se halla un episodio que demuestra de un modo amplio la naturaleza del dharmakaya.

La escena es típica de un sutra del mahayana. En torno al
Buda se congregan miles de discípulos, monjes y monjas, laicos, arahats, bodhisatvas, además de seres no humanos, como
dragones, músicos celestiales, dioses y espíritus feroces. El público de costumbre. Han sucedido ya toda suerte de cosas maravillosas cuando, de pronto, algo acontece que deja sorpren-
didos a los presentes, a pesar de que están acostumbrados a los
milagros. Millones de bodhisatvas comienzan a surgir de la
tierra.

Cuando el Buda ve que esos millones de bodhisatvas emergen de las fisuras de la tierra simplemente comenta, dirigién-
dose a sus aprendices humanos: "¡Ah, sí! Todos ellos son mis
discípulos. Les he enseñado y los he entrenado". De acuerdo
con este sutra (y así lo podemos imaginar), la estupefacción de
los discípulos humanos más comunes va en aumento. ¿Cómo
puede el Buda afirmar que él ha enseñado y entrenado a esos
millones de bodhisatvas que repentinamente aparecen de manera milagrosa? Entonces le preguntan: "Oye, espera, hace sólo cuarenta años que lograste la iluminación. Reconocemos

---

189 Vea *Perfect Wisdom: The Short Prajñaparamita Texts, op. cit.*, p. 136.

que has estado trabajando mucho, enseñando a todo tipo de seres. No has perdido el tiempo pero no nos pidas que creamos que tú entrenaste a estos bodhisatvas. Varios de ellos no son sólo bodhisatvas novicios, se ve que han seguido el sendero del bodhisatva durante cientos de vidas, miles de años. ¿Cómo pueden ser tus discípulos? Es como si un joven de veinticinco años señalara a un grupo de ancianos y declarara que todos ellos son sus hijos. No es posible".

En ese momento el Buda hace la gran revelación, hacia la cual apuntaba desde un inicio todo el sutra. Les dice: "No crean que llegué a la iluminación hace cuarenta años. Ése es sólo un modo de considerarlo. Yo he estado eternamente iluminado".[190] Es evidente que no habla el nirmanakaya ni el sambogakaya. Se trata del dharmakaya, el verdadero Buda, el eterno, la budeidad misma y no un individuo particular, no importa lo grandioso que sea.

Cuando el *Sutra del loto blanco* se refiere al Buda eterno no hay que entender la palabra "eterno" en el sentido de algo que se prolonga indefinidamente en el tiempo, sino como algo que se halla completamente "fuera" del tiempo (por supuesto, este término espacial se emplea aquí de manera metafórica). Para el *Sutra del loto blanco*, así como para el *Sutra del diamante*, el Buda simboliza la dimensión de la eternidad, la realidad tal como es, fuera o más allá del tiempo y el bodhisatva representa la realidad, incluso a la budeidad, como éstas se manifiestan "en" el tiempo.

Como ya vimos, el bodhisatva sigue el camino, asume determinadas actividades, origina una secuencia progresiva de pensamientos, palabras y actos. Dicho de otro modo, el bodhisatva manifiesta al bodhichita relativo en un grado cada vez más alto y ese proceso se realiza en el plano temporal. Sin em-

---

[190] Vea *The Threefold Lotus Sutra, op. cit.*, pp. 245-246.

bargo, podemos verlo de una manera más amplia y considerar que el bodhisatva simboliza todo el proceso de la vida que evoluciona en formas cada vez más elevadas. El bodhisatva simboliza, por igual, la evolución inferior, es decir, la que va desde los inicios de la vida hasta los seres humanos en su estado no iluminado y la evolución superior, la que conduce a los seres humanos a la iluminación. Todo es un solo proceso continuo o, al menos, el proceso de la evolución superior surge en dependencia del de la evolución inferior.

Observamos este tipo de progreso en los relatos de los yatakas. Como antes vimos, los yatakas son una rama particular de la literatura canónica budista (aunque existen también muchos yatakas que no son canónicos) y narran historias acerca de las vidas anteriores del Buda, mostrando cómo él avanzaba, vida tras vida, rumbo a la iluminación. Los investigadores han descubierto que varias de esas historias de los yatakas son viejos cuentos populares de la India y se han convertido en yatakas simplemente al identificar al Buda con el héroe. Es como si alguien tomara las Fábulas de Esopo e identificara a Jesús con el personaje principal de cada relato.

Esto ha dado lugar a muchas discusiones, en especial porque algunos de esos cuentos populares son fábulas que hablan de animales. ¿Acaso los budistas toman esto al pie de la letra? ¿Tenemos que creer que el héroe, ya sea una liebre, un ciervo, un león o una cabra, representa en realidad al Buda tal como fue en su vida previa? En algunas partes de Oriente, con toda honestidad, los budistas consideran que los yatakas ilustran las vidas pasadas del Buda. Sin embargo, no es necesario que lo tomemos tan literalmente. Lo que está claro es que los yatakas demuestran el proceso de evolución. En cada yataka hay un héroe, un hombre o un animal que destaca por ser más avanzado que los demás y del cual, por lo mismo, puede decirse que representa un estado de evolución superior. Es muy significativo que se identifique a ese héroe con el Buda. Lo que sugiere es que esa figura representa el mismo impulso evolucionista que busca el desarrollo y que, básicamente, dio como "resultado" a un Buda.

No obstante, si bien el resultado final está simbolizado por el Buda, al impulso hacia la evolución lo representa el bodhisatva. Tenemos, así, dos principios: el de la budeidad en la dimensión de la eternidad y el de la bodhisatveidad en la dimensión del tiempo. Uno es trascendente y el otro inmanente. Uno representa la perfección eternamente completa, eternamente pulida. El otro representa la perfección eternamente en el proceso de consecución y no es que uno nos lleve al otro pues los dos son discontinuos.

¿Es eso lo último que podemos decir al respecto? De acuerdo con el mahayana ciertamente no. Y según el tantra definitivamente no. Sin embargo no hay una solución fácil. No basta con decir "el tiempo es ilusorio, hay que fusionarlo con la eternidad" o "la eternidad es ilusoria, fusiónala con el tiempo". Ambos son irreductibles en ese sentido. Según el tantra debemos percatarnos de los dos de manera simultánea. Necesitamos ver que todo es eternamente perfecto y, a la vez, eternamente está en el proceso de perfección. El Buda se sienta eternamente bajo el árbol de bodhi, siempre se ha sentado allí y siempre lo hará. Al mismo tiempo, por decirlo así, el bodhisatva está practicando eternamente las perfecciones, vida tras vida hasta el infinito. El Buda y el bodhisatva representan diferentes aspectos de una y la misma realidad. Es la profunda percepción de esto lo que constituye el surgimiento del bodhichita absoluto (y no cabe preguntarse si en efecto "surge").

La esencia del bodhichita absoluto se expresa bellamente en ciertos versos tibetanos que forman parte de una práctica denominada "El conquistador del infierno" (éste es uno de los títulos con que se distingue a Vajrasatva y esta práctica en particular es una forma de yoga Vajrasatva). Estos versos nos pueden dar una buena idea, si tal cosa es posible, de la naturaleza del bodhichita absoluto.

La exclamación mántrica con la que inician, "¡E MA O!", se pronuncia a veces con rapidez, como una sola palabra y es común que aparezca al principio de los versos que se recitan en la tradición tibetana, como una expresión de gran asombro. Platón decía que la filosofía comenzaba con un sentido de sorpresa y se puede afirmar lo mismo de la vida espiritual. Cuando se entra en contacto con algo trascendente, enorme, apabullante, la reacción no puede ser menos que de estupefacción y sorpresa. Cada verso inicia con esta exclamación maravillada ante la visión, por decirlo así, del bodhichita absoluto que está a punto de surgir.

> E MA O
> Dharma extraño y maravilloso,
> el más profundo misterio de los perfectos.
> Dentro de lo que no nace nacen todas las cosas,
> mas en lo que ha nacido no hay nacimiento.

> E MA O
> Dharma extraño y misterioso,
> el más profundo misterio de los perfectos.
> Dentro de lo que nunca cesa todas las cosas dejan de ser,
> mas en ese dejar de ser nada cesa.

> E MA O
> Dharma extraño y maravilloso,
> el más profundo misterio de los perfectos.
> Dentro de lo que no permanece permanece todo,
> mas al permanecer de ese modo nada permanece.

> E MA O
> Dharma extraño y maravilloso,
> el más profundo misterio de los perfectos.
> En la no-percepción se perciben todas las cosas,
> mas ese percibir es mucho sin percepción.

E MA O
Dharma extraño y maravilloso,
el más profundo misterio de los perfectos.
En lo que no se mueve todas las cosas vienen y van,
mas en ese movimiento nada se mueve jamás.[191]

Esto es una expresión de la esencia del bodhichita absoluto, en la medida que puede expresarse. Tenemos aquí, yuxtapuesta en una visión única, sin mezclarla con equivocación, la realidad como existe fuera del tiempo, en la eternidad y la realidad tal como se va revelando progresivamente en el tiempo.

Es difícil ir más allá de este punto o, incluso, llegar a él, aun con la imaginación pero eso no quiere decir que el bodhichita absoluto esté demasiado rarificado y remoto como para que lo traigamos a nuestra práctica, al menos en cierto grado. Para empezar tenemos que darnos cuenta que no importa cuánto tiempo transcurra, jamás se llegará a la eternidad. El tiempo no va más allá del tiempo, simplemente sigue y sigue. Por lo mismo no tiene caso pensar en aproximarse a lo absoluto, a la budeidad, que se halla en la dimensión de la eternidad. En un millón de años no estaremos más cerca de la eternidad ni de la iluminación de lo que nos encontramos ahora.

Aunque tampoco es tan desesperanzador como suena. Podemos darle la vuelta y decir que, en este mismo momento, estamos lo más cerca de la iluminación que podríamos llegar a estar. Incluso un bodhisatva en el mismísimo umbral de la iluminación no se encuentra más cerca de ésta de lo que nos hallamos nosotros justo ahora. Cada momento es el último, ya sea éste o el siguiente o el que ha de ocurrir en un millón de años. Después del último momento sólo queda la budeidad. Así que en cada instante, aunque no lo sepamos (y si ya lo supiéramos, ¡qué reacción tan terrible podría esperarse!), nos en-

---

[191] Traducción hecha de una sadana del mahayana que conserva Sangharákshita.

contramos en la cima del palo encebado y lo único que podemos hacer es... ¿qué?

Anduvimos un gran tramo. Al menos con nuestra imaginación hemos completado el viaje por el sendero del bodhisatva. Al mismo tiempo no hemos llegado a ningún lado. De igual manera, la meta del camino está eternamente lograda y eternamente en proceso de alcanzarse. El Buda y el bodhisatva, la eternidad y el tiempo, son uno. O no son dos. Con esa percepción llegamos al final (o quizás al principio) de nuestra exploración del ideal del bodhisatva.

ÍNDICE ANALÍTICO

V

vacuidad 40,44, 233
  vea también shúnyata
Vaipulya, sutras 31
Vairóchana 241, 300
vajra 280, 300
Vajrapani 280
Vajrasatva 282, 306
Vajrayana 33, 255, 283, 297
  vea también budismo tibetano,
  tantra
varada, mudra 301
Varmavyuhanirdesha, Sutra 142
Vasubandhu 64, 71, 75, 261
vedana 39
vegetarianismo 162
vejez 176
venenos, cinco 106, 119
veneración 36, 65
verdad 146, 181
Verrocchio, A. 145
Vessantara 146
vichikitsa 271
vida espiritual 2, 25, 35, 90, 222
vigor 192
vijñana 39
Vimalakirti 30
  -nirdesha 29, 42
vimoksha mukha 232
vinaya 4, 33, 164
vipassana-bhavana 214

virtud 68
virya 192
  vea también energía, poder
visión 77, 90
  clara 213, 266
visualización 8, 76, 90
Visuddhimagga 107
voluntad 38
  hacia la iluminación 38, 44, 71,
  260
voto 80
  del bodhisatva 95

W

Watts, A. 239
Whitman, W. 136

Y

"ya no regresará" 247
yab-yum 209
yatakas 146, 305
yídam 256
yinas 300
Yivaka 20
yo y los demás 134, 205, 237, 263
yogachara 232

Z

zen 2, 134, 203, 205, 216, 236,
  290, 295

ACERCA DEL AUTOR

Sangharákshita nació en el sur de Londres en 1925, con el nombre de Dennis Lingwood. Autodidacta en gran parte, desde joven desarrolló un especial interés por las culturas y filosofías orientales y, a sus 16 años, descubrió que era budista.

La Segunda Guerra Mundial lo llevó a la India, como conscripto, donde permaneció hasta convertirse en el monje budista Sangharákshita. Después de años de estudio con maestros muy destacados de las principales tradiciones budistas se dedicó ampliamente a la enseñanza y a escribir. También desempeñó un papel importante en el resurgimiento del budismo en la India, en particular, a través de su labor entre las clases socialmente más necesitadas y, con frecuencia, tratadas como intocables.

Tras una estancia de veinte años en la India, volvió a Inglaterra para establecer los Amigos de la Orden Budista Occidental, en 1967 y la Orden Budista Occidental, en 1968. El mundo entero ha reconocido la profundidad de experiencia y claridad de pensamiento de Sangharákshita, traductor entre Oriente y Occidente, entre lo tradicional y lo moderno, entre principios y prácticas. Él siempre ha hecho especial hincapié en la decisiva importancia del compromiso con la vida espiritual, el valor primordial de la amistad espiritual y la comunidad, el vínculo que hay entre la religión y el arte y la importancia de que una "nueva sociedad" apoye los ideales y aspiraciones espirituales.

En la actualidad, la aobo es un movimiento budista internacional que cuenta con más de sesenta centros en los cinco continentes. Durante los últimos años, Sangharákshita ha relegado gran parte de sus responsabilidades a sus discípulos más antiguos dentro de la Orden. Desde Birmingham, ahora se concentra en tratar personalmente con la gente y en escribir.

Esta obra se terminó de imprimir
en septiembre de 2007, en los Talleres de

IREMA, S.A. de C.V.
Oculistas No. 43, Col. Sifón
09400, Iztapalapa, D.F.